華東師範大學 2023 年文化傳承創新研究專項項目

（項目批准號：2023ECNU—WHCCYJ-02）

中国古典文獻研究

第四辑

丁小明 主編

廣西師範大學出版社
·桂林·

顧　問：劉永翔　嚴佐之
主　編：丁小明
編　委：顧宏義　羅争鳴　劉成國　方笑一　丁小明
　　　　張　文　王耐剛　唐　玲　湯文輝　喬祥飛

中國古典文獻研究
ZHONGGUO GUDIAN WENXIAN YANJIU

出版統籌：湯文輝
出 品 人：喬祥飛
責任編輯：朱時予
責任校對：楊　磊
責任技編：王增元
封面題簽：陳學植
封面設計：田　潔

圖書在版編目（CIP）數據

中國古典文獻研究. 第四輯 / 丁小明主編. -- 桂林：廣西師範大學出版社，2025.7. -- ISBN 978-7-5598-8328-5

Ⅰ．G256.1-53

中國國家版本館 CIP 數據核字第 2025ZB5675 號

廣西師範大學出版社出版發行

（廣西桂林市五里店路 9 號　郵政編碼：541004）
（網址：http://www.bbtpress.com）

出版人：黄軒莊
全國新華書店經銷
三河市三佳印刷裝訂有限公司印刷
（河北省三河市楊莊鎮楊莊村　郵政編碼：065200）
開本：787 mm × 1 092 mm　1/16
印張：18.25　　字數：335 千
2025 年 7 月第 1 版　　2025 年 7 月第 1 次印刷
定價：148.00 元

如發現印裝質量問題，影響閱讀，請與出版社發行部門聯繫調換。

目　錄

王國維研究專題

記王國維《水經注校》的另一個本子
　　——日本松崎鶴雄過録本 ································· 范邦瑾　3
《殷卜辭中所見先公先王考》羅趙二本差異中所見王國維"㝱"字考辨考 ······ 邊志府　18
分裂的時代主體
　　——一九〇三年王國維通州時期行實與寫作考 ················· 王增寶　35
"想見先生——王國維重要手稿《詞録》《曲録》《戲曲考原》學術
　　研討會"發言 ·· 彭玉平等　50

日記文獻整理與研究專題

劉節《大夏日記》 ··· 洪光華　整理　63
歐元懷《大夏日記》 ··· 丁嘉暉　整理　78
阮朝德《大夏日記》 ···································· 蔣佳瑩　邊志府　整理　105
《王伯群日記》述略 ····································· 丁小明　尹偉傑　150

集部文獻整理與研究專題

《洪亮吉集》集外詩文續補……………………………………………趙厚均　171

《四庫全書總目》宋別集提要與《宋詩紀事》文本關係探析……………梁　嘉　186

黃裳的文集、政見與其人形象的建構……………………………………鮑睿涵　200

張燾《蛻庵集》版本源流考………………………………………………張昀東　216

藝術文獻整理與研究專題

《公私藏印譜綜錄》序……………………………………………………沈　津　241

"有正書局《中國名畫集外册》叢書"輯存（二）………………魯玲玉　整理　246

《庚辛寓賞編》整理（一）…………………………………徐向龍　姚凱琳　整理　259

《〈畊香館畫剩〉題識》整理………………………………………丁莊柔　整理　276

王國維研究專題

記王國維《水經注校》的另一個本子
——日本松崎鶴雄過録本

范邦瑾

内容摘要：范祥雍先生舊藏松崎鶴雄過録的王國維《水經注校》一部。松崎鶴雄最初經橋川時雄介紹，與王國維相識。王國維去世後，《水經注校》原書先後爲羅振玉、羅繼祖所藏。在羅繼祖與松崎鶴雄謀求影印出版時，原書可能暫存於橋川時雄處。昭和十六年（一九四一）十一月，松崎鶴雄在橋川時雄處見到原書，并在當月二十三日抄畢。松崎鶴雄還過録了一些標有"雍案"的校語，該校語應出自橋川時雄。王國維《水經注校》現存有趙萬里、佚名（疑羅振玉請人抄）、松崎鶴雄三部過録本。

關鍵詞：水經注；王國維；松崎鶴雄；橋川時雄

一、過録本概況

王國維《水經注校》手校原稿本（以下稱"原稿本"）[①]以明朱謀㙔撰《水經注箋》四十卷萬曆四十三年（一六一五）李長庚刻本作爲批校底本，全書十二册，現藏長春吉林大學圖書館。該書經華東師範大學吴澤主持，袁英光、劉寅生整理標點，於一九八四年由上海人民出版社出版。二〇〇七年，華東師大鄔國義又重新作了整理，收入《王國維全集》第十二卷，於二〇〇九年由浙江教育出版社和廣東教育出版社聯合出版。

今檢有日本學者松崎鶴雄過録的王國維《水經注校》（以下稱"過録本"）一部，

---

① 王國維校《水經注》有兩部手稿，一部是以上海涵芬樓影印武英殿聚珍版爲校録底本，十二册（内缺第七册），藏中國國家圖書館；另一部即本文所述的以明朱謀㙔《水經注箋》爲底本，封面題"水經注校"，本文據之。以下所稱王國維《水經注校》或簡稱"王校"均指此本，不再出注。

爲家父范祥雍先生舊藏。是書與原稿本一樣，用萬曆四十三年李長庚刻朱謀㙔《水經注箋》作底本，卷數相同，但合爲六册。底本半葉十行二十字，左右雙邊，白口，黑單魚尾。全書高二十七點一厘米，寬十六點九厘米，版框高二十一點八厘米，寬十三點八厘米。無書名葉，正文卷端題"水經注箋卷第一"，旁署"漢桑欽撰，後魏酈道元注，明李長庚訂，朱謀㙔箋，孫汝澄、李克家同校"。正文前有萬曆乙卯（四十三年）李長庚《水經注箋序》，萬曆乙卯朱謀㙔《水經注箋序》，嘉靖甲午（十三年，一五三四）黄省曾《水經序》，《水經注所引書目》，《水經注箋目録》。版心下鐫刻工及刻字數。卷一葉一版心鐫"豫章喻鎧寫姜良刻"，其他刻工（單字不計，簡體是原字）信息有：郭景光刻、姜球刻、姜汝焕、姜全刻、邹邦化、萬國相刻、陳鉞刻、吴宗、姜焕刊、元弼、刘机刊、万奇、萬國臣、郭景輝、王光、吴達、熊汝昇刻、万德、穆文寫、鄒邦畿刻、邹天明、邹邦瑚、熊元銓刻、邹天卿刻、湯朝、熊貴、熊文寫王明刻、揭文華、陳文演、邹茂刊、萬文刊、狄順正刻、熊汝龍刊、王國正、王榮、湯誥寫邹邦珍刻、陳文、王国、李森寫鄒邦畿刻、吴祥、邹天朝、邹朝、黃圓朋（明）、龔一華、陳錦、陳演、徐魁寫、曾桂、付仰、全一、陳潢、国勝、朱照乘寫、吉文。

《目録》後附有墨筆記校勘所用之各種版本：

　　宋刻殘本校
　　　　卷五三十二葉至末
　　　　卷六至卷八
　　　　卷十六至十九　卷三十四
　　　　卷三十八至四十
　　　　　并行間墨筆校
　　明抄本［夾注］行款與宋本同／乃照宋本抄出
　　　　卷一至卷四十
　　　　　書眉墨筆校
　　孫潛夫袁壽皆手校本
　　　　卷一至卷五
　　　　卷九至十六
　　　　卷三十八至四十
　　　　　并行間朱筆校

　　　　袁校字下注一袁字
　永樂大典本
　　卷一至卷二十
　　　并書眉墨筆校
　黃省曾刻本
　　卷一至四十
　　　前校於聚珍本上頗有/漏略未書處卷二十以前/以墨筆録於書根卷/廿一後録
　於書眉
　吳琯本
　　卷一至四十
　　　并書根墨筆校

　　此過録本中"宋刻殘本"，原稿本作"宋刊殘本"，義同。袁壽皆（原稿本同），應作袁壽階，壽階是袁廷檮（一七六四——一八一〇）的字，一作授階。以上六個版本中，除了最後的吳琯本，其他五種本子以及作爲底本的朱謀㙔《水經注箋》，王國維都曾作過深入研究并寫過跋。①吳澤《水經注校前言》對於王國維所采用的校勘本也有較詳細的記述，兹不贅言。

　　卷内用朱墨兩色鈔録，據題記：行間墨筆爲宋刻本，朱筆爲孫潛夫校本，朱筆注袁字爲袁廷檮校本。書眉墨筆爲明抄本、《永樂大典》本、黃省曾刻本（卷二十一後）。書根墨筆爲黃省曾刻本（卷二十前）、吳琯本。除了卷二十一、二十四、二十七至二十九、三十一至三十三、三十五至三十七、四十，每卷末題校勘年日及所用版本（原稿本卷三十七和四十也有題記，此本無）。如卷二末朱筆題："癸亥十二月十二日，海寧王國維臨孫葭（蕸）園校本於京師履道坊寓居。"卷五末墨筆："宋刊本存卷末七葉，癸亥季冬於京師履道坊之寓廬。永觀氏。"朱筆："癸亥十二月十三日，臨孫潛夫手校本。觀堂。"墨筆："甲子人日迄穀日，以《永樂大典》同异録於書眉。觀堂。""甲子正月二十五日，以吳琯古今逸史本校此三卷。伯隅父。"等等。永觀、觀堂都是王國維的號，伯隅、靜安是他的字。

---

① 王國維曾校黃省曾刻本并跋，原沈曾植藏，今存臺灣"中央圖書館"。《王國維全集》（浙江教育出版社，二〇〇九年）録有第一頁書影。其餘四種跋均收在《觀堂集林》卷十二《史林四》，載《王國維遺書》，上海古籍書店據商務印書館一九四〇年版影印本，一九八三年。

全書末墨筆題記兩行云：

昭和十六年十一月借橋川醉軒氏所藏王靜安先生手校本臨
抄十一月廿三日校了　松崎鶴雄時寓于燕都後門外可園

昭和十六年，即一九四一年。橋川醉軒與松崎鶴雄均是當時有名的日本漢學家，與王國維多有來往。

二、橋川、松崎與王國維的交往

橋川醉軒是橋川時雄（一八九四——一九八二）的號，橋川時雄字子雍，生於日本福井縣。自一九一八年到中國，直至日本戰敗後離開，長期居住在中國。先任職於《順天時報》，後創辦《文字同盟》雜志，以中日兩種文字并排出版，討論中國傳統文化，約稿的作者達百人，其中中國學者約占九成，促進了兩國文化交流。又組織中日學者共同撰寫《續修四庫全書總目提要》。他與王國維頗有交往，對他極爲尊崇，稱其爲"絕世之才學"[①] "學界中樞" "宇宙學壇之寶劍"[②]等。他任編輯長的《順天時報》曾發表過王國維的《最近二三十年中國新發見之學問》等文章。一九二七年王氏投湖後便積極醞釀《文字同盟》出版王國維專刊，在《悼靜安先生》文中稱："敬乞中日諸君子，選文追悼，又徵集先生遺文，特成追悼專刊《王國維》，表示敬慕哀痛。"[③]

松崎鶴雄（一八六七——一九四九），號柔甫、柔父，生於日本熊本縣。一九〇八年到中國，先在上海任《朝日新聞》通信員，一九〇九年往長沙師從葉德輝，并從王先謙、王闓運游。他在葉家住了九年，一九一八離開長沙到上海。一九二〇—一九三二年任南滿洲鐵道株式會社大連圖書館司書，後任旅順庫籍整理處處長。松崎學問淵博，著述豐碩，[④]尤精於版本目錄之學，受到中日學者的推崇；他的《食貨志匯編》於二〇〇八年由中國國家圖書館出版社在中國出版。一九三三年，景仰其學問者組織了

[①] 《文字同盟》第一卷，第二〇五頁，引自石祥《學問吟咏之間——〈文字同盟〉與中日學術交流（1927—1931）》，《山東社會科學》二〇一一年第五期，第一一〇頁。
[②] 《文字同盟》第一卷，第一七四頁。
[③] 《文字同盟》第四號《王國維專刊》，一九二七年七月十五日，轉引自陳平原、王風編《追憶王國維（增訂本）》，生活·讀書·新知三聯書店，二〇〇九年，第三四四頁。
[④] 李勤璞《松崎鶴雄的生平與撰述考略》（《大連大學學報》二〇一二年第二期）錄其著述，有九十九種。

"柔父會",每月定期一至二次開會討論漢學。一九四〇年起松崎寓居北平,任華北交通株式會社總裁室囑托,此書校錄於一九四一年,正在其時。當年松崎鶴雄寓居的可園,在北京地安門外,原是清光緒年間大學士文煜的宅第花園,現爲全國重點文物保護單位。日本投降後,松崎於一九四六年三月回國,此書并未帶走。①

雖然松崎鶴雄較橋川醉軒年長二十七歲,到中國年代也早十年,算起來應該是他的前輩,但由於橋川創辦《文字同盟》雜志和組織編寫《續修四庫全書總目提要》,結識大批中國文人名士,社會活動能量大,日人長瀨誠評他"與中國學者交游之廣,堪稱現代第一人"②。日本漢學家平岡武夫説,當時日本學者想訪問中國學者時,總是由他引薦介紹。③松崎與王國維的相識,也是由他介紹的。《國家圖書館藏王國維往還書信集》收有其介紹信一封:

靜翁夫子大人座前:

    叨侍文几,備承清誨,不弃駑駘,感也奚如!日前晉謁,崇階聆教之次,曾奉聞大連滿鐵圖書館漢籍主任松崎鶴雄氏素凤欽先生學德,久欲一瞻風采。今也該氏來京有日,所事已畢,亟擬恭候台端,親承教益,敢望先生不弃,示以賜見時期,以便偕與趨候。生屢擾左右,不勝惶恐,緣松崎氏乃敝國罕見之篤學者,情不能已,故敢冒瀆。尚希諒之是幸!此啓,并頌

台綏

                                                    弟時雄頓首④

惜此信未署年日,不知松崎與王國維第一次見面確在何年。李勤璞認爲:"民國七年松崎離開長沙,仍住上海,大約仍任記者。其時與柯劭忞、王國維等滬上學者往來。"⑤然而橋川是在民國七年(一九一八)四月第一次到中國的,先在大連,五月到北京任職《順天時報》,不在上海,當年似不可能介紹松崎與"王國維等滬上學者往來"。且從

---

① 李勤璞:《松崎鶴雄的生平與撰述考略》,《大連大學學報》二〇一二年第二期,第一—八頁。
② 長瀨誠:《日本之現代中國學界展望下》,華文《大阪每日》一九三九年第二卷第八期,轉引自桑兵《國學與漢學——近代中外學界交往錄》,浙江人民出版社,一九九九年,第二一四頁。
③ 轉引自桑兵《國學與漢學——近代中外學界交往錄》,第二一四頁。
④ 國家圖書館古籍館編:《國家圖書館藏王國維往還書信集》,中華書局,二〇一七年,第二五九六—二五九七頁。
⑤ 李勤璞:《松崎鶴雄的生平與撰述考略》,《大連大學學報》二〇一二年第二期,第一—八頁。

橋川信中"叨侍文几,備承清誨"來看,他與王國維相識已有一段時間,此信應在民國七年即一九一八年之後。

三、從原稿本到過錄本

松崎鶴雄對王國維的學問敬慕已久,他於昭和九年(一九三四)六月撰寫的《碩學王國維》①便收錄了王國維校勘《水經注》的多種本子:

> 水經注校記(未定卷)。②
> 水經注 四十卷(四部叢刊本) 清、戴震校、沈子培校宋刊殘本、永樂大典本、明黃省曾刊本、萬曆朱王孫本、全榭山校本と校合す、跋語あり。
> 水經注箋 四十卷(萬曆本) 明、朱謀㙔撰、傅氏藏宋刊殘本、孫潜夫校本、朱氏藏明鈔本、古今逸史本、永樂大典本、黃省曾本と校合し眉端に録す。
> 水經注合校 四十卷(思賢書局本) 宋、先謙撰③、舊校十二餘則を録す。④

時過七年多,昭和十六年(一九四一)十一月,松崎終於在橋川時雄處見到了其中非常重要的王國維校《水經注箋》,如獲至寶,僅花不到二十三天便"臨抄""校了",須知其時松崎已是七十四歲高齡了,蠅頭小楷,筆筆精到,可見他對王著之尊崇。

那麼王國維的原稿本為何會到日本人橋川時雄手中呢?王國維去世後,他的遺稿交由羅振玉保管,準備出版。《羅振玉年譜》一九二七年條記:"七月十七日,安葬王氏後,即着手整理其遺著,與王氏弟子海寧趙萬里復至王家搜討而整理,訂為四集,付博愛工廠陸續印行。命其子福葆、福頤及開封關葆謙司校理。"⑤陳寅恪也說:"王靜安先生既歿,羅雪堂先生刊其《遺書》四集。"⑥然而《水經注校》并不在其中。有關此書的來龍去脈,羅振玉的孫子羅繼祖撰有《王國維先生〈水經注校〉述略》一文,記載

---

① 昭和九年(一九三四)大連柔父會刊,又載松崎鶴雄《柔父隨筆》,昭和十八年(一九四三)東京座右寶刊行會版,第一四○—一六八頁。
② 松崎鶴雄:《柔父隨筆》,第一四九頁。
③ "宋、先謙"應是"王先謙"之誤。
④ 松崎鶴雄:《柔父隨筆》,第一五七頁。
⑤ 羅振玉:《雪堂自述》,江蘇人民出版社,一九九九年,第二○三頁。
⑥ 陳寅恪:《王靜安先生遺書序》,載《王國維遺書》。

較詳：

> 當日先祖雪堂公爲先生校輯《遺書》時，以此（《水經注校》）爲先生晚年心力所寄，而一一寫于明萬曆本朱謀㙔《水經注箋》上，細楷蠅頭，朱墨叢積，一時不易清寫出來，故未能收入《遺書》。先祖將此引爲憾事，曾考慮如何爲之校理。除叫人照樣寫了一部存於篋中以爲副本，原書一直未歸還王家，心中念念，謀爲刊傳。而自一九二九年後，諸務猬集，又所謀不遂，胸懷鬱伊，此事遂不得不暫置一邊。小子侍膳之餘，心知此爲所軫念，亦在默察機緣。私以爲校筆縱橫旁午，移寫綦難，與其違背原意，曷若依原本影印，以葆真實。及一九四〇年先祖謝世，原書由我嗣藏。亦曾商諸日本松崎柔甫（鶴雄）翁，謀以日滿文化協會經費影印，會中當事亦承諾，乃事竟弗諧。①

據以上羅繼祖所說，王氏原稿本并非如據松崎鶴雄稱爲"橋川醉軒氏所藏"，而是自王國維去世後一直藏在羅家，羅繼祖爲謀影印，求助於日滿文化協會經費。羅氏云"商諸日本松崎鶴雄"，照理松崎應該可以直接向羅繼祖借王氏原稿，松崎自己却說是"借橋川醉軒氏所藏"，那是爲什麼呢？筆者以爲羅繼祖可能是先與松崎鶴雄商量，然後再與橋川時雄聯繫具體影印出版事宜，因爲橋川是當年利用庚子賠款設立的東方文化事業總委員會的實際負責人，掌有經濟實權。自一九三三年柯劭忞去世後，出現了僅有署理總務職銜的橋川時雄一人獨大的局面。②一九四〇年東方文化事業總委員會製定《本會關於四庫全書提要續修完成期的計劃書》，其中涉及印刷經費，就是由橋川時雄執筆的。③原書爲了影印出版，當時可能在橋川家暫時存放，所謂"會中當事亦承諾"，但"事竟弗諧"，後仍歸還羅家。關於原稿的傳遞，羅繼祖繼續寫道：

> 一九四五年東北復光，我自長春返家。經歷變故，我家大雲書庫所儲文物蕩然無存，此書因在我手，搶攘中由內子維護以出，竟得無恙，竊爲慶幸。一九五五年，我由旅大市圖書館調職長春東北人民大學（即今吉林大學）歷史系任教。匡亞明校長初莅校，間接得知我行篋中有先生此書，欲獲一觀，復慫恿捐獻歸校圖書

---

① 陳平原、王風編：《追憶王國維（增訂本）》，第四七七頁。
② 王亮：《〈續修四庫全書總目提要〉研究》，博士學位論文，復旦大學，第三二頁。
③ 日本汲古書院平成三年（一九九一）十一月重刊本《文字同盟》第三卷附今村與志雄《橋川時雄著訳年表》

館，可永寶勿失。我感其意，遂舉以歸館。

以上便是王國維原稿本的流傳經過，因吳澤《水經注校前言》和鄔國義《水經注校點校説明》均未提及，故記於此。

四、其他批校

此書除了過録王國維批校，卷内還有不少標有"雍案（一作'按'）"的校語，以朱墨兩色書寫，共計六十四條，袁英光、劉寅生標點王國維《水經注校》不載，王氏手校原本可能也并無此按語，故録如下，以備讀者參考（括號内注明上海人民出版社一九八四年版標點本的頁碼，以便檢索原文）：

卷一葉二正面書眉（標點本頁三）：墨筆王校"《大典》與孫校同作'萬一千一百里十四步'，明抄同。"朱筆"雍案：《大典》'一十四步'"。

卷一葉四背面書眉（標點本頁六）：朱筆王校"'葬'（標點本無）原作'莽'，孫"。墨筆王校"《大典》與孫、袁同。明抄同"。朱筆"雍案：《大典》作'莽'，'葬'疑傳録之訛"。

卷一葉六正面書眉（標點本頁八）：墨筆王校"《大典》'河'作'阿'"。朱筆"雍案：下'河'字"。

卷一葉十三背面書眉（標點本頁一七）：墨筆王校"《大典》無'北'字，明抄同"。朱筆"雍案：無下'北'字"。

卷一葉十四正面書眉（標點本頁一八）：墨筆王校"《大典》西有'菩薩'二字"。朱筆"雍案：《大典》'而'作'西'"。

卷一葉十六背面書眉（標點本頁二一）：墨筆王校"《大典》'曰'，明抄同"。朱筆"雍案：此條當重訛"。標點本録王校作"《大典》'曰'，明抄'日'"。

卷一葉十八背面書眉（標點本頁二三）：朱筆"雍案：朱校傳録當有脱字，疑是'覆'字"。朱筆王校"一作'偃'"。墨筆王校"《大典》'偃'，明抄'覆'"。

卷二葉六背面書眉（標點本頁三六）：朱筆王校"一有'撫'字"。朱筆"雍案：'撫'字疑原乙"。標點本録王校作"一有'撫'字，《大典》無，明抄同"。

卷三葉十二背面書眉（標點本頁八九）：朱筆王校"'一'作'十'"。朱筆"雍案：下'十'字旁朱校當有脱文，疑'七'字"。墨筆王校"《大典》'七'，明抄同"。

卷四葉十七背面書眉（標點本頁一二五）：朱筆王校"'云'當作'地'"。朱筆"雍案：'云'上疑脱'趙'字"。

卷四葉二十六背面書眉（標點本頁一三六）：朱筆"一作'峻'"。朱筆"雍案：此'峻'字疑歧誤"。墨筆王校"《大典》'峻'，明抄同"。標點本録王校作"《大典》'峻'，明抄同"。

卷四葉二十八正面書眉（標點本頁一三八）：墨筆王校"《大典》'鐘鼓'，明抄'鍾鼓'"。朱筆"雍案：《大典》下作'鼓鍾'"。標點本録王校作"《大典》'鼓鍾'，下同。明抄'鍾鼓'"。

卷五葉十七背面書眉（標點本頁一六五）：墨筆王校"《大典》'穿'……明抄并同"。朱筆"雍案：《大典》'川'作'穿'"。

卷五葉三十三正面書眉（標點本頁一八六）：墨筆王校"《大典》'宰'，明抄'説'，明抄'記'"。墨筆"雍按：上明抄下疑脱'同'字，《大典》作'説'"。標點本録王校正作"明抄同説"。

卷六葉二十二正面書眉（標點本頁二二五）：墨筆王校"《大典》'為'，明抄同"。朱筆"雍案：《大典》'焉'作'為'"。

卷六葉二十七背面書眉（標點本頁二三二）：墨筆王校"《大典》'水以'，明抄同"。朱筆"雍按：此'水'字宋本疑無，失乙"。

卷七葉七背面書眉（標點本頁二二五）：墨筆王校"《大典》'瀆'，明抄同"。朱筆"雍案：《大典》'澤'作'瀆'"。

卷七葉九背面書眉（標點本頁二四六）：墨筆王校"《大典》'此'，明抄同"。朱筆"雍案：《大典》'此池水'"。

卷八葉一正面書眉（標點本頁二六一）：墨筆王校"《大典》'八'，明抄同"。朱筆"雍案：《大典》'四'作'八'"。

卷八葉十六背面書眉（標點本頁二八二）：墨筆王校"明抄'鄒'，下同"（標點本作"明抄'鄒'，下同束"）。墨筆"雍案：'鄒'字與此同，疑是'鄒'字之誤，《大典》作'鄒'"。

卷八葉十九背面書眉（標點本頁二八六）：墨筆王校"《大典》有'南'字，明抄同"。朱筆"雍案：《大典》'縣'下有'南'字"。

卷八葉二十六正面書眉（標點本頁二六一）：墨筆王校"明抄'莽'"。墨筆"雍案：《大典》'昔'作'葬'"。

卷九葉八正面書眉（標點本頁三〇六）：墨筆王校"《大典》'口'，明抄同"。朱筆"雍案：《大典》'清口'，吴本同"。

卷十一葉十二正面書眉（標點本頁三九〇）：墨筆王校"《大典》'上'，明抄同"。朱筆"雍案：《大典》作'水鋭上'，吴本同"。

卷十三葉六背面書脚（標點本頁四二六）：墨筆王校"吴有'也'字"。墨筆"雍案：吴本'也'在'由'字下"。

卷十三葉十正面書眉（標點本頁四三〇）：墨筆王校"明抄'彩'"。朱筆"雍案：'彩'疑是'彩'之誤"。標點本録王校作"明抄'彩'"。

卷十四葉二十三背面書眉（標點本頁四八〇）：墨筆王校"明抄'貞'作'白'"。朱筆"雍案：此條校文有誤字"。標點本録王校作"明抄'自'作'白'"。

卷十五葉六正面書眉（標點本頁四九一）：墨筆王校"《大典》'合'作'令'，明抄'合'"。朱筆"雍案：《大典》'令固'"。

卷十五葉八正面書眉（標點本頁四九四）：墨筆王校"《大典》'又'，明抄同"。朱筆"雍案：《大典》'右'作'又'"。

卷十五葉二十四正面書眉（標點本頁五一五）：墨筆王校"《大典》'汝'，明抄同"。朱筆"雍案：《大典》'女'作'汝'"。

卷十六葉十二背面書眉（標點本頁五三五）：墨筆王校"《大典》'因'，西南池"。朱筆"雍案：《大典》'圖'作'因'"。

卷十六葉十六背面書眉（標點本頁五四一）：墨筆王校"明抄'舍'"。墨筆"雍案：《大典》作'含'"。

卷十六葉二十一正面書眉（標點本頁五四六）：墨筆王校"《大典》'宣、尊、正'，明抄并同"。書脚朱筆"雍案：朱校'遵'字疑書作'尊'"。

卷十六葉二十一背面書眉（標點本頁五四七）：墨筆王校"《大典》'水'，明抄同"。朱筆"雍案：《大典》'冰'作'水'"。

卷十六葉三十二正面（卷末）書眉（標點本頁五六一）：墨筆"雍案：《大典》卷之一萬一千一百三十三止于此"。

卷十七葉二正面書眉（標點本頁五六四）：墨筆王校"《大典》'部將'，明抄別'荀'（標點本作'苟'）字。《大典》'苟'"。墨筆"雍案：此校語有訛，《大典》

'部將荀'作'別荀'二字"。

卷十七葉十二背面書眉（標點本頁五七八）：墨筆王校"《大典》'干'"。墨筆"雍案：《大典》作'于'，與此本同"。

卷十八葉五背面書眉（標點本頁五九一）：墨筆王校"明抄有'藥'字"。墨筆"雍案：《大典》本'卒'下有'藥'字"。

卷十八葉六正面（卷末）書眉（標點本頁五九二）：墨筆王校"《大典》'衰'（標點本作'襄'）作'襄'，'靮'作'靳'。明抄'襄'（標點本作'襄'）"。墨筆"雍按：據眉校語，宋本'小襄'當作'小衰'，乃傳臨者之寫訛。傅沅叔宋刊殘本《水經注》書後亦作'小襄'，今改正"。卷末後另行墨筆："原本缺文補字傍行寫，再勾入，今改用括弧，較易省讀。雍注。"

卷十九葉八正面書眉（標點本頁六〇四）：墨筆王校"《大典》無此六字，明抄同"。墨筆"雍案：《大典》無'有金、闕、高丈餘'六字"。

卷十九葉十二正面書眉（標點本頁六〇九）：墨筆王校"《大典》'民'，明抄同"。朱筆"雍案：《大典》'名'作'民'"。

卷二十葉十正面書眉（標點本頁六五〇）：墨筆王校"《大典》'駐'作'柱'，明抄'柱'"。墨筆"雍案：《大典》亦作'柱'，觀堂偶筆誤"。

卷二十葉十八（卷末）背面書眉（標點本頁六六〇）：墨筆"雍案：《大典》卷之一萬一千一百三十四止此"。

卷二十二葉二十三背面書眉（標點本頁七一五）：墨筆王校"明抄'不'作'下'，後（'後'字據標點本補）仍作'不'"。墨筆"雍案：首'作'字下疑脫'十'字"。

卷二十三葉六背面書眉（標點本頁七四四）：墨筆王校"明抄'東'作'束'"。墨筆"雍案：'東、束'二字疑例誤"。標點本錄王校作"明抄'束'作'東'。"查原文"半下爲束竹交文"，松崎抄誤。

卷二十四葉二十正面書腳（標點本頁七八七）：墨筆王校"吳有'博'字"。朱筆"雍案：'有'當作'作'"。

卷二十五葉二背面書腳（標點本頁八〇三）：墨筆王校"吳本'背洙面泗'"。朱筆"雍案：吳本作'背洙泗墻'，與此本同"。

卷二十五葉十背面書腳（標點本頁八一三）：墨筆王校"吳本'又北徑湖陸東城南'"。朱筆"雍案：吳本'東徑'，'北'字誤"。

卷二十五葉二十四正面書腳（標點本頁八三〇）：墨筆王校"吴本'鄭'"。朱筆"雍案：吴作'剡'"。查標點本王校作"吴本'剡'"不誤，疑松崎抄誤。

卷二十六葉二十四正面書腳（標點本頁八六四）：墨筆王校"吴本'文公十二年，王命韓景子、趙列侯、翟員伐齊人長城'，明抄同"（標點本無"公十二年"四字）。朱筆"雍案：吴作'晋列公十二年，文王命'云云"。

卷三十葉十四背面書眉（標點本頁九七一）：墨筆王校"黄本'皷'作'公'，明抄'景皷'（標點本作'景皷'）"。朱筆"雍案：過臨本'皷'作'皷'，不成字，今據聚珍本改"。

卷三十葉二十三正面書眉（標點本頁九八一）：墨筆王校"明抄無'歸'字"。朱筆"雍案：'歸'疑'婦'之誤"。

卷三十二葉二正面書眉（標點本頁一〇一二）：墨筆王校"明抄'蘄柳'"。朱筆"雍按：原本作'靳'，按聚珍本作'蘄'，此有〇，今從之"。

卷三十四葉二背面書腳（標點本頁一〇六七）：墨筆王校"吴本'郭景純'三字空缺。吴本無四字"。朱筆"雍案：吴無'郭景純云'四字"。

卷三十四葉十正面書腳（標點本頁一〇七七）：墨筆王校"吴無'西'字"。朱筆"雍案：吴無'南'字"。

卷三十六葉二背面書眉（標點本頁一一一三）：墨筆王校"明抄'捷'作'揵'"。墨筆"雍案：捷、揵二字疑互倒"。標點本王校作"明抄'揵'作'捷'"。查底本爲'揵'，'捷'字疑抄誤。

卷三十六葉十三背面書腳（標點本頁一一二七）：墨筆王校"吴本'酸'"。朱筆"雍案：吴作'酸'"。查標點本王校作"吴本酸"，不誤，疑松崎抄誤。

卷三十七葉九背面書腳（標點本頁一一六〇）：墨筆王校"吴本'狼山'下同"。朱筆"雍案：吴本下作'狼山'"。

卷三十七葉十四正面書眉（標點本頁一一六五）：墨筆王校"黄本無五字"。朱筆"雍案：謂無經末五字"。

卷三十八葉一背面書腳（標點本頁一一八四）：墨筆王校"明抄'爲'"。墨筆"雍案：明抄疑是"。查此葉書眉已有墨筆王校"明抄'爲'"，此條重複；又檢標點本此書腳王校作"吴本'爲'"，應松崎過録時將吴本誤作明抄。

卷三十八葉十一正面書腳（標點本頁一一九六）：墨筆王校"吴無'注'字"。朱筆"雍案：吴與此同，有'注'字"。

卷三十九葉十七正面書脚（標點本頁一二三四）：墨筆王校"吳本'彬'"。朱筆"雍案：吳本'椒'作'彬'"。書眉（標點本頁一二三五）：朱筆王校"'鄡'宋作'鄩'"。朱筆"雍案：'鄡'，疑是'鄔'字之訛"。

卷四十葉十六正面書脚（標點本頁一二六二）：墨筆王校"吳本'色'"。朱筆"雍案：'色'當是'也'字之訛"。查標點本錄王校作"吳本'也'"，不誤，疑松崎抄誤。

這些標"雍案"的校語緊貼王校，行文比王校略低，對王校作補充訂正，那麼這位自稱"雍"者是誰呢？初疑家父祥雍公所作，然細審筆迹與過錄書法相同，應出松崎鶴雄之手，但松崎并未見自稱作"雍"，查橋川時雄字子雍，推測應是松崎鶴雄在過錄王國維批校時一并抄錄的橋川時雄的按語。

五、其他過錄本

王國維《水經注校》除了松崎鶴雄這一部抄本，還有其他幾部過錄本存世，但各種書目著錄不一，頗有疑異，茲舉如下：

（一）《中國古籍善本總目》，除了王國維手校原稿《水經注》，王校過錄本共有六種：1.佚名錄王國維批校（編號1286），藏首都圖書館；2.佚名錄王國維批校（編號1287），藏北京市文物局；3.佚名錄王國維校（編號1288），藏山東大學圖書館；4.武昌徐明錄王國維校并錄王國維臨明趙琦美、清孫潛、袁廷檮校并跋（編號1289），藏湖北省圖書館；5.武昌徐氏錄王國維校并錄王國維臨袁廷檮校并跋（編號1290），藏湖北省圖書館；6.日本松本鶴雄錄趙琦美、王國維校并跋（編號1291），藏上海圖書館。[①]其中最後的第六種應即是此本，松崎鶴雄誤作松本鶴雄，此書"文革"中抄没收入上海圖書館，"文革"後發還，今卷内仍鈐有"上海圖/書館藏"和"上海圖書館/退還圖書章"朱文長方印，《中國古籍善本總目》的原始資料可能來源於"文革"期間的上海圖書館，因此著錄。

（二）《中國古籍善本書目》，著錄王校的過錄本祇有一種："《水經注箋》四十卷，明朱謀㙔撰，明萬曆四十三年李長庚刻本，佚名錄王國維校（編號11497）。"[②]收

---

① 翁連溪編校：《中國古籍善本總目》，綫裝書局，二〇〇五年，第五二四頁。
② 中國古籍善本書目編輯委員會：《中國古籍善本書目（史部）》，上海古籍出版社，一九九三年，第一〇二五頁。

藏單位則有首都圖書館、中國科學院圖書館、天津圖書館、上海圖書館、復旦大學圖書館等達三十一處之多，經詢復旦大學圖書館古籍部，祇有朱謀㙔《水經注箋》四十卷明萬曆四十三年李長庚刻本，并無過録本，由此推測，此處著録應是將萬曆李長庚刻本誤作過録王校本，故達三十一部之多。

（三）《中國古籍總目》，王校的過録本也是一種，收藏單位則爲一館。著録作"史71452698：《水經注箋》四十卷，明朱謀㙔撰，明萬曆四十三年李長庚刻本。首都（佚名録王國維校）"①。由此也證明上述收藏單位除第一個首都圖書館是對的，其餘三十處均有誤。

以上《中國古籍善本總目》原是《中國古籍善本書目》最初的徵求意見稿，約於二十世紀八十年代油印分發全國各藏書單位，作進一步審核，然後匯總定稿成《中國古籍善本書目》正式出版。《總目》（即徵求意見稿）所録王國維《水經注校》六種過録本經各館重新審核，看來僅首都圖書館藏的一部屬實，一九九三年《中國古籍善本書目》著録正式出版，其他五部（除去本書應四部）則可能經復查發現最初的著録有問題，或像此本情況藏書在"文革"時收入，"文革"後退還原物主，故而作爲公立藏書單位的藏書目録《中國古籍善本書目》不取。至二〇〇九年出版的《中國古籍總目》又經核實，肯定了《中國古籍善本書目》載王校過録本一種的著録，并將收藏單位由原書的三十一館改正爲首都圖書館一館藏。關於這部過録本，筆者有個猜測，據上引羅繼祖《王國維先生〈水經注校〉述略》一文曾提及"先祖（羅振玉）……叫人照樣寫了一部存於篋中以爲副本"，首都圖書館藏的這一部"佚名録"本，很可能即此副本。

此外，王國維《水經注校》還有一部其門生趙萬里的過録本，一九二六年冬開始臨校，費時數月。書末有王國維手跋云："門人趙斐雲（趙萬里字）酷嗜校書，見余有此校，乃覓購朱王孫本照臨一過，并屬識其顛末……憶初校此書時，距今纔六閲寒暑，而人事之盛衰、交游之存亡、聚散書籍之流轉，已不勝今昔之感。然則斐雲以數月之力爲余校本留此副墨，亦未始非塵劫中一段因緣也。丁卯二月十八日雪霽後觀堂書。"此後僅二月餘，王氏便沉湖辭世。二〇一四年，中華書局將此本影印出版，在《出版説明》中還提到一部佚名過録之趙萬里過録本，藏中國科學院圖書館，《四庫未收書輯刊》第九輯第四、五册影印。②

---

① 中國古籍總目編纂委員會編：《中國古籍總目·史部》，上海古籍出版社，二〇〇九年，第三九二八頁。
② 中華書局編輯部：《出版説明》，載朱謀㙔撰，王國維批校，趙萬里過録《王國維批校水經注箋》，中華書局，二〇一四年。

綜上所述，就目前筆者陋見，現已知的王國維《水經注校》過錄本存有三部：一、趙萬里過錄本，趙氏家藏；二、佚名過錄本（疑羅振玉請人抄），首都圖書館藏；三、日本松崎鶴雄過錄本，即此本。與前兩本不同，此本還多了疑爲日人橋川時雄的按語，別具價值。

（獨立學者）

《殷卜辭中所見先公先王考》羅趙二本差異中所見王國維"夒"字考辨考

邊志府

內容摘要：通行的趙萬里本《殷卜辭中所見先公先王考》"夒"節行文邏輯有不通處。通過梳理《先王考》版本源流，對比羅振玉、趙萬里二本《先王考》"夒"節文本，可見後者在將卜辭"夒""夒"二字由釋"夒"改爲釋"夔"外，尚有其他的文本變化。經考察，趙本《先王考》的文本改動依據并非《王國維著譯年表》所認爲的《殷先公先王考附注》，而是以《古史新證》"夔"節原文直接替換了羅本《先王考》"夒"節後半部分。王國維對"夒"字的考辨過程，集中體現於《先王考》的羅趙二本差異，實是從《先王考》到《古史新證》的文本變化。王氏重釋"夒"，其材料依托與思想淵源均可追溯於其前期的金文研究。趙萬里擅改《先王考》文本的行爲并不妥當，有違文獻整理的原則。

關鍵詞：《殷卜辭中所見先公先王考》；卜辭改釋；金文研究；文本改動

癸卯（二〇二三）秋，余讀王國維先生《殷卜辭中所見先公先王考》，感佩其辭理達暢，照燭幽微，辨析二千載前先公先王名，如觀火然。然其文十二小節，唯首節之考"夒"，余初未通其意，再讀雖曉大略，仍覺頗多窒礙。蓋惑者有三：其一，據節末，知"高祖夔"見於卜辭，而前文引述，獨不標其出處，於全文體例未合，又"此稱'高祖夔'"承於金文辨析後，頗爲突兀，不知"此"字所指云何；其二，此節開首舉卜辭中"夒""夒"二字，列其語例，辨其象人手足形，隨即轉述他字，而後所論，皆不及此二字。是以終不知其究係何字，何以顯標於首而忽之於後；其三，"夒"既以爲題，自應爲卜辭所見先公先王名，而據本節，唯於傳世史料中及見之，其於卜辭何干，亦未能明，且全篇及"夋"之論實不可謂多，若此，"夋"果堪負此節之題乎？存此三疑，再思不解。後覽《殷卜辭中所見先公先王續考》，讀其序，方知王氏之得見《戩壽堂所藏殷虛文字》與羅氏拓本，實乃寫就《先王考》之後，而覆察今所見《先王考》，此二材料皆見徵引；又讀《續考》首節"高祖夋"，云"前考以卜辭之🔣及🔣爲'夋'"，恍悟今所見《先王考》必非王氏所作初本矣。查《觀堂集林》版本，知今所覽《集林》係趙萬里《遺書》本，其中《先王考》歷經王氏、趙氏增删，已多失初貌，而以"夋"一節改動爲劇。比勘前後，細繹異同，王氏考辨卜辭"🔣"字之經過①，是以可窺一斑。

一、《先王考》版本梳理

《先王考》初稿寫定於丁巳年（一九一七）二月，後經若干次修改，始刊於同年的《學術叢編》。以其初刊爲界，以前的版本爲稿本，以後的版本爲印本。

在發表以前，《先王考》產生了前後多種稿本，就現已知，即有一九一七年二月初次寫定後隨即寄予羅振玉的"草稿"，留存己處的底稿，以及改寫後的"第二稿"，又有寄贈内藤湖南之稿。然而物換時移，今可見傳世之本，唯有現藏於日本關西大學内藤文庫中的一種，題名爲《殷墟卜辭中所見先公先王考》。該手稿曾經葛兆光先生目驗，判定其爲王國維手迹無疑。葛兆光將該稿本與通行的《觀堂集林》本進行内容比對，指出了一些重要的異文，并推測該稿本應該是王國維在同年三月内藤來滬時送予他的。②

需要指出的是，葛兆光先生在一九九八年看到這份《先王考》稿本時，尚未見及《先王考》的《學術叢編》本，因而祇將這份《先王考》稿本與通行的《觀堂集林》本做了對比。而今《學術叢編》（又名《廣倉學宭叢刊甲編》）已影印出版，若將其中《先王考》全文與内藤文庫中的手稿本再做對比，自然更有價值。然而内藤文庫中手稿難以親見，今僅能從葛兆光《王國維手稿本〈殷墟卜辭中所見先公先王考〉跋》一文插圖中見其文首頁。對比兩版的首頁内容，發現二者存在幾處文字表述的差異，據此可知，葛氏推測該手稿"就是印在《廣倉學宭叢刊》中的那一份"，是不成立的。從該稿本到《學術從編》本，應至少還有一個中間稿。

---

① 在《先王考》中，卜辭"🔣""🔣"二字僅有微小的字形差別，實被視爲一字。在王氏所舉卜辭語例中，更常見，王氏有時以"🔣"字代此二字。本文爲避重複，時亦從之。在不致誤會的情況下，或亦稱"卜辭二字"。
② 葛兆光：《王國維手稿本〈殷墟卜辭中所見先公先王考〉跋》，《餘音：學術史隨筆選》，廣西師範大學出版社，二〇一六年，第六七—七〇頁。

一九一七年，《先王考》首次發表於《學術叢編》第十四期，是爲初刊本。一九二三年，經王國維手自編訂的《觀堂集林》由蔣汝藻密韵樓刊行。該本《集林》共二十卷，《先王考》收入卷九。一九二七年王國維自沉後，羅振玉於是年十二月編成《海寧王忠愨公遺書》初集，其中收入《觀堂集林》。該本《集林》經羅振玉改次增删部分篇目，成二十四卷，《先王考》仍入卷九。一九四〇年，趙萬里在羅本《遺書》基礎上，又"采輯編校其前後已刊未刊之作"成《海寧王静安先生遺書》，《觀堂集林》編於最前。該本《集林》亦爲二十四卷，編次基本同於羅本，《先王考》亦入卷九。此後，《觀堂集林》陸續有影印本和整理本問世，而所依均不外上述三種，即密韵樓初刊本、羅振玉《遺書》本和趙萬里《遺書》本。

要之，《先王考》的印本共有先後四種版本，即初刊《學術叢編》本、密韵樓刊《觀堂集林》本、羅氏《遺書》本、趙氏《遺書》本。

經對比，從《學術叢編》本到密韵樓刊《觀堂集林》本，《先王考》最大的改動是删去了文末的"餘考"①，其餘改動不大，主要是一些字詞上的細節調整以及部分卜辭辭例的補充。以"夋"一節爲例，《叢編》本和《集林》本共有兩處不同。其一，在《叢編》本《先王考》中，列舉包含"𡕗""𡕗"二字的卜辭語例四條，前三條出於《殷虚書契前編》，第四條出於《殷虚書契後編》；而在《集林》本《先王考》中，在原本的第三和第四條語例之間增入了兩條，後標出處云"皆出於羅氏拓本"。所謂"羅氏拓本"，據《殷卜辭中所見先公先王續考》序言，乃王國維寫就《先王考》初稿後，於一九一七年三月在羅振玉處所見。而《先王考》初刊於《學術叢編》時，羅氏拓本中的這兩條卜辭語例很可能還未來得及被王氏補入，待五年後《觀堂集林》刊行，方補入原文。②其二，《叢編》本《先王考》引《帝王世紀》云"帝嚳次妃，娵訾氏女"，《集林》本中"娵"作"諏"。

從密韵樓刊《觀堂集林》本到羅氏《遺書》本，《先王考》唯有一些細節處的字詞增删，無關大體。如文前小序中的落款，《集林》本爲"丁巳二月，海寧王國維"，《遺書》本則僅作"丁巳二月"，删去了"海寧王國維"。若"夋"一節，二本内容全同，毫無變化。

---

① 該部分是根據卜辭論述殷商制度典禮的，後來被擴充爲《殷周制度論》一文收入《觀堂集林》。蓋王氏編《集林》時爲避重複，故於此處删去。
② 值得考慮的是，從保存文章原貌來看，這種後續的補充可能有失嚴謹。王氏在《先王考》中既已明言本文創作於丁巳二月，那麽後續所得的材料未加說明地插入正文，很可能會造成對引用材料時間的誤會。

從羅氏《遺書》本到趙氏《遺書》本，《先王考》有了多處的改動。據胡逢祥《王國維著譯年表》，本原載於《王忠愨公遺書·觀堂別集·補遺》中《殷先公先王考》附注的內容，在趙萬里編印《遺書》時，被補入了《先王考》文中。通覽全文，文本變動最大的部分，即在"夋"這一節。

二、《先王考》羅趙二本"夋"節文本差異辨析

經對比，從羅本到趙本的"夋"節文本，有四處較大的改動，爲了對這些改動做一個清晰的叙述，有必要先對羅本"夋"節的文本脉絡先行梳理。

（一）羅本"夋"節文本脉絡

文章開首即列卜辭中"𔖙""𔖚"二字，并列舉了來自《殷虛書契前編》《殷墟書契後編》以及羅氏拓本中的共六條語例。而後指出此二字象人首手足之形，故疑爲"夋"字。接着舉出文獻的依據：《説文》釋"夋"爲"從夊，允聲"，且古文中"允"皆象人形，而"𔖙""𔖚"二字正是在人形下加"夊"，故其很可能就是"夋"字。值得注意的是，王氏此處并未斷言二字必爲"夋"。

以上是字形分析，運用了文字學的相關材料和方法，推測卜辭爲何字。接下來則結合傳世史料，進一步尋繹出卜辭中的歷史信息。王氏指出，"夋"即帝嚳之名，舉出《史記索隱》和《初學記》引《帝王世紀》中的直接證據，又舉《太平御覽》《史記正義》《山海經》中的間接證據。《山海經》中包含材料較多，涉及問題較複雜，因而被重點分析。王氏列出《山海經》中"帝俊"文例，共十二條，并指出其中《大荒西經》"帝俊生后稷"郭璞注"俊"爲帝嚳，而其他十一處，郭璞都認爲是"帝舜"的假藉。但王氏不同意郭璞的看法，認爲《山海經》中的"帝俊"應該就是《史記索隱》和《初學記》中的"夋"，即帝嚳。接着給出論證：首先，《大荒西經》有"帝俊生后稷"，與《世本》和《大戴禮記·帝系篇》所記載帝嚳生后稷相印證。其次，《大荒東經》有"帝俊生中容"，《大荒南經》有"帝俊生季釐"，《海内經》有"帝俊有才子八人"，而《左傳》載"高辛氏有才子八人"，中有"仲熊""季貍"，可相印證。再次，《大荒西經》有"帝俊妻常羲"，《帝王世紀》有"帝嚳次妃，諏訾氏女，曰常儀，生帝摯"可印證；且《大荒南經》中又稱帝俊妻"羲和""娥皇"，皆爲"常羲"一語之變。於是，王氏結論曰："郭注以'帝俊'爲帝舜，不如皇甫謐以'夋'爲嚳名

之當矣。"可以看到，他的結論仍是商榷性的，没有斷言郭注必非，祇是根據現有材料，"夋"作爲帝嚳之名的可能性更大。①

綜上，既已推測卜辭二字爲夋，又結合史料知夋即爲帝嚳，則卜辭所見"🐵""🐵"二字，當是帝嚳。行文至此，本節要解决的問題實已完成，似可煞尾。而王氏又作了一些補充説明，即根據《國語》《禮記》等文獻記載，殷人有禘祭帝嚳之俗，亦可佐證帝嚳乃殷人先祖，故其屢見於卜辭，自爲宜然。

（二）趙本"夋"節的改動

趙本《先王考》對羅本做了較大篇幅的改動，總其大者，共有四處。

第一處，羅本中借《説文》等推測卜辭二字爲"夋"，該部分在趙本中被删去，代之以新的字形分析，并佐以新的文獻依據。羅本中疑卜辭爲"夋"，并引《説文》釋"夋"條證明。趙本則改引《説文》釋"夒"條，又引毛公鼎、克鼎、番生敦等銘文中"羞"和"柔"的語例，指出"夒""羞""柔"三字相互通藉。隨後，趙本舉出"高祖夒"卜辭辭例，又列舉"高祖王亥"等辭例，證明"夒"既稱高祖，必爲殷先祖中最顯赫者；再以聲類推求，則應爲帝嚳。而後，又舉《逸書》《史記》《管子》等文獻言及帝嚳處，將帝嚳之名溯至商初。總之，"嚳""俈"二字，皆與夒字聲相近，"夋"則爲"夒"字之訛。

第二處，羅本中將《山海經》中所有"帝俊"文例逐條列出，隨後推斷"帝俊"當爲帝夋。趙本則祇曰"《山海經》屢稱'帝俊'（凡十二見）"，未羅列文例，亦未推斷"帝俊"爲帝夋。

第三處，關於《山海經》的文本分析，趙本做了較多調整。首先，羅本中《大荒西經》"帝俊生後稷"被用來與其他史料相印證，在趙本中此條被舉證被删去。其次，關於帝嚳妃諏訾氏女的問題，羅本舉《大荒西經》"帝俊妻常義"與《帝王世紀》"帝嚳次妃，諏訾氏女，曰常儀，生帝摯"相印證，趙本中把後者的出處改爲畢沅所撰《山海經傳》。②羅本有一部分小字按語，引用《詩經注疏》等文獻以佐證諏訾氏女名曰"常儀"，趙本則於此處增補了《檀弓正義》中的一條例證。羅本按語中指出，如《帝王世紀》等文獻中明言諏訾氏女"曰常儀"，而另一些文獻如《太平御覽》引《世本》中則

---

① 王國維之後，卜辭及古史研究繼續深入，郭沫若、楊寬等學者發現帝俊、帝嚳、帝舜實乃一帝之分化。詳見楊寬：《中國上古史導論》，上海人民出版社，二○一六年，第一三六——一四九頁。
② 畢沅爲《大荒東經》"帝俊生中容"所作傳文中，引及《史記正義》所引《帝王世紀》此句文字。見伯益撰，郭璞注，畢沅傳：《山海經傳》卷十四，第二葉。

單云"次妃曰諏訾氏",無"曰常儀"三字,今從有"曰常儀"之文獻;趙本按語中則指出,《太平御覽》引《世本》"諏訾氏女"上文有兩例"某某之女曰某某",而此處依例應亦有"曰常儀"。言下之意,今本不見此三字,當係脫文。再次,羅本云《山海經》中帝俊妻"羲和"與"娥皇"皆"常儀"一語之變,趙本中無此句。

第四處,羅本以對卜辭殷禮的認識問題收束此節,趙本則代之以新的結語:"卜辭稱高祖夒,乃與王亥、太乙通稱,疑非嚳不足以當之矣。"

總之,趙本《先王考》與羅本相較,最大的差別在於依據新的材料,把卜辭二字由"夋"改釋為"夒",而卜辭二字即為帝嚳的最終結論沒有變。另外,又做了一些論據的增補和論證細節的調整。

(三)趙本文字改動的依據

胡逢祥《王國維著譯年表》謂《先王考》"至趙萬里編印《王靜安先生遺書》時,又將原載於《王忠慤公遺書·觀堂別集·補遺》之《殷先公先王考附注》內容補入其中"①,據此,《殷先公先王考附注》當是趙本改動羅本的主要依據。茲錄此文如下:

> 予曩釋 🐾 為"夋",今案當是《說文》之"夒"。《說文·夊部》:"夒,貪獸也。一曰母猴,似人。從頁,巳、止、夊,其手足。"毛公鼎"我弗作先王羞"之羞作 🐾。克鼎"柔遠能 🐾"之柔作 🐾,番生敦作 🐾,而《薛氏款識》盨和鐘之"柔燮百邦"、晉姜鼎之"用康柔綏懷遠邇",柔并作 🐾,皆是字也。夒、羞、柔三字古音同部,故互相通假。②

將此文與趙本《先王考》對看,此文中自引《說文》至文末,的確全部被趙本《先王考》收入,并構成了前文指出的趙本對羅本的第一處改動。也就是說,王國維在寫完《先王考》後,繼續對卜辭進行研究,通過結合新材料,發現了以前將 🐾、🐾 釋為"夋"不當,實應釋為"夒"。他將這一新論述寫為《殷先公先王考附注》一文。至趙萬里編訂《遺書》時,他將此文作為王氏研究卜辭的最新成果收入了《先王考》中,於是形成了新版本的《先王考》。這樣的解釋看似是合理的,但果真如此嗎?細緻比較

---

① 胡逢祥:《王國維著譯年表》,載謝維揚、房鑫亮主編,房鑫亮、胡逢祥分卷主編《王國維全集》第二十卷,浙江教育出版社,二〇〇九年,第五二七頁。

② 王國維著,羅振玉編:《海寧王忠慤公遺書》初集《觀堂別集·補遺》,羅氏刊本,一九二八年,第四〇頁。

《附注》和趙本《先王考》所改動的內容,不難提出兩個疑問:第一,趙本在增入此段内容後,緊接着還增入了以"此稱'高祖夒'"爲始的大段新的史料分析,這段并不見於《附注》的内容,是來自何處?第二,上文所指出的趙本的第二、三處改動,在《附注》中并無對應的内容,那麽這些改動,所依據者又在何處?

這裏需要聯繫王國維的另一部著作。一九二五年九月,王國維在清華國學研究院開設了"古史新證"課程,主要即通過殷墟甲骨卜辭和傳世史料來講授商代史,授課過程中形成的講義,在王國維殁後便以《古史新證》爲題發表於《國學月報》和《燕大月刊》,後來又和王氏其他的清華授課講義得到一并整理,於一九九四年集結出版爲《古史新證——王國維最後的講義》一書①,又以單篇作品收入二〇〇九年浙江教育出版社和廣東教育出版社聯合出版的《王國維全集》中。《古史新證》因其首次提出"二重證據法"而爲人重視,但同樣不能忽略的是,它也較爲全面地呈現了王國維在人生最後階段於古史領域取得的學術進展。

今查《古史新證》,第三章題"殷之先公先王",即是對殷墟卜辭中的先公先王分節考證,體例類似《先王考》及《續考》,内容也基本上是這兩篇文章的整合,但在部分問題上則有所推進。該章首節題爲"夒",先羅列七條卜辭,再加按語作爲論述。結合文章内容,可知該節的"夒"實際就是《先王考》中的"夋"。由此,《附注》和《古史新證》的"夒"節都是王國維重釋卜辭"夒""夋"二字的直接文本,既如此,二者也都有可能作爲趙萬里改寫《先王考》的文本來源。比對二文,可發現《古史新證》"夒"節的按語較《附注》更長,且前者的前半部分與《附注》内容基本相同,而後半部分則是以"此稱高祖夒"爲始的大段史料分析。將此部分内容與對應的趙本《先王考》中的增訂部分比對,發現二者内容完全重合。

因此,一個事實已基本浮出,《先王考》趙本對羅本的改動,所依據的很可能并非《殷先公先王考附注》一文,而是《古史新證》的"夒"一節。理由如下:首先,對比趙本《先王考》與《古史新證》"夒"節,發現趙本自"案夒、夋二形,象人首手足之形"至文末,其内容完全同於《新證》"夒"節之按語,由此可知,趙萬里改寫《卜辭考》的方式,很可能就是直接以此節講義的按語内容替換了原《卜辭考》的相應内容;其次,《新證》"夒"節先列於首的幾條卜辭中,有"癸巳貞於高祖夒",其出處標爲羅氏拓本,後文按語中"此稱高祖夒"即謂此。若如胡逢祥所云趙本《先王考》增

---

① 有關《古史新證》的撰作、保存、流傳與刊行,詳見裘錫圭爲《古史新證》所撰前言,見王國維:《古史新證——王國維最後的講義》"前言",清華大學出版社,一九九四年,第一—四頁。

補内容出於附注，則"此稱高祖夒"并不能在《附注》中找到對應的内容；其三，《附注》與《新證》"夒"節前半部分基本相同，唯一不同處在於《新證》"夒"節舉證盂和鐘"柔燮百邦"時，於《薛氏款識》前另有《博古圖》一例出處，《附注》中則無《博古圖》出處，而所見趙本《先王考》中，實有《博古圖》出處。由此三證，趙本所依，實乃《古史新證》"夒"節，而非《先王考附注》，當已無疑。

三、王國維考辨卜辭☒、☒之過程考論

王國維的《先王考》，從一九一七年的《學術叢編》本，到一九二四年的密韵樓刊《觀堂集林》本，再到一九二七年羅氏《遺書》本，最後到一九四〇年的趙氏《遺書》本，其間文本發生的變化，部分地反映着王國維對卜辭"☒""☒"的考辨過程，但這個反映并不是全面的。根據前文的梳理，王國維對卜辭二字的考辨過程，除了《先王考》本身前後版本的文本變動，更重要的直接呈現是《先王考附注》和《古史新證》的"夒"節。綜上，王氏對卜辭二字的考辨過程，已可描述出一個大致情形：在研究初期，王國維釋此二卜辭文字爲"夋"，即是帝嚳，發表於《學術叢編》的《先王考》首次公開了這個觀點。後來，王國維又結合毛公鼎、克鼎等銘文，重釋卜辭二字爲"夒"，"夋"則是後起的訛字，但總歸仍指帝嚳。這一觀點寫入了《先王考附注》，并在《古史新證》"夒"節中得到了充分論述。因《附注》寫作的時間尚屬未知，《古史新證》則已知寫於一九二五年下半年，所以可知王國維對卜辭二字的釋讀變化最晚完成於一九二五年下半年。

（一）關於《殷先公先王考附注》的撰作

《古史新證》由王國維授課講義集結而成，其文獻來源與撰成時間都可確知，而《殷先公先王考附注》的文獻來源則不甚清楚。經查閱，此篇文章僅見於羅本《遺書》中的《觀堂別集·補遺》，後來趙萬里重編《遺書》，對羅本《觀堂別集》的篇目做了較大改動，《附注》一篇已不見於《別集》，亦不收於《遺書》。而此後所影印或整理的《王國維全集》，亦皆不見此篇《附注》。這樣的處理也可以理解，因爲《古史新證》"夒"節其實是《附注》的更完整表達，完全涵蓋了後者所承載的學術信息，因此當《古史新證》既已刊行，且趙本《先王考》已將其内容全部收入後，《附注》在其本身的學術價值層面，便已無足輕重，其被删落亦無可非議。但如果從學術史的角度看，

《附注》作爲王氏在卜辭研究特定階段中的產物，對於瞭解王氏的卜辭研究進程，尤其是對卜辭❡、❡的考辨過程，則是關鍵的材料。

然而經多方查證，現在除了《附注》原文可在羅本《遺書》中看到，此文的其他相關信息可知者寥寥。趙萬里《王静安先生著述目録》中有"《觀堂別集》一卷《後編》一卷《補遺》一卷"條，下述曰："首二卷爲羅氏所編，《補遺》則里所輯也。凡《永觀堂海内外雜文》諸文爲《觀堂集林》所未收者，及其他序跋雜文，均入之。"①可知包括《附注》在内的《補遺》所收之文，爲趙萬里所整理編輯。據趙萬里《王静安先生年譜》，《永觀堂海内外雜文》乃王國維於一九一七年十月所自編文集，共計五十七篇。此文集分上下集分別刊行於《學術叢編》第二十三、二十四卷。今核以篇目，確爲五十七篇，而中無《附注》。據此可知，《附注》當來源於趙氏所云"其他序跋雜文"，但此範圍實亦寬泛，無法爲尋得《附注》的來源提供幫助。

因此祇得姑從文章本身做推測。《附注》僅爲一段的篇幅，概已可知非單獨成篇之文，又題爲《附注》，則必附於他文後，既題爲《殷先公先王考附注》，則除附注於王氏自撰《殷卜辭中所見先公先王考》一文，似別無其他可能。再結合文獻，知《殷先公先王考》爲王氏常用之簡稱，此簡稱亦爲趙萬里慣用，且爲其他學者公認。②故而此《附注》實乃《先王考》之附文，當屬無疑。而此附文究竟作於何時？今未見其他材料提及，故亦祇能從文本出發，并結合《古史新證》的撰作加以推想。

關於《古史新證》，已知其爲一九二五年下半年王氏授課過程中的講義，故其撰成時間即應在此時段内。根據裘錫圭爲《古史新證》所作前言，這些講義當是隨印隨發的。而吴其昌《王静安先生〈古史新證〉講授記》記録了禹和前幾位殷先公的考證後，便作文末按語云："此後王先生編發講義，故不復記。"③吴氏筆記止於"古代祭法'尞''卯''沉'"，可知王氏大約是講授至此後，纔寫定并下發了之前所講内容的講義，之後講義方隨印隨發。故今所見《古史新證》"夒"節，當寫定於王氏授此"古

---

① 趙萬里：《王静安先生著述目録》，載謝維揚、房鑫亮主編，房鑫亮、胡逢祥分卷主編《王國維全集》第二十卷，第一四八頁。
② 兹舉數條語例如下："丁巳二月，余既作《殷先公先王考》畢，思治此書"（王國維《古本竹書紀年輯校自序》）；"今年所作，除《殷先公先王考》二篇外，皆無聊之作"（王國維《致羅振玉》）；"時先生撰《殷先公先王考》，頗取資於《世本》"（趙萬里《王静安先生年譜》）；"此書考釋大都已收入《觀堂集林·殷先公先王考》及《釋翌》《釋旬》諸文矣"（趙萬里《王静安先生著述目録》）；"厥後忠慤繼之，爲《殷先公先王考》，能補予所不及"（羅振玉《集蓼編》）。
③ 吴其昌：《王静安先生〈古史新證〉講授記》，載謝維揚、房鑫亮主編，房鑫亮、胡逢祥分卷主編《王國維全集》第二十卷，第四頁。

史新證"課程期間，時間應在其講授"古代祭法"前後，此時王氏講授"禴"已畢，應是講授後重新整理所講內容，方寫成今日所見之稿。

《古史新證》"禴"節的撰成時間既已知曉，則可做進一步推測。我認爲《附注》應撰成於《古史新證》"禴"節前後，且二者成文相隔應不會太久，但究竟孰前孰後，則尚難判斷。理由有二：首先，今已知《附注》與《古史新證》"禴"節按語的前半部分基本相同，唯一不同處在於《附注》少列了一個《博古圖》的出處。由此可知二文應當是先後寫定，後寫者直接照録了先寫者的文字，并稍加删訂或增補。其次，結合王氏當時的經歷來看，一九二五年二月，王氏應聘爲清華學校研究院教授，四月遷居清華園，九月開始講授"古史新證"。①在二月應聘至九月正式開課期間，以王氏之謹嚴，自會對預備講授之内容做好認真準備②，是故王氏很可能就是在此期間重新對其已有的古史研究成果做了一次通盤檢視，故而在將相關的新老材料重新整合梳理的過程中，發現了"羞""柔""禴"三字的互通，進而形成了對卜辭 𗥧、𗥧 的新釋讀。而這一新的釋讀以及相關論據被整合成短文一篇，標注於他所自存的《先王考》一文之後，也被寫入了《古史新證》"禴"節的講義中。

《附注》和《古史新證》中有無《博古圖》出處的差別，關涉文章修訂的問題。根據王國維《宋代金文著録表》，盠和鐘（即秦盠和鐘）曾著録於薛尚功《鐘鼎款識法帖》，而未著録於《宣和博古圖》，核以《博古圖》，確無盠和鐘。又王國維《〈史籀篇〉疏證》曾引證秦盠和鐘，并標其出處爲《考古圖》，核以《考古圖》，其中確實著録有秦銘勛鐘核（即秦盠和鐘）。是故《古史新證》所標《博古圖》出處，實爲誤，且致誤之因，很可能是誤寫"考"爲"博"字。由此，《附注》和《古史新證》有無《博古圖》例，就涉及兩種不同的修訂可能。若《附注》作於前，則很可能是王氏在寫《古史新證》時，忽憶起（或重新注意到）在《款識》外，《考古圖》亦有此釋文，故增補之，而錄時記憶稍誤（或筆誤），故誤《考古圖》爲《博古圖》。若《古史新證》作於前，則很可能是王氏在寫《附注》時，發現了前列《博古圖》之誤，故而删之。

---

① 趙萬里：《王靜安先生年譜》，載謝維揚、房鑫亮主編，房鑫亮、胡逢祥分卷主編《王國維全集》第二十卷，第四七二—四七四頁。
② 王氏治學之謹嚴自不必多言，其對清華授課所抱不苟態度，亦可從二事見：其一，就任清華前，王氏親往日使館，面奉諭旨命就清華學校研究院之聘；其二，一九二五年七月，在研究院正式開學前，王氏爲清華暑期學校演講《中國近二三十年來新發見之學問》，既是對自己從事"新發見之學問"的一個階段性總結，也對入學新生日後朝此方嚮繼續努力表示鼓舞與期待。

（二）金文材料作爲關鍵

正如王國維所強調的新學問往往孕育於新發現中，根據《附注》及《古史新證》"夒"節，可知王氏改釋卜辭的關鍵，是幾條相關的金文材料。據王氏所列順序，這些金文材料分別出於毛公鼎、克鼎、番生敦、秦盉和鐘，以及晋姜鼎。據吳其昌《王靜安先生〈古史新證〉講授記》，王國維自道其本疑卜辭二字爲"夋"，後來因見到上述古器物上的相關金文材料，加以比較研究，方知其中"羞""柔"二字"本爲一字，孳乳而化"，即是《説文》"夒"字。那麼，這些金文材料是如何進入王國維的視野，進而爲其卜辭研究形成助力呢？這關係王國維長期從事的金文研究。

王國維的金文研究始於辛亥後東渡日本。東渡以後，王氏治學轉嚮經史，又因羅振玉富藏金文文獻之便，始用功於此。一九一三年，王氏撰成《明堂廟寢通考》，後致信鈴木虎雄云："一月前成《明堂廟寢通考》一書，全與舊説不合。唯阮文達《明堂圖考》之説略似之。維更從古金文字之證據，通之於宗廟、路寢、燕寢，并視爲古宫室之通制。然金文中尚有反對之證據，故其中一部分不能視爲定説耳。"①可知王氏此時已開始借用金文考證古史和古禮，并由此在前人的基礎上，提出了較大的創見。一九一四年，王氏撰成《宋代金文著録表》與《國朝金文著録表》，對宋、清兩代的金文著録做了一次全面系統的整理和考訂，在《國朝金文著録表序》中，王氏自道編撰之不易："長夏酷暑，墨本堆案。或一器而數名，或一文而數器。其間比勘一器，往往檢書至十餘種，閲拓本至若干册。窮日之力，不過盡數十器而已。"②歷經五月，此表編成，王氏對前代金文著録也已遍覽細校一過，爲其日後金文研究打下了扎實的基礎。此後，他陸續撰寫了如《毛公鼎銘考釋》《兩周金石文韵讀》等一系列金文研究之作，其中經常將金文文獻與殷墟卜辭、傳世文獻相互參證，進而考證史實，實已將其後來提出"二重證據法"漸用成熟。因此，王氏在《附注》和《古史新證》中提出的對卜辭的新釋讀和新證據，實以他深厚的金文研究積澱爲背景。由此看王國維列出的幾條金文論據，其實都能回溯到他的相關研究。

關於毛公鼎，一九一六年王氏即撰成《毛公鼎銘考釋》，其中釋"我弗作先王㚔"曰"㚔，徐明經、吳中丞釋爲顛，吳閣學、孫比部釋爲憂。余疑即古羞字，象以手掩面

---

① 王國維：《致鈴木虎雄（一九一三年六月二十七日）》，載謝維揚、房鑫亮主編，房鑫亮分卷主編《王國維全集》第十五卷，第六六頁。
② 王國維：《國朝金文著録表序》，見王國維著，黄愛梅點校《王國維手定觀堂集林》，浙江教育出版社，二〇一四年，第一六〇頁。

之形"①。一九二六年王氏於清華授金文課程,對舊作《毛公鼎銘考釋》做了修訂②,其中對"我弗作先王☒"的釋文仍舊。另外,羅本《遺書》所收《觀堂別集·補遺》中有一篇《毛公鼎考釋附注》,其中重釋☒爲夒,而改字在"我弗作先王☒"中假藉爲了"羞"。③

關於克鼎,一九一六年王氏撰《〈史籀篇〉疏證》,已多次引克鼎銘文以證他字,其後考證古文字,亦多引證克鼎銘文;一九一六年四月,王氏致羅振玉信云:"今日作《毛公鼎考釋》……此外盂鼎、克鼎亦擬陸續爲之。"④一九一七年八月,王氏致羅振玉信云:"誦清購得《籀廎述林》……略讀一過,知克鼎之'柔遠能邇',《籀廎》已如此釋。"⑤據此,可知王國維於一九一六年已預計撰寫《克鼎銘考釋》,且於次年已看到孫詒讓等人釋克鼎中某四字爲"柔能遠邇"。但今所見《克鼎銘考釋》,據趙萬里《王靜安先生年譜》,乃王國維於一九二六年二月方得撰成,在此之前,并未見其他留存的王氏對克鼎銘文的考釋文字,更無有公開發表的《克鼎銘考釋》。於是不外乎兩種情況:一,王氏本擬撰而實未撰;二,王氏實已撰,而此本未得留存,或留存而仍未被發現。總之,目前祇能見到一九二六年二月撰成的《克鼎銘考釋》,其中考釋"擾遠能"曰:"擾,與'柔'同。《史記·夏本紀》引《皋陶謨》:'擾而毅。'徐廣曰:'擾,一作柔。'《韓非子·説難》:'龍之爲蟲,可柔狎而騎也。'《史記》'柔'作'擾'。又説文'夒'字,《小雅》作'猱'。知'擾''柔'可通用矣。……'柔遠能邇',《書·堯典》《顧命》《詩·大雅》并有此語,此器與番生敦亦用之。"⑥此處,王氏將前所云"柔遠能邇"之"柔"重釋爲與其通假的"擾",并列出幾處傳世文獻中的論據支撐。既然二字本是相通,他仍要做如此改釋,其原因應是《克鼎銘》該句中的"☒"在字形上近"擾"而遠'柔'。需要注意的是,一九二五年下半年所作《古史新證》"夒"節中引《克鼎銘》該句時,王氏尚循前人之釋,以其字爲"柔"。那麼這個文字重釋實發生在《古史新證》"夒"節寫定後的半年左右。

---

① 王國維:《毛公鼎銘考釋》,《學術叢編》,第一冊,上海書店出版社,二〇一五年,第五二一—五二二頁。
② 此修訂本後來作爲《觀堂古金文考釋》之一,刊入羅、趙二家《遺書》。
③ 王國維著,羅振玉編:《海寧王忠愨公遺書》初集《觀堂別集·補遺》,羅氏刊本,第四〇頁。
④ 王國維:《致羅振玉(一九一六年四月二十三、二十五日)》,載謝維揚、房鑫亮主編,房鑫亮分卷主編《王國維全集》第十五卷,第一二四頁。
⑤ 王國維:《致羅振玉(一九一七年八月十四、十五日)》,載謝維揚、房鑫亮主編,房鑫亮分卷主編《王國維全集》第十五卷,第三二八頁。
⑥ 王國維:《克鼎銘考釋》,載謝維揚、房鑫亮主編,章義和、王東分卷主編《王國維全集》第十一卷,第三三〇頁。

另外所列番生敦、秦盄和鐘與晉姜鼎，此三器銘文王氏未曾專門撰寫考釋，但在王氏的考文字或考古史的研究中，均曾有所引證。再考《古史新證》"夒"節所引此三器之銘文，可發現晉姜鼎銘"用康柔綏懷遠廷"未見於王氏其他著作，而番生敦銘"柔遠能邇"和秦盄和鐘銘"柔燮百邦"中之"柔"，實已皆見引於《〈史籀篇〉疏證》。

據王國維自序，《〈史籀篇〉疏證》是其爲《説文》中所存《史籀篇》遺字疏通證明之作，其中對"齇"的疏證便引及了上述銘文。《説文》中有"齇"字，并釋之爲籀文之"齋"。王氏引《説文》相關條例，先推測出"齇"字從"褮"，故而古時當有"褮"字，又據"褮"從示從憂，推測古時當有"憂"字。經王氏核驗，古文字中未見"褮"字，而"憂"則有與其形似的銘文三個，分別是項肆簋銘之"🔣"、番生敦銘之"🔣"與《考古圖》所載秦盄和鐘銘之"🔣"。故王氏推論曰："其所從之🔣若🔣，與篆文🔣字均爲近之，其字上首下止（攵亦止也①），實象人形。古之《史篇》與後之《説文》屢經傳寫，遂訛爲憂矣。"②也就是説，王氏在疏證"齇"字時，敏鋭地察覺到該字的右半部分既象人形，又有與其形似的銘文，很可能便有一個對應的古文字，即是後來演化成《説文》中的"夒"字。由此可知，早在一九一六年，王氏已經將説文中的"夒"和番生敦之"🔣"及秦盄和鐘銘之"🔣"之間建起了聯繫。後來在《古史新證》中對卜辭二字的重釋，其源可溯至此。

總之，王國維對卜辭二字的重釋，離不開他與金文研究的深厚淵源。自辛亥後，他因羅氏之便飽覽大量金文材料，一九一四年《宋代金文著録表》和《國朝金文著録表》的撰作標志着他對金文研究史的通盤掌握，奠定了後續專深研究的基礎。早在一九一六年，他已通過文字學的分析，發現了金文中一些象人形的字和《説文》"夒"字的關聯，并借籀文的綫索，推測出其應有對應的古文字來源。同時在一九一六年，他在前人的研究基礎上，對毛公鼎的"🔣"字做出了新的釋讀。一九一七年，他對克鼎的"🔣"字表示了關注。這些均爲他日後重釋卜辭積纍了材料、打開了思路。

（三）從"夋"到"夒"的考辨

可以看到，王氏在《先王考》中釋"🔣""🔣"爲"夋"時，其實并無完全的把握。《先王考》言卜辭二字"疑爲夋字"，而非"必爲夋字"。且其文前小序曰："卜

---

① 此爲王氏自注。
② 王國維：《〈史籀篇〉疏證》，載謝維揚、房鑫亮主編，李朝遠、沃興華分卷主編《王國維全集》第五卷，第一〇頁。

辞人名中有"🐒"字，疑即帝嚳之名。又有'土'字，或亦'相土'之略。此二事雖未能遽定，然容有可證明之日。"①後來，他見到了羅氏拓本中的"高祖🐒"，纔在《續考》中斷言："斯爲🐒、🐒即夒之確證，亦爲夒即帝嚳之確證矣。"②這時可能要問，此處既云已確證卜辭二字即夋，後來怎麼又改釋了呢？其實不妨反過來看，後來王氏既敢否定前云之確論，則説明以"夒"釋必有絶對優於以"夋"釋之處。在王氏改釋的文本中，他并没有直接地説明此點。但如果我們回到具體文本，比較"夒"和"夋"各自相關的論證，則會發現王氏的改釋確實有他充分的考量。

從字形角度看，釋"夒"優於釋"夋"。首先，"🐒""🐒"二字既象人形，那麼其釋文必亦要滿足象人形。《説文》釋"夋"曰："行夋夋也。一曰倨也。"王國維認爲夋上半部分爲"允"，古文"允"象人形，夋乃人形下加"夊"。這個字形分析固然是合理的，但也衹是王氏自己的推論，論據較爲單薄。且《説文》之釋曰"行"曰"倨"，均表動作，與人形已隔一層。而《説文》釋"夒"曰："貪獸也。一曰母猴，似人。從頁，巳、止、夊，其手足。"則已明言其象人形，且從構字部件看，首、手、足俱全。如此來看，"夋"與"夒"雖皆可謂象人形，但"夒"字的象形程度更高，且有《説文》支撑，故更有據。其次，如果承認文字的演變具有連續性，那麼從甲骨卜辭的🐒，到金文，再到《説文》中的小篆，理應可以尋出一條綫索。若從"夋"字上溯，則似乎找不到對應的金文；從"夒"字上溯，則王氏前以發現的與"夒"有關的金文中"羞""柔"二字，正好構成了連接卜辭與小篆之"夒"的紐帶。於是從字形上看，從卜辭到金文到小篆，便搭建起了一脈相承的演化關係。故以字形論，"夒"比"夋"更近人形，更具歷史性，故而與🐒的關聯性更强。

從字音角度看，釋"夒"亦優於釋"夋"。王國維謂"諸書作嚳或俈者，與夒字聲相近"，但未明言何以相近。據音韵學研究，"夋"的上古音韵部爲"文"，"夒"上古音韵部爲"幽"，而"嚳"的上古音韵部或爲"幽"。總之，在王氏看來，"夒"與"嚳"的字音相近，進一步強化了二者的關聯。而"夋"與"嚳"無字音相關性，故其很可能是後起於"夒"的訛字。

於是，綜合字形和字音來看，"夒"的確比"夋"更接近"帝嚳"，也更宜作"🐒""🐒"二字的釋文。由此可知，從"夋"到"夒"的改釋，金文材料的依托固然是重要的，但王氏自己的比較和思辨更是不可或缺的，他對材料的整合、重組與綜合分析，使

---

① 王國維：《殷卜辭中所見先公先王考》，載王國維著，黄愛梅點校《王國維手定觀堂集林》，第二一八頁。
② 王國維：《殷卜辭中所見先公先王續考》，載王國維著，黄愛梅點校《王國維手定觀堂集林》，第二三六頁。

得本來在原本零散的材料間有了聯繫和互動，從而打開了釋讀新思路，形成了更好的論證。

在王氏對卜辭"夒"字考辨過程中，對改字的改釋，以及由此產生的新的論述，自然是最關鍵的部分。但此外，前文在比較羅、趙二本《先王考》的文本差異時，也指出了文章在一些論證細節上存在改動。比如在證明證諏訾氏女名曰常儀時，趙本（本於《古史新證》）較羅本增補了《檀弓正義》的一條例證，其實增強了該論點的可信度；再比如羅本中言帝俊妻"羲和"與"娥皇"皆"常羲"一語之變，趙本中不見此句，很可能是王氏認爲此論較薄弱，無別證支撐，便徑刪去。如此類論述優化之處，體現了王氏對論證嚴密性的不斷打磨，實也構成了王氏考辨卜辭"夒"字考辨過程中的一部分。

四、對趙萬里文本改動行爲的商榷

行文至此，再回看本文序言提出的三個疑惑，便都能予以回答。概言之，趙本《先王考》"夒"節確實存在明顯的邏輯不順、結構不清問題，究其原因，就在於趙萬里的文本處理方式有失妥當。他用《古史新證》"夔"節的按語内容直接替換掉原《先王考》"夒"節的後半部分，且替換時未加任何説明，亦未作任何文本上的調整，從而導致了前述的邏輯問題：《先王考》開頭并未引"高祖夒"卜辭，後文却忽然有了"高祖夔"；《先王考》本釋卜辭二字爲夒，而後文論證却指嚮釋卜辭爲"夔"；《先王考》的題目仍是"夒"，但文章之論顯然已偏離此題之旨。

既如此，與其説這些問題出於趙氏在文本處理上的草率和疏漏，不如説趙氏的這番處理本身就是不當的。趙萬里作爲一個遺著的編纂者、文獻的整理者，他的職責本是儘可能地保存文獻原貌，把王氏遺著的最真實樣貌爲讀者呈現出來。而他對於《先王考》的文本處理，可以説是違背了真實的原則。一篇一九二五年的文章段落，被未加任何説明地置換掉已經數次刊印的文章原文，不論二者有多高的相似度，不論後者怎樣地超越了前者，這種文本處理的方式，都是不合適的。

趙萬里作爲王國維清華授課時的助教，對王國維《古史新證》講義稿自然較衆人更熟悉，或許正出於這份"格外的"熟悉，亦或加以維護老師的私心，趙氏便擅自把王國維後來的學術成果"騰挪"到原來的文章裏。這種做法不僅不忠於王氏卜辭研究的真實過程，遮蔽了《先王考》文本的初貌，而且因爲他"騰挪"得又太草率，給原本邏輯順暢、結構分明的《先王考》平添了不少漏洞和窒礙。反過來説，也正是他這種并不高明的文本拼湊，纔使得本文能夠從邏輯縫隙中開出道，尋出真相來。設若他將兩截文章融合得很完美，簡直"以假亂真"，那對於一般的讀者，便更難尋知真情了。①

另外，趙氏的文本拼合還涉及一個問題，即兩個文本的性質有別。《先王考》是學術論文，其論述的嚴謹和清晰自是應然。而《古史新證》儘管是以原有論文爲藍本，但終歸是講義體，在邏輯的嚴密性和論證的充分性上其實并不到位②，若王氏生後有知，當不會同意把這樣的講義體文章摻進自己的論文。

總之，本文認爲趙萬里改動《先王考》"夋"節的行爲，是缺乏文獻意識的，是既無必要，亦多罅漏的多此一舉。如果真的要爲讀者提醒王氏在《先王考》之後對"夋"有新釋，祇需在《先王考》文前或文後加一個編者按語，示意參看《殷先公先王考附注》及《古史新證》"夒"節即可。或徑把《附注》原文移於《先王考》之下亦無不可，何勞擅改原文，却又删去羅本《觀堂別集·補遺》中的《附注》呢?

結　語

本文緣起於對趙本《殷卜辭中所見先公先王考》"夋"節行文邏輯的困惑，以《先王考》的版本源流梳理爲基礎，繼而對羅、趙二本《先王考》"夋"節文本做了細緻比較，發現前後最大差異乃將卜辭"夋""夋"二字由釋"夋"改爲釋"夒"。再結合分析王氏《殷先公先王考附注》與《古史新證》等文本，推斷出趙本《先王考》實乃以《古史新證》的原文直接替換羅本《先王考》後半部分而成。故《先王考》"夋"皆從羅本到趙本的變化，實乃羅本《先王考》"夋"節到《古史新證》"夒"節的變化，而這一變化正是王國維考辨卜辭夋過程的集中體現。爲全面呈述這一考辨過程，本文先試考《先王考附注》的撰作時間，因材料缺乏，姑推測出其撰成時間近於《古史新證》，爲王氏應聘清華後重檢其古史研究相關材料之產物，《古史新證》亦然。其後從《古史

---

① 值得一提的是，趙氏這種處理文獻的方式在今天看來自是不妥的，但這種行爲很可能源於一種更久遠的文獻傳承傳統。在古代，一些人述而不作，他的弟子後學自然有權整理他的言論，這其中整理者其實具有很大的加工甚至"自主創作"的空間。而也有人將未刊的遺稿留給後代或後學，也同樣賦予了整理者加工甚或創作的機會。再廣而言之，古代的文本流傳過程中，傳寫者并無今日的版權意識，私自修改實屬常事。但到了王國維的時代，在學術現代化的背景下，著作權的推行和版本意識的明確都昭示着從前的文獻傳承方式已失去了正當性。趙氏的行爲某種程度上延續了傳統的慣性，或也可看作新舊學術交替時的一個側影。

② 如論證卜辭夋是夒的部分多是材料的呈現，具體的論證其實有欠充分；推論夒即帝嚳後轉到帝嚳的史料溯源，其邏輯銜接亦有欠缺。

新證》"夒"節改釋卜辭的金文依據出發，回溯到王氏的相關金文研究，確認了其改釋卜辭的材料依托與思想淵源。然後通過辨析釋"夒"在字形和字義上均優於釋"夋"，對王氏重釋卜辭時的考量與思辨做了揭示。最後，關於趙萬里改動《先王考》"夋"節文本，本文認爲這種做法并不妥當，實有違文獻整理的原則。

　　本文所得，要言有三：其一，趙本《先王考》之改動，實依《古史新證》"夒"節，非如胡逢祥《王國維著譯年表》謂依《殷先公先王考附注》，而且，此番改動掩蓋了王氏《先王考》的本來面目，造成了《先王考》文本内的邏輯斷裂，以及王國維卜辭🐍研究過程的混亂，具有誤導性；其二，《古史新證》"夒"節重釋🐍的一條金文論據中，出處《博古圖》實爲《考古圖》之誤，而趙萬里修訂《先王考》襲此原文，亦承此誤；其三，王國維對🐍的考辨過程，集中體現於《先王考》的羅趙二本差異，實際則是從《先王考》到《古史新證》的文本變化，王氏的深厚的金文研究爲卜辭重釋提供了材料依托與考辨資源。如果説《卜辭考》是"二重證據法"（地下材料補正紙上材料）的範例，那麽從《卜辭考》前後版本差異所反映的王氏對🐍的考辨過程，則可視作以金文材料印證卜辭材料，從而彌補僅以卜辭證紙上材料之不足的範例。

（作者單位：華東師範大學古籍研究所）

分裂的時代主體*

——一九〇三年王國維通州時期行實與寫作考

王增寶

內容摘要： 一九〇三年，在通州師範學校任教的王國維陷入了深刻的精神危機。一方面，王國維此間詩歌中充滿了欲望爭鬥、人生虛無的痛苦。另一方面，他積極參與清廷教育改革，在系列論文中提出培養"完全之人物"的教育宗旨。兩種寫作之間出現了一種深刻的矛盾，使王國維成爲一個分裂的時代主體。介入維新事業的成就感，與詩歌作爲"自家言說"的文體慰藉力量，共同維繫了其精神世界的暫時平衡，也爲他晚年價值結構失序埋下了隱患。

關鍵詞： 王國維；通州；分裂；時代主體

從庚子十二月二十八日（一九〇一年二月九日），到辛丑四月十九日（一九〇一年六月十二日），王國維在東京居留約四個月，便因病返國，結束其留學生活。考其此後兩年去就行迹，與羅振玉密切相關：辛丑年（一九〇一）九月，應羅振玉之招赴湖北，就任武昌農務學堂"譯授"。壬寅年（一九〇二）羅振玉辭去江楚編譯局襄辦職位，王國維隨之返滬，并任南洋公學執事。癸卯年（一九〇三）由羅振玉介紹於正月末抵達南通，就職通州師範學校，共教授了兩個學期課程，實際任期一年。

一九〇三年，王國維開始閱讀康德、叔本華著作。爲尋求人生問題的答案，王國維求助於哲學，結果如抱薪救火，適得其反，"知識增時祇益疑"[①]。王國維通州時期的

---

* 本文爲吉林省社會科學基金項目"《王乃譽日記》手稿釋讀整理與王國維早年學術發生研究"（2023C107）的階段性成果。

① 王國維：《六月二十七日宿硤石》，載王國維著、陳永正箋注《王國維詩詞箋注》，上海古籍出版社，二〇一一年，第五三頁。

詩歌，大量描寫了這些人生問題及内心鬥爭所帶來的痛苦。對於這種痛苦的根源，學界多從王國維的憂鬱性格、思想資源等角度進行解釋，并將之與王國維後來的自殺相關聯，逐漸形成一種完整連貫的學術史叙事。這些叙事多少忽略了詩歌寫作對於王國維的特殊意義，同時也未能將同時期的其他文體寫作納入視域進行整體考量。實際上，當時的王國維的精神世界中不祇有這一個痛苦側面，《教育世界》上發表的系列論文也呈現出積極入世的儒家情懷。個人精神陷入危機的同時，王國維仍然關注著其所身處的大時代。

在中國近代史上，一九〇三年是一個特殊的轉捩點，抗俄義勇軍運動浪潮產生了强烈的社會震動：“全國各報刊（主要是各地留日同學在日本辦的報刊）由温和而激烈，由改良而革命，是在這一年。鄒容、章太炎的著名革命文章和轟動一時的《蘇報》案，是在這一年。陳天華那影響極大的小册子的產生，是在這一年。魯迅譯作《斯巴達之魂》，提倡'尚武精神'和愛國主義，是在這一年……"①歷史的車輪轟隆隆地駛過，王國維也在試圖回應這種時代氛圍。晚清世變日亟，人心思變。尤其是經過甲午一役，有識之士幡然省悟，四處尋求救世之方。王國維亦是此時代浪潮中的一員，他在戊戌前後致友人書信中，關注時勢，指點江山，儼然一立於時代潮頭之維新少年形象。一九〇一年，梁啟超慷慨激昂地呼籲過渡時代之英雄：“今日之中國，過渡時代之中國也。……嗟乎！英雄造時勢耶？時勢造英雄耶？時勢時勢，寧非今耶？英雄英雄，在何所耶？"②在這飽含感情的文字中，人們可分明感受到一種將中國置於世界大舞臺的現代空間意識，一種將個人命運與民族國家發展密切關聯的時代主體意識：時代，在呼唤自己的主體。

一九〇三年的王國維，往返於海寧、上海、通州之間，教書、翻譯、作文、寫詩，在踐行儒家"經世濟民"理想的同時，其内心世界的某一角落也劇烈地動蕩起來。王國維不僅關注著變法保種、救國自强這樣的時代主題，他還敏感地察覺到了另外一個更爲根本的問題：千年未有之大變局中，個體心性如何安放？作爲一個現實的人，王國維距離維新、變法、革命這樣的大事件較爲遥遠，其生活半徑之内，更多的還是一個青年人爲持家立業而奔波、經營的瑣事，而且時常感受到來自家庭的壓力。性情憂鬱者，感覺的觸鬚尤其敏感細膩，對於時勢之艱、生活之苦，有著較常人更加切膚會心的體悟。綜觀王國維通州時期的行迹和寫作，可如此概括其心理特徵：分裂的時代主體。

① 李澤厚：《中國近代思想史論》，生活・讀書・新知三聯書店，二〇〇八年，第三〇三頁。
② 梁啟超：《飲冰室合集・文集》，第三册，中華書局，二〇一五年，第二七、三二頁。

一、王國維通州時期年譜補

王國維早年行實資料缺乏，這是王學研究中的一個缺憾。既有研究中，趙萬里《王靜安先生年譜》是被徵引最頻繁的文獻，後出各種年譜、傳記記叙基本上不出其範圍，祇是在材料來源、史實補定、學術評論等方嚮有所推進、深化，其中佼佼者如袁英光、劉寅生《王國維年譜長編》、陳鴻祥《王國維傳》等。王國維之父王乃譽的日記，於二〇一四年影印出版，其中有大量關於"大兒"王國維的記載，爲我們進一步瞭解王國維早年行迹提供了豐富的一手材料，因將其中一九〇三年前後涉及王國維通州時期的文字專門輯出，并結合其他文獻資料，形成一份"王國維通州時期年譜"如下，一可補既有研究之不足，二可作爲下文討論之基礎。

光緒二十八年壬寅（一九〇二）
九月初八
致信王乃譽，告知張謇邀請至通州師範事。《王乃譽日記》九月十四："接静初八禀，言近身體疲弱，爲係漫病，已醫治，非能驟愈，頗爲懸懸。而後言張冶秋尚書托叔藴招其至京大學堂東文教習。又張季直通州師範亦敦請極摯，而伊以吾羽未豐，於心理、物理、哲學三項半途未竟，不肯弃置，故許遲一二年後而出。"①（《王乃譽日記》頁一六九〇）
十月廿四
致信王乃譽，謂已接受通州師範學校教職。《王乃譽日記》十月三十："接静廿四禀""静已就通州學校，明春開堂，即議返，年前再出。"（頁一七一二）
十二月初六
王乃譽接到王國維家書，"静初十解館，待叔藴秫回起行"。（頁一七二九）
十二月廿一
自滬返海寧。"夜飯間，静安自申歸，云昨晚到硤，寓鼎記一宵。"（頁一七三八）

---

① 海寧市史志辦公室編：《王乃譽日記》，中華書局，二〇一四年，第一六九〇頁。下文引用此日記皆不另注，僅於引文後括注頁碼。

光緒二十九年癸卯（一九〇三）

正月十四

離開海寧。"黎明，静啓行出。"（頁一七五四）

正月十五

中午到上海，寓農報館。《王乃譽日記》正月十九："之協源，見静致植信，又接來稟（附達衢條），知十五午到，寓農報館。"（頁一七五七）

正月廿五

與日本教習自滬往通州。（頁一七六四）

二月初三

在通州，與兩位日本教習一起拜訪張謇。本日《張謇日記》："王静安與東教習木造高俊、吉澤嘉壽之丞至。"①

二月初六

作致王乃譽家信。《王乃譽日記》二月十三："接静初六通州信，欲付媳洋零用。"（頁一七七一）

二月初十

張謇致信王壽康（字晋蕃，通州師範學校監理），談通州學校住處、著衣、管理章程等事。信末補述語謂"静安先生均此不另"，表明此信是寫給王壽康、王國維二人的。部分内容如下："昨至學校計不遲，住處或前或後（謂壽松堂爲後，時松堂爲前），住前則易於照料各事，住後則便於商訂各事也。鄙意欲以敦樸救浮侈之習，故擬自弟始概著布衣，想世兄與静安先生必同此意，已告家叔兄轉致矣。管理章程稿在弟房内，暇乞審訂，仍祈與静安先生助所不逮。"②

二月十四

作致王乃譽家書，介紹通州師範招生情況。《王乃譽日記》二月十九："接静十四稟""云通招生十之七，通海屬外十之三，另設速成，二年卒業。"（頁一七七四）

二月十五日

張謇致信王壽康，談及講堂器具安置諸事，囑王壽康與王國維相商："後講堂

---

① 李明勳、尤世瑋主編：《張謇日記》，上海辭書出版社，二〇一七年，第五三二頁。
② 李明勳、尤世瑋主編，《張謇全集》編委會編：《張謇全集·三》，上海辭書出版社，二〇一二年，第一四一六頁。

及前誦堂之黑板想已到，教習坐几平臺想亦告竣，若何安置，祈與靜安兄、家叔兄酌量安置，黑板用轆轤繩繫兩板升降爲用最靈便，其式靜安兄知之，各室内均須次第布置器具也。"①

三月二十六日

上午八時至十二時，通州師範舉行本科生復試，"命題者張先生（即張謇），監試者海寧王先生國維靜安，黃岩池先生文藻仲英，日本木造先生高俊，吉澤先生嘉壽之丞。"②

四月初一日

通州師範舉行開校禮，"晨八時行禮。……監理（即王晉蕃）一一點名畢，雜務宋先生導總理、監理及木造、吉澤、王、池四教習，由時孫堂出。……禮堂中供孔子像及光緒帝影。既登堂，各立布墊前，一墊容三人。宋先生贊禮；先行謁聖禮，三跪九叩首；次行謁師禮，三長揖，總理以下答揖；最後同學相見禮，即分東西各立一揖，依次出，從西梯下。"③張謇發表《開學與教習監理致詞》："今日通州師範學校落成之日，蒙木造、吉澤、靜安、仲英、晉藩諸先生惠然肯來導興教育，鄙人感忭萬分。……日本與我同洲、同文、同種，改良學制在我之先，是以敦請木造、吉澤兩先生遠臨敝校，而靜安、仲英、晉藩先生則皆同志，又與兩先生皆熱心於教育者也，可謂鄙校莫大之幸矣。"④

四月廿三日

張謇致信王壽康，囑與王國維商酌講義事。"每次講義屬方振民排日編錄，請告各位教習，前一夕編講義請靜安兄與兄同酌，諸生學力程度高下不齊，須有一番苦心斟酌。"⑤

五月十五

作詩《五月十五夜坐雨賦此》。

六月二十七

---

① 李明勳、尤世瑋主編，《張謇全集》編委會編：《張謇全集·三》，第一四一七頁。
② 顧怡生：《開校時的幾個回憶》，載陸文蔚、顧乃健、邢家瑨搜集整理《教育家顧怡生詩文選集》，江蘇古籍出版社，一九九一年，第一三〇頁。
③ 顧怡生：《開校時的幾個回憶》，載陸文蔚、顧乃健、邢家瑨搜集整理《教育家顧怡生詩文選集》，第一三三頁。
④ 李明勳、尤世瑋主編，《張謇全集》編委會編：《張謇全集·四》，第六九頁。
⑤ 李明勳、尤世瑋主編，《張謇全集》編委會編：《張謇全集·三》，第一四一七頁。

赴通州途中，作《六月二十七日宿硤石》。

七月一日

通州師範學校第二學期開學，張謇"率諸生禮堂行禮開學。天熱，教習、學生未齊，改初五日上堂"①。

七月二日

拜訪張謇。《張謇日記》本日："靜安來。"②

九月十二日

張謇致信王壽康，信末囑"與靜安訊乞轉致敬答"。張謇在信中，請王國維參與協商校事："秋試未揭曉，學生度尚未齊。科舉之弊，令人氣短。通州風氣未開，諸生見聞雜糅，冀唯先以愛力合之，旋以公理啓之，庶諸生因愛師而愛校，即以濃其學爲人師之心。先生熱心教育必見及此。弟以事滯滬，不日須往呂四料理第五六堤工程，不能長駐校，萬分抱歉。唯仗先生與仲英先生及晉蕃先生協商校事，俾弟得暫時致力墾務。十月下旬必當至校，區區不遑安處之微忱，度蒙鑒憫。吉澤久不來甚不合信義，此亦寸心茹苦之一端矣。東教習薦者四人，必定其一。知念附聞，一切屬監理代爲隨時商辦。"③

九月十八日

張謇致信王壽康："走之急於謀教習過於諸生，日內必有成，目前即照靜安前訂之程課之，無須息息議更議單。"④

十月十三日

張謇致信王國維、王壽康，商議聘請西穀虎二、遠藤民次郎等日本教習事。⑤

十月十九日

張謇致信王壽康，提及王國維每月薪資爲七十。⑥

十一月初八

陳枚叔來訪王乃譽，談及在通州見到王國維事。"云上廿四通州啓行，廿八抵

---

① 李明勳、尤世瑋主編：《張謇日記》，第五六九頁。
② 李明勳、尤世瑋主編：《張謇日記》，第五六九頁。
③ 李明勳、尤世瑋主編，《張謇全集》編委會編：《張謇全集·三》，第一四二一頁。
④ 李明勳、尤世瑋主編，《張謇全集》編委會編：《張謇全集·三》，第一四一八頁。
⑤ 李明勳、尤世瑋主編，《張謇全集》編委會編：《張謇全集·三》，第一四一八——一四一九頁。
⑥ 李明勳、尤世瑋主編，《張謇全集》編委會編：《張謇全集·三》，"請湖南馬惕吾先生至通校教輿地，……惕吾月俸七十與靜安同"，第一四一九頁，按：馬惕吾即馬晉義，字惕吾，湖南長沙人，一九〇四——一九〇六年間任通州師範監理兼授地理。

此，爲葬事。……述靜在校情形，久之去。"（頁一八〇七）

十一月十六日

通州師範學校第一學年放假，張謇作《師範學校年假演說》。①

十二月五日

張謇致信王壽康，談試題章程及學生獎勵諸事，補述語"靜安先生處不另復"②。

十二月十一

致信王乃譽，告知將於十二月十二日動身離通州赴滬，并談及游學西洋計劃。《王乃譽日記》十二月十八："接靜十一稟，言十二動身，叔蕴粤言招其游東西洋，可自擇，有資可顧家，機不可失。而藤師勸之東，伊自主西，且抵與滬張季翁侯叔到商定云云。"（頁一八三九）

十二月十二日

由通州動身往上海，次日抵達。

十二月十四

致信王乃譽，告知途中失竊事。

十二月二十日

午後，王乃譽接到王國維信："告悉十三通之滬，趁美順輪，抵申已夜，且泊浦東，行李交長春棧接客運棧，迨抵碼頭，箱鎖已脫，失原包百元（并對聯等），即至棧鳴捕。次日晤湯蟄仙（壽潛），現放兩淮運使（未到任者），云致上海道，飭會審提棧友著賠，然衣物且濕，即賠恐不能全璧，而況他物所損。爲此住一禮拜。"（頁一八四一）

十二月廿三

仍因失洋事滯留上海，王乃譽在家中牽念异常："憶念靜事，家中懸盼之殷，不知此事如何不了，而余又多思行旅維艱之况，不獨倚閭門之望而已，抑或事有限不能而逗留耶？刻刻盼念，擬再作諭，恐已時遲，又不知停輪班何日，而各用日亟，奈之何？"（頁一八四四）

十二月廿五

仍未歸，王乃譽盼念憂憤："望靜到極切，直待於恒裕、萬豐，無聊心馳。詢

---

① 李明勳、尤世瑋主編，《張謇全集》編委會編：《張謇全集·四》，第七四頁。
② 李明勳、尤世瑋主編，《張謇全集》編委會編：《張謇全集·三》，第一四一九頁。

局班早開，十二下至硤，則可即趁輪。然精神與力不及，非克不可，中心以爲今晚必到，且挨之。上燈乃歸。歸，家人聚言，皆大着急。内子所慮平和且慰，但一家人聞犬吠一聲，必遠人歸，俟則盼念（何止眼欲穿）。而怪静即事不了，俟後期何以無一信。余憤憂極，祇責以平日種種謬，殊百思不得其概。"（頁一八四五）

十二月廿六

回到海寧家中，所失之物未能取回。"至是家人皆爲心放。卸行李，詰其遲行無信之咎，憤極，呼責之。出各物，而所失一不能取回。……夜觀静友各信并伊詩十數首。"（頁一八四六）

十二月三十（除夕）

王乃譽囑結算全盛店信賬，而王國維以失洋事推脱，王乃譽怒責之。"昨交静認付還，比至今午猶不理。乃詢諭即還，伊乃辭以失洋事窘且罄。……不思所以慰寬余境，真昧昧於胸，爲習圉，爲軟耳所朦，致糊塗昏暗乎？"（頁一八四八—一八四九）

光緒三十年甲辰（一九〇四）

正月十一日

仍傷風咳嗽，定計次日動身赴滬。"明日静定動身，欲一伴，伊擬偕，余允之。然静傷風大嗽，不下樓數日。昨今不先下樓試步，而驟帶病登程，一非也；不先日知叔蕴，二非也。"（頁一八五九）

本日，張謇與友朋商議王國維離校後繼任人選事，議以宗受於接替："聽賓南、翼謀諸君論，賓南經驗最有心得。議以宗替静安。"[①]

正月十二

王國維携弟王健安離開海寧赴上海。"誠静、健出門各節，伊等理行李。未後幼圃來，留酒面，挑行李，静呼輿，以畏風而風極大。"（頁一八六〇）

綜上，王國維通州期間行迹大致如下：光緒二十八年九月接到張謇通州師範邀請；光緒二十九年正月廿五從上海往通州，四月初一學校第一學期開學，七月初一第二學期開學，十一月十六日第一學年放假，十二月十三日由通州抵上海，十二月廿六由上海返

---

① 李明勳、尤世瑋主編：《張謇日記》，第五七八頁。按：賓南即陶賓南，翼謀即柳詒徵，宗即宗嘉禄（字受於，宗白華之父）。

回海寧；光緒三十年正月十二（一九○四年二月二十七日）離開海寧赴上海。

二、"使人爲完全之人物"：一九○三年王國維的教育實踐

王國維在通州師範講授的課程是倫理學和國文，這對於王國維應該没什麽難度，秀才的國文水準足以當之。倫理一門，王國維亦不陌生，他在一九○二年就已經譯出元良勇次郎的《倫理學》，一九○三年又翻譯了西額惟克的《西洋倫理學史要》，對於這門課的基本理論、歷史脉絡都有較充分的積纍。元良勇次郎的《倫理學》主要從心理學角度"考究道德之原理"，其學術宗旨亦指嚮家國文明之命運："明心理而究行爲之根本，明社會之理以尋人民結合之性質，察世界歷史之大勢，由之以定國民進步之方針。"① 這種從經由個人、社會，直到國家、文明的大關懷意識，爲王國維所認同，亦是晚清"新民""新國"時代氛圍的體現。

通州時期的王國維在教學、閱讀之餘，主動介入晚清現實。一方面緣於教師職業意識，另一方面受到羅振玉熱心教育救國事業的影響，王國維對於中國教育問題愈發關注，而他思考這些現實問題的路數也頗爲特别。西方哲學的系統粲然、步伐嚴整尤令王國維感羨，他在《論教育之宗旨》（一九○三）中對於教育事業意義的論斷同樣如此清晰："教育之宗旨何在？在使人爲完全之人物而已。何謂完全人物，謂使人之能力無不發達且調和是也。……完全之人物，精神與身體必不可不爲調和之發達；精神之中又分爲三部，知力、感情及意志是也。對此三者，而有真、美、善之理想，真者知力之理想，美者感情之理想，善者意志之理想也。完全之人物，不可不備真、美、善之三德。"② 此處關於人類知性能力結構的劃分，是西方啓蒙思想家人性研究中的重要結論，在人類知識體系中爲"情"指定一個位置，也是現代美學發生的重要契機。王國維對於完整人性之類觀念已經非常熟悉，在他一九○一年所譯立花銑三郎《教育學》中，就有類似表述："教育之究竟，子弟得以自己指導、自己磨練而獨抵於完全之域。"③ 一九○二年所譯《教育學教科書》，亦提出教育之最高目的"在養成倫理學及生理學上完全之人物"，此書關於身體與精神二元、知情意三作用的劃分及描述，與《論教育之

---

① 王國維譯：《倫理學》，載謝維揚、房鑫亮主編，傅傑分卷主編《王國維全集》第十六卷，浙江教育出版社，二○○九年，第四九七—四九八頁。
② 王國維：《論教育之宗旨》，載謝維揚、房鑫亮主編，胡逢祥分卷主編《王國維全集》第十四卷，浙江教育出版社，第九—一○頁。
③ 王國維譯：《教育學》，載謝維揚、房鑫亮主編，傅傑分卷主編《王國維全集》第十六卷，第三三一頁。

《宗旨》基本一致，應是王國維作文時的重要參考。此後幾年，通過《教育世界》這一媒介，王國維質疑《奏定學堂章程》、批評學部行政之拖遝、辨析教育之順序、條陳普及教育之方法，諸種教育實踐所涉及問題不同，而其論一本於此"完全人物"之教育宗旨。

強調主體、理性，追求人類精神世界中知、情、意的調和發達，這是一種現代人文主義思想，以康德爲代表的德國古典哲學爲王國維提供了思考問題的重要方法。在早前《哲學辨惑》（一九〇三）一文中，他極力申說哲學"非有害""非無益"："飲食男女，人與禽獸之所同，其所以异於禽獸者，則豈不以理性乎哉！宇宙之變化，人事之錯綜，日夜相迫於前，要求吾人之解釋，不得其解，則心不寧。……哲學對此要求而與吾人以解釋。"①此處所描述的"心不寧"，完全是其當時人生問題的夫子自道。而康德、叔本華哲學不僅是王國維思考人生問題的思想資源，長期浸淫其中，也使他獲得了一種嶄新的思維方式：文學、美術、倫理、教育等諸學說若成立，必以哲學爲基礎。從個人心性到社會問題，哲學提供的不僅是世界觀，也是方法論："夫既言教育，則不得不言教育學；教育學者，實不過心理學、倫理學、美學之應用。心理學之爲自然科學而與哲學分離，僅曩日之事耳。若倫理學與美學，則尚儼然爲哲學中之二大部。……不通哲學而言教育，與不通物理、化學而言工學，不通生理學、解剖學而言醫學，何以异？"②從學理層面來看，王國維關注教育問題并提出"完全人物"這樣的指導性理念，是完全有迹可循的。譯作以外，《哲學辨惑》是王國維發表的第一篇自著文章，它表面上是爲哲學一科正名，實際上亦是借批評張之洞而正式發表自己的獨立見解，對於王國維一生學術來說，此文在理念和方法上的嚆矢意義不容小覷。

不過，從現實生活境遇來看，王國維身體多病，根本談不上身體與精神、精神層面知情意的調和。一九〇三年的王國維的精神世界正經歷着一種深刻的分裂，將其此間不同文體寫作進行對照，就可以發現這一點。

三、"胸中妄念苦難除"：一九〇三年王國維的詩歌

禍兮福所倚，哲學閱讀經驗不僅爲王國維提供了介入現實的世界觀和方法論，也使得這顆敏感的心陷入了更加深刻的痛苦之中。一九〇三年的王國維，一面心繫維新事業，激昂文字，指點江山；一面痛感人生之苦，欲念難除，內心失序。家國情懷現於

---

① 王國維：《哲學辨惑》，載謝維揚、房鑫亮主編，胡逢祥分卷主編《王國維全集》第十四卷，第七頁。
② 王國維：《哲學辨惑》，載謝維揚、房鑫亮主編，胡逢祥分卷主編《王國維全集》第十四卷，第八頁。

《論教育之宗旨》《哲學辨惑》諸文，而觀其一九〇三年的十幾首詩歌，靈魂的痛苦、掙扎在在可見。

王國維并不以詩名世，據陳永正《王國維詩詞箋注》考證，王國維詩現存一百九十二首，數量并不算多。其中，繫於一九〇三年者有十三種十八首，王乃譽癸卯十二月二十六日記中提到"夜觀靜友各信并伊詩十數首"（頁一八四六），應即指此。此前，一八九八年有《詠史二十首》《雜詩》二種二十一首，但前者是組詩，占了二十首，且此二十首并非一年所作；一八九九年有六種十首：《嘉興道中》、《八月十五夜月》、《紅豆詞》四首、《題梅花畫箋》、《題友人三十小像》二首、《雜感》；一九〇〇至一九〇二年間則未有繫錄，王國維詩歌創作一時陷入沉寂，可能與其當時精力他用有關：除在《教育世界》發表一些翻譯文章，另翻譯出版譯著若干，如一九〇一年的《日本地理志》《教育學》，一九〇二年的《算術條目及教授法》《教育學教科書》《心理學》《哲學概論》《倫理學》，內容涉及哲學、美學、倫理學、心理學、教育學、數學等西方學術各個方面。除了個人學術興趣，與當初東文學社對畢業生譯書回饋的要求有直接關係。

王國維在家鄉海寧時有過坐館經歷，但在學校裏教書，通州師範還是初次。或是因爲教學之餘閒暇增多，一九〇三年王國維的詩歌創作迎來了一個小小高峰。觀其此間詩作，私人性極強，多是個人心靈內面真誠而痛苦的流露。王國維在《論教育之宗旨》中大談"完全之人物"，而其一九〇三年的詩歌却失掉了這種時代朝氣和自信，轉而陷入人生終極意義的虛無感之中。十八首詩中，僅《秋夜即事》寫飯後閒步魚磯的悠然心境，其中亦流露"一百八聲親數徹，不覺清露濕人衣"①的憂愁情緒；餘者皆於人生虛無主題三致意焉。嘆人生之苦，如《端居》其二："我生三十載，役役苦不平。"《塵勞》："苦覺秋風欺病骨，不堪宵夢續塵勞。"《游通州湖心亭》："人生苦局促，俯仰多悲悸。"即使是寫傳統"別離"主題的《嘲杜鵑》，也浸透了"苦"意感慨："干卿何事苦依依，塵世由來愛別離。"寫內心欲望爭鬥，如《端居》其二："何爲方寸地，矛戟森縱橫？"《五月十五夜坐雨賦此》："江上癡雲猶易散，胸中妄念苦難除。"《偶成二首》其一："一日戰百慮，茲事與生俱。"《偶成二首》其二："中夜搏嗜欲，甲裳朱且殷。"寫對肉身的鄙棄，如《偶成二首》其一："我身即我敵，外物非所虞。"《偶成二首》其二："大患固在我，他求寧非謾？"《書古書中故紙》中的"書成付與爐中火，了却人間是與非"則隱然有毀滅此身不復顧惜之意。寫對人生如夢

---

① 王國維著，陳永正箋注：《王國維詩詞箋注》，第五五頁。下文所引王國維詩名，皆據此本，不再另注。

及對解脱之道的懷疑,如《偶成二首》其二:"人生一大夢,未審覺何時。"《來日二首》其一:"適然百年内,與此七尺遇。爾從何處來,行將徂何處?"《登狼山支雲塔》:"局促百年何足道,滄桑回首亦駸駸。"《六月二十七日宿硤石》:"人生過處惟存悔,知識增時祇益疑。"《重游狼山寺》:"君看嶺外囂塵上,詎有吾儕息影區?"人生一大夢,而凡夫如盲,老莊、釋迦、基督都無法爲人類提供解脱之道,如《拼飛》:"獨尋僧話亦無聊。"《偶成二首》其二:"吾儕皆肉眼,何用試金箆。"王國維《紅樓夢評論》(一九〇四)中的絶望感慨在此已見端倪:"終古衆生無度日,世尊祇合老塵嚚。"

　　從詩人所詠情感類型來看,王國維似並未跳出中國傳統詩學範圍。但是,王國維露才揚己,將嘆老嗟卑、憂生傷時、逃禪遁世這些傳統主題開拓到了極致。詩固精妙,然少節制,思而至於迷,哀而至於傷,其深度懷疑、人生虛無的消極情緒,已經衝破了温柔敦厚的傳統詩教,亦不同於晚清詩壇風氣,而頗具現代人文主義特徵。在"千年未有之大變局"中,如何理解王國維這種孤獨的"痛苦"書寫?

　　一九〇二年、一九〇三年是中國文學從傳統向"近代"變革的重要開端。當時占詩壇主要位置的是"同光體"舊派詩人:"感受着包括古典詩歌在内的中國傳統文化幕落花凋的末運,同光詩人很容易以老年心境認同宋詩的兀傲、峭拔、倔澀和苦冷。"另一方面,以南社爲代表的新派激進詩人樹起詩壇"革命軍"旗幟,"以作時代歌手自勵","嚮往遼遠豪蕩的唐詩氣象——他們大多也正值青春"①。梁啟超視詩歌爲社會改革和思想啟蒙的重要工具,一九〇二年其《飲冰室詩話》開始發表,宣導"詩界革命":"過渡時代,必有革命。然革命者,當革其精神,非革其形式。……能以舊風格含新意境,斯可以舉革命之實矣。"②從"新意境"來看,王國維以歐西哲理融入詩歌,不啻爲近代詩歌開創闢一康莊,理應在中國詩歌史上占據一重要地位。③但是,從與時代的關係來看,王國維一九〇三年的詩歌中,並没有維新派和革命派詩歌鮮明的政治覺悟和國民意識。另一方面,其詩歌固然思慮深沉,但同光詩人那種揣摩"活法""意新語工"的詩體探討意識,在王國維這裹也並未成爲重要的問題。因此,王國維的這一批詩歌,顯係個人寫作,既游離於"新民""新國"的時代氛圍之外,亦無法

---

① 劉納:《嬗變——辛亥革命時期至五四時期的中國文學》,中國社會科學出版社,一九九八年,第六九—七一頁。
② 梁啟超:《飲冰室詩話》,人民文學出版社,一九五九年,第五一頁。
③ 繆鉞:《王靜安與叔本華》,載繆鉞著,繆元朗編《古典文學論叢》,浙江大學出版社,二〇〇九年,第三八七頁。

輕易納入清代詩歌流脉，他對人性善惡、人性意義、世界痛苦本質的敏鋭體悟和深刻思考，具有深厚的近代人文主義色彩，倒與後來的"五四"文學有更多相通之處。

對於王國維與中國現代文學之關係，學界早已注意：論者或從文學思想的契合角度，稱王國維爲"文學革命的先驅"；或從文學批評史層面，呼籲不要忘了將西洋理論引入中國文學研究的王國維。① 既有研究中，鮮有重視王國維詩歌創作本身之現代意義者。實際上，從"人的文學"角度來看，亦可將王國維一九〇三年詩歌視爲中國現代文學發生期的重要成績。"同光體"代表人物陳衍曾將詩歌稱爲"寂者之事"，尤重作詩對於個人心性事業的重要意義："考據之學，其實皆爲人作計，無與己事。作詩尚是自家意思，自家言説。"② 王國維雖無這種詩體自覺意識，亦無"以學爲詩"明確詩觀，但其一九〇三年詩作，并無應酬題答、美刺投贈之作，都是抒寫一己心緒情志的作品，實係"自家言説"。這種個人主義詩風一直持續到一九〇四年蘇州時期，此後，他漸轉嚮最爲自賞的填詞領域，逐漸找到了另一種能夠慰藉其心靈、適合其情性的文體。而這種現代主體意識則一路演進，到"五四"文學革命時終於集體爆發，衝決了中國舊秩序的牢籠。

痛苦的靈魂，代不乏人，但其痛苦的原因各不相同。夏中義認爲，王國維的靈魂之苦源自天才情結與人生逆境的嚴重失衡。③ 此説十分精當，但亦有可細辨之處。王國維固然自視甚高，但觀其當時人生際遇，應該尚未糟糕到"逆境"程度。王國維自謂少時"家貧不能以資供游學，居恒怏怏"，但平心論之，出國留學所費不貲，對於當時多數家庭都可説是超乎經濟承受能力的要求。所言"家貧"，也祇是強調心願未能滿足的説辭罷了。實際上，王國維自己也説過，其海寧之家實係中人之產。而其父王乃譽經營茶漆店，出租田地、房屋，種桑養蠶，賣絲販米，并入股友朋產業，其日記中多有借錢給鄰里親友的記載，家境算不得"貧"。王國維到《時務報》後的不愉快經歷，至多屬於年輕人初入社會的小挫折。"以病須滋養食物，醫者令暫歸國"（頁一四四三），身體原因確實是王國維中斷留日學習的重要原因，但也沒有嚴重到完全陷入人生窘境的地步。

疾病使得王國維對於外在的際遇遭逢更加敏感，對於人生意義的拷問更加嚴苛，對

---

① 參考李浴洋：《"傳統"的發明——"整理國故"運動與王國維"文學革命的先驅者"形象建構》，《文學評論》二〇二二年第六期，第七七—八四頁。
② 陳衍著，鄭朝宗、石文英校點：《石遺室詩話》，人民文學出版社，二〇〇四年，第五頁。
③ 夏中義：《王國維：世紀苦魂》，北京大學出版社，二〇〇六年，第五四—五六頁。

於欲望與苦痛之同質關係體驗得更加深刻。但仔細體味王國維一九〇三年的詩歌，可以明顯感受到，王國維的痛苦更多是形而上性質的，個人境遇祇是外部條件。凡事追根究底，甚至達於極端，這種思維方式，不僅與個人性情、哲學閱讀有關，也有翻譯經驗的影響。一九〇三年翻譯出版的《西洋倫理學史要》，也間接將王國維的思考方嚮和重心引嚮人類個體的心性領域。此書將倫理學的研究對象界定爲："何謂人之至善，何者爲人所可欲是也。"①所謂"至善"，即最高的善、最爲理想的道德狀態，但這是屬於人類的至善，而非宇宙的至善；是個人的至善，而不計及國家政府制度之構造。通過把倫理學與神學、政治學進行區分，《西洋倫理學史要》特別強調了倫理學與個人的緊密聯繫。此書在討論倫理學問題時，既有源於神學、形而上學、政治學、法學的宏大視野與嚴密體系，又將倫理學問題精細分化，最終歸致個人層面，具體體現爲個體的德性、快樂、欲望、自由意志、心理諸問題，這種體系嚴密的知識結構和思維方式，與王國維當時的精神世界是高度契合的。而在日常經驗中，王國維如開"天眼"，俯視被意志、欲望所苦之紅塵：植物上逐日光，下趨土漿；動物昏昧無靈，囿於飲食情欲；人類嬰兒呱呱而啼饑，矍矍而索母，衆人熙熙，逐日營營，這些最爲普通的現象，都會使王國維聯想到世間之苦，人類之可憐。"胸中妄念苦難除"，這是其詩歌創作的源頭動力，而將這種個體痛苦的體味引嚮形而上學，達於對宇宙人生的整體性思考，這正是王國維情感結構的特色。

於是，我們可以發現，一九〇三年王國維的精神中實際上包含了兩個矛盾的側面，一個是積極參與教育維新事業的、自信的時代主體，一個是被甩出時代主潮、被人生問題折磨得痛苦不堪的個人。兩個側面如何共存，是否可以調和？王國維是如何肩負着這種靈魂的分裂而生活的呢？夏中義認爲，青年王國維在出世與未出之間維持了一種價值平衡，其心靈深處"埋着一份由'憂生'和'憂世'簽署的無形契約：前者爲主，後者爲輔，前者爲顯，後者爲隱；前者不曾強暴地囚禁後者，而後者甘願將自己軟禁在心靈角落，以屏息期待未來的突圍"②。多年以後，當"學統"與"道統"的平衡關係被打破時，王國維選擇了自沉。在此基礎上，我們可以繼續追問：既然是一主一輔、一隱一顯，爲什麽一九〇三年時前者不曾強暴地囚禁後者，而至一九二七年後者却反噬了前者？這種平衡真是通過"憂世"抱負甘願自囚達到的嗎？

---

① 王國維：《西洋倫理學史要》，載謝維揚、房鑫亮主編，王東本卷主編《王國維全集》第十八卷，浙江教育出版社，二〇〇九年，第一一頁。
② 夏中義：《九謁先哲書》，上海文化出版社，二〇〇〇年，第三三頁。

通過前文分析可見，在一九〇三年的王國維這裏，"憂生"固然是主軸，但"憂世"的一面也并非全"隱"，在《論教育之宗旨》《哲學辨惑》等文章中，王國維的"國士"意識、"道統"情結、"憂世"情懷得以充分表達。一個痛苦的"憂生"靈魂，借助詩歌寫作獲得宣泄、慰藉，因此與同樣强力的"憂世"取嚮相互抵消。换句話説，青年王國維精神世界的暫時平衡，不是通過以强抑弱的方式實現的，而是通過兩種價值取嚮同時活躍、相互抵消的方式實現的。正是因爲兩種取嚮同樣强烈，也使得這是一種暫時的平衡，根本上仍是一種深刻的分裂，正是這種分裂爲王國維晚年的價值結構失序埋下了隱患。

結　語

一九〇三年，王國維獲得了一份穩定的教職，其精神世界却陷入了危機。好在有寫作幫助他維繫精神平衡：一方面，詩歌作爲個人性文體爲他提供了宣泄和慰藉途徑，所謂"不有言愁詩句在，閑愁那得暫時消"（《拼飛》）；另一方面，積極關注清廷教育改革的譯著和文章，也使他産生參與維新、經世濟民的成就感。一九一二年以後，王國維哀感帝制之覆亡，矢志"返經信古"以"拯此横流"[①]，其《殷周制度論》等學術研究中既深寓經世之意，詩歌寫作亦充斥着傳統儒生的忠思意識，甚至不乏恭頌光緒、慈禧的肉麻之語——詩歌對於晚年王國維而言，已經失去了抒寫"自家意思"的意義，這種文體已經變異。詩成爲侍臣之詩，詞亦多是應酬唱和之作。晚年王國維的心性結構已經完全失衡：伴隨着詩詞文體的政治化，那種自由探索人生意義、豐富而優裕的精神空間，已經喪失殆盡，并且不可復得。或者説，王國維因徹底轉嚮"經世致用"而導致詩歌文體的淪陷，進而失掉了一己之我。當意識到政治并非其安身立命之地時，他已經没有了迴旋的餘地。

（作者單位：東北師範大學文學院）

---

① 羅振玉：《海寧王忠愨公傳》，載陳平原、王風編《追憶王國維（增訂本）》，生活·讀書·新知三聯書店，二〇〇九年，第七頁。

"想見先生——王國維重要手稿《詞録》《曲録》《戲曲考原》學術研討會"發言

彭玉平（中山大學中國語言文學系教授）

看到這一函手稿，確確實實有如見故人之感。我到國圖去看那麽多的王國維手稿，不一定是爲了研究，而是爲了直接地感受。因爲那是王國維一筆一畫寫的，字裏行間有他的氣息，有他的精神。再精美的影印本都代替不了稿本的價值所在。

《詞録》有八九十年消失在學術界之外，在關於王國維著作的統計中，有的提到王這本書，有的没提，有的提到也不知道入藏在何處。這書影印出版後，我當即買下，王國維的新文獻一定是有價值的。我反復閲讀之後，覺得可以從下面幾個方面介入研究：

第一，它受《宋金元詞集見存卷目》影響。他寫這個《詞録》的直接動機就是要豐富、完善、提升吴昌綬的《宋金元詞集見存卷目》。

第二，在體例上他參考了朱彝尊的《經義考》。這些在序例中都有説明。

第三，《詞録》寫於《唐五代二十一家詞輯》之後，寫於《人間詞話》之前。所以在《唐五代二十一家詞輯》與詞學理論表述之間，《詞録》有一個過渡的作用。所以這個《詞録》跟《唐五代二十一家詞輯》是什麽關係？它如何在《人間詞話》裏面留下痕迹和烙印？這就是第三個文章的思路。

王國維寫的每一篇文章的選題，要麽别人没寫過，要麽對學術史有推進。像王國維這樣的大家，如果研究者不沉下去五年以上，你幾乎没有辦法寫出讓自己滿意，在學術史能留下痕迹的文章。我從二〇〇三年開始讀王國維，到現在正好二十年，他始終在我的生活裏、學術裏，没有片刻離開過。

從詞學和文獻學的角度來説，王國維對詞學是有一個比較宏闊的計劃的，詞學也不是他當時研究的一個重點，他的目的是要寫一本《文學通論》。我最初在讀清華出的

《王國維未刊來往書信》中讀到他給吳昌綬的信，裏面專門説到這一志嚮。我們現在就明白，他一九〇六年寫《文學小言》，然後來做《唐五代二十一家詞輯》，然後來編《詞録》，然後來編《曲録》，撰《戲曲考原》《宋元戲曲考》等，這些都是他編《文學通論》的前期工作。這本書最終没有寫成，但他曾經有過這麽一個情懷。

王國維確確實實是難得一遇的人物，他一旦進入一個領域，不需要多長時間，就能行走到這個領域的最前沿。這本《詞録》在當時的詞學文獻學或者是詞學的目録學中貢獻很大。他裏面主要做一些版本説明，也偶爾會有引用前人的話，有時也有一些説明性的話。你把這個引用和《人間詞話》對應的話，它們中間是有關係的，所以這個《詞録》是介於《唐五代二十一家詞輯》與《人間詞話》之間，帶有一定橋梁性的意義。其實《人間詞話》裏面還在繼續考訂詞學的版本問題，《詞録》言而未盡的内容，在《人間詞話》忍不住還要表述，王國維的著作之間往往有這種"互見"并豐富和提升的關係。

徐德明（華東師範大學古籍研究所教授）

本人對詞學没有研究，主要是談談點校《詞録》的體會。王國維《詞録》成稿於一九〇八年七月。十月至次年一月又撰成《人間詞話》，發表在《國粹學報》第四十七、四十九、五十期，計六十四則。一九二六年復由樸社出版單行本，可以認爲《詞録》當爲《人間詞話》之前期準備工作。《詞録》成稿後，未刊。就像彭老師講的，大概有八九十年，將近九十年的時間，不少的學者都知道王國維是有這麽一本著作的，但是這個書的原稿不見了，大家都没看到，不知道到底是到哪裏去了。按照一般的常理來講，應該首先是藏在作者家裏，作者他自己寫的書，他自己寫好了以後他自己會保管好。第一個收藏點肯定是在王國維家裏，後來當然發生變故了，書會流出，這也是很正常的。《詞録》手稿歷經九十多年劫難，一直完好無損，珍藏於羅振常先生次女羅静、長外孫女鄭辟疆女士處。後經羅振常長女羅莊三子周世繼聯繫，經小外孫女鄭令升女士鼎力相助，慨允華東師大史學所複製原件，終於得以面世。原書寬十六點二厘米，高二十五點三厘米；板框寬十二點三厘米，高十七點零厘米。懿文齋稿紙，末附一頁蟬隱廬稿紙。

一九九八年，華東師大歷史系史學所得到複製件後，《王國維全集》編輯委員會即請本人作點校工作。出於對王國維先生的敬仰，本人當即投入整理工作。凡明顯錯誤出校改正外，其他書名、卷數、人名、字里、籍貫等成一家之説者，一仍其舊，以達到全集"求全存真"的原則。手稿中羅振常先生之批注,均一一對應插入正文或注文之下。對羅振常先生撰《〈花草粹編〉所引詞選名目》一頁(蟫隱廬稿紙),本人將原本刻工記字字數改爲漢字字數,以便閲讀。

關於《詞録》的學術價值,馬興榮先生的序文曾評價其是王國維詞學研究的基礎工作,對研究王國維的詞學都是很有益的。這要感謝鄭辟疆、鄭令升女士和徐德明先生,是他們的不懈努力,我們纔能見到這一珍貴的詞學文獻。前輩詞家的專著也纔得免遺佚。可以肯定地説,《詞録》的編撰對王國維以後的詞學研究是大有裨益的,衹有充分地掌握資料,纔能進行深入的研究。

梁帥(鄭州大學文學院副教授)

很榮幸能夠參加本次研討會,感謝丁老師、宋老師提供給我向大家學習、交流的機會。在此我想先回應下宋老師對王國維在光緒三十四年(一九〇八)學術工作的疑問。光緒三十四年,這一年的王國維"特别忙",學術工作極爲繁重;但是經由他確認出版的著作其實衹有《人間詞話》,以及今天我們看到的這部六卷本《曲録》。首先是在當年五月,王國維輯録《唐五代二十一家詞輯》。然而這部書一直到王國維去世後,纔由趙萬里、儲皖峰在静安遺稿中檢得,後收録在《海寧王忠慤公遺書》第四集。接着就是《詞録》,彭玉平老師於此貢獻尤大,我就不多言了。《詞録》之後,王國維順勢而下,"余作《詞録》,竟思古人所作戲曲而傳世寥寥",遂編寫兩卷本《曲録》,即《曲録》初稿本。今天這部初稿本,還有上海圖書館藏玉海堂鈔本、中國藝術研究院藏藝風堂鈔本。從上圖藏抄本上劉世珩的識語,以及《繆荃孫日記》中校讀《曲録》的記載,我們知道羅振玉曾協助王國維出版此書,但最終并未成行。如果不是陳乃乾任職的古書流通處在一九二〇年將初稿本出版,學界恐怕不會關注到這個本子;而且顧頡剛曾詢問王國維對於兩卷本的看法,静安先生説他也"不知道古書流通處從哪里抄來",言語當中流露出不願出版的想法。因此,回眸《唐五代二十一家詞輯》、《詞録》、《曲録》(初稿本),它們都没有經過王國維的最終確認而出版,用彭玉平老師在《王國維〈詞録〉考論》中的話講,王國維應該是没有做好出版的準備:"驚惕自若。"《曲録》初稿本完成後,王國維緊接着就編寫《人間詞話》。對於這部書,清末民初的學人評價不高,它被人關注、接受是到了二十世紀二十年代以後的事情。至光緒三十四年底,王國維開始修訂《曲録》,甚至可以講是重編。

剛纔會議開始前，朱惠國教授曾與我談論能不能通過《詞錄》《曲錄》瞭解王國維的詞曲藏書，在此也談下我的看法。《詞錄》的文獻基礎是仁和吳氏、歸安陸氏所藏，二者構成了《詞錄》著錄文獻的主體；因此希望通過《詞錄》瞭解王國維的藏詞情況，恐怕不是很容易。《曲錄》與《詞錄》不同，它是在前人戲曲目錄基礎之上（如《錄鬼簿》《太和正音譜》《傳奇匯考》等），再加上王國維的目驗所得；那麼對於王國維親自看到的曲本，特別是注明詳細版本的，極有可能被王國維收藏。那麼有沒有真正意義上的王國維詞曲藏書目呢？一九〇九年三月編寫的《靜庵藏書目》詞曲類最爲學界熟知，此外還有一份目錄，就是前些年我在四川省圖書館發現的《王靜安手錄詞曲書目》。這部手稿在李一氓《一氓題跋》中叫作"詞曲書目"，川圖在整理李一氓藏書時將其命名爲"王靜安手錄詞曲書目"。通過我的研究，這份目錄應該編於一九一二年，它是大連圖書館藏《大雲精舍藏書目錄》中丟掉的"集部詞曲類"，後來由阿英在大連買得，送給李一氓。通過對東洋文庫、國圖、上圖等地所藏王國維舊藏詞曲的考察，我發現它們基本都見於這份目錄。拿這份目錄再和《曲錄》對比，我們可以看出來《曲錄》中著錄有明確版本信息的書籍，王國維藏了不少。我還想補充一句，今天大連圖書館藏羅振玉、王國維編《大雲精舍藏書目錄》，以及京都大學藏《羅氏藏書目錄》抄本，反映的可能不僅僅是羅振玉的藏書，裏面或還夾雜着王國維的藏書。

下面我來談回《曲錄》。我關注這部書，是因爲早些年在國家圖書館看到朱希祖《續曲錄》手稿。衆所周知，《宋元戲曲考》在後世備受推崇，然而就戲曲研究者而言，《曲錄》這部書的作用、意義似乎更大。民國時期，吳梅、馬廉、朱希祖、鄭振鐸、趙萬里，以及日本學者倉石武四郎等都手批過《晨風閣叢書》本《曲錄》；任訥《曲錄初補》、朱希祖《續曲錄》等人也匡補過《曲錄》。我曾經遥想，那會兒戲曲研究者們可謂是人手一部《曲錄》；在看到書店有王國維沒見過的本子後，研究者果斷購回，之後便在《曲錄》上批注。這種現象一直持續到上世紀五十年代，待傅惜華"中國古典戲曲總目"出版後纔有所改變。

今天我們看到的六卷本《曲錄》，它有幾點值得我們關注。第一，有一篇《王國維全集》失收的《曲錄自序》。這篇序承《三十自序》而來，開篇回應了"吾中國之文學最不幸者莫戲曲若"的疑問。序言最後講《曲錄》著錄了三千多種劇本，而"篋之所藏不及十分之一"；即王國維的戲曲類書籍在三百種左右，這與《王靜安手錄詞曲書目》的記載大致吻合。第二，王國維寫完這篇序後，似乎并不滿意，又改變文體，用駢文的形式重擬《曲錄》序言——即《晨風閣叢書》本序言——以示鄭重；這一變化凸顯了王國維"提振戲曲於中國文學地位"的使命感。第三,這部書是謄清稿,但是上面仍然有很多王國維的批注,特別是對出版過程中格式、排版的要求。這讓我想起來王國維在日本聖華山房出版《壬癸集》時,就與山田茂助反復通過書信交流如何用紙、用墨,可見王國維嚴謹的治學方法,用繆荃孫的話説"真是讀書人"。

從《曲録》初稿到定稿,王國維作了一系列文本重塑工作,他在這一時期獲得的許多珍貴書籍幫助很大。比如《録鬼簿》,王國維分别從繆荃孫、陳毅處借得尤貞起、明抄本(後來被判定爲清抄本),與陳毅互相抄配《傳奇匯考》,也從汪康年那裏看到《曲目新編》,這些書對於《曲録》都産生了直接影響。我們還應該看到《曲録》最終順利出版,離不開羅振玉的幫助。叢書收録了二十三種稿鈔本,雖然在編纂之初,沈宗畸向海内外學者徵求名家名作、未刊手稿,但是最終出版時,羅振玉舊藏達到了二十種;有些即便不是羅振玉所藏,也是羅振玉代爲聯絡,如江翰《詩經四家異文考補》。所以我認爲《曲録》《戲曲考原》以及《南唐二主詞》的出版,有羅振玉出版自己藏書的可能性。在出版過程中,羅振玉也四處籌措資金,比如他曾向周慶雲尋求幫助。

我再説下《戲曲考原》。王國維最開始是没有編這部書的計劃,之所以編,這離不開《曲録》卷一。六卷本《曲録》的主體是二、三、四、五這四卷,它包括各兩卷的雜劇、傳奇;第六卷是戲曲研究的典籍,與前五卷體例、内容相距比較遠。而第一卷宋金元戲劇,這部分著録的作品早已亡佚,王國維不得已纔從周密《武林舊事》、陶宗儀《南村輟耕録》等書輾轉抄録而來。編完這一卷,王國維就有了編寫《戲曲考原》的想法。此後他通過輯録各家文獻,解決了中國戲曲起源的問題,并以此爲肇始撰寫《唐宋大曲考》《古劇脚色考》等。所以,《戲曲考原》與《曲録》卷一是輔車相依的關係,是受到後者的直接啓發。

以上就是我的發言,謝謝大家。

朱惠國(華東師範大學中國語言文學系教授)

稿本有重要的文獻價值,剛纔彭教授也説了,做研究,看不看稿本還是不一樣的。這個《詞録》的稿本我粗粗看了一下,覺得還是比較重要的。《詞録》收録了很多詞集,這些詞集很可能與他後來寫的《人間詞話》有點關係,是其文獻來源之一。另外,王國維看到的這些詞集,來源和去處也值得關注。中國傳統的學者在看書的時候往往會隨手做一些批注,如果能夠找到這些書,書上又有批注的話,恐怕會有一些新的發現。

這對王國維的研究可以提供一些新的綫索與思路。

對王國維的研究，尤其是《人間詞話》的研究已經有很多高質量成果，但我覺得還是有進一步深入的空間。比如王國維詞學觀是如何形成的，他的境界説受到哪些影響？這些都可以進一步討論。另外，王國維的詞學觀點也是發展變化的。現在大家都知道從《人間詞話》到《清真先生遺事》，他對周邦彦的評價有變化。其實深入看一下，他的變化不僅表現在對周邦彦的具體評價上，還表現在對詞的認識以及研究詞的思路上。詞是一種文學樣式，但最初是音樂文學，是詩和音樂結合的綜合藝術；如果不能從這一點去看待詞，就難以理解詞史上的一些現象，也難以準確把握詞的體性特點。王國維在《人間詞話》中雖然也談到周邦彦創調之才多，但更在意其創意之才少，主要還是從文學的層面看問題。到了《清真先生遺事》，他説："讀先生之詞，於文字之外，須更味其音律。"這就從文學層面深入到了聲律的層面，更加接近詞作爲倚聲之學的本質。所以在清末民初的詞學語境下，他的《清真先生遺事》更容易被接受。王國維的這種變化，值得我們去進一步研究。

王亮（復旦大學圖書館古籍部研究員）

我今天主要是來觀摩、學習的，各位學者、專家發言都對我啓發很多。華師大一直是王國維研究的重鎮，王國維先生的全集、年譜長編、著述年表都出自華師大的學者，成爲研究王國維的基礎文獻。徐德明先生點校的《詞録》是收在全集裏的，全集本《曲録》底本是用《晨風閣叢書》的刊本，没有用稿本對勘，可能當時條件有限。從文獻學的角度，若能參考初始稿本，文本形態肯定是可以考察得更清楚。

我跟羅家的後人近年也都有一些往來，對羅振玉、羅振常二先生日常也是比較關注的。羅振玉先生他個人興趣比較偏於經史方面，從文學方面的趣味來説，可能羅振常跟觀堂先生更契合一點。《詞録》中羅振常先生的評語也是行家的批校，做了一些補益，包括對《人間詞話》其中一則的糾正，都是行家説的話。羅振常先生在文獻傳承方面眼光很好，他當時抄了很多學人的東西。比如説王國維先生手稿《唐五代二十一家詞輯》，他有録本，不一定全部是他本人所抄，可能也有子女幫忙。

之前我寫影印本王國維先生抄《海日樓詩》序言，認爲是觀堂先生最早整理了沈曾植先生詩文。後來文章寫成之後，發現羅振常先生更早抄過。在文獻保存方面，羅振常先生的意識非常敏鋭。

剛纔幾位先生都提到王國維先生身後有一批書是羅振常先生經手售出，我的判斷是這批書可能不是到王家去選的，而是在日本或者已經給了羅家的書，然後再以觀堂藏書的名義拿出來賣。流傳的説法是問王家借了印章，比如説"東洋文庫"那書，都鈐蓋了朱白合文"王國維印"。現在我的判斷，這個印可能是羅振常請人刻的，因爲現在知道實物是雙面印，另一面是不相干的人名。《詞録》最後，羅振常用蟬隱廬稿紙補頁面，那個地方鈐印跟東洋文庫藏的詞曲書所鈐印是一樣的。

除了剛纔彭老師提到的《觀堂詩詞匯編》，有待發現的羅家藏文獻還很多，比如羅静手抄的羅振常的詩詞，肯定有一些跟觀堂相關的材料。

觀堂先生比較幸運的是，他的學術發表和出版一直是非常順利的，這個跟羅振玉關係很大，因爲羅能力過人，全心全意提供人脉和資源。觀堂先生的著述基本都可以及時面世，没有出版的話，更多是他本人覺得不夠成熟，或者是興趣已經轉移了。《宋元戲曲考》其實是商務印書館約稿的，也就是説，出版機構已經注意到他前面刊出《曲録》這些著述的價值，認爲王著既有學術價值，也有潛在的商業價值。

丁小明（華東師範大學古籍研究所教授）

王國維這份手稿跟我們華東師範大學淵源是很深的。我們今天在王元化學館舉辦這場觀堂手稿研討會，王元化先生與觀堂多少也是有一些因緣關係的，一者元化先生的室名清園，主要是爲了紀念他童年都在清華南院十二號度過的時光，一九二〇年代，清華國學四導師除了梁啓超均居此處，其中一號爲趙元任，二號爲陳寅恪，十七號爲王國維。王元化晚年經常回憶兒時在清華園度過的美好時光，這與一般學者祇能通過經典文獻感悟大師不同，他是能夠直接觸摸到的，就是在他放學回家路上，他經常看到拖着一條長長的辮子在南院散步的王國維，清華園對他的影響已經浸入血肉，到晚年他特別信奉陳寅恪評價王國維"獨立之精神，自由之思想"的那句話，所以他的清園的室號中某種程度也是包含了對王國維其人其學的敬仰與推崇。大家可以去翻翻最新一版的《王國維全集》，王元化先生正是《王國維全集》編委會主任，而且《王國維全集》第一册，也就是有編委會那一册的彩圖的最後一張，就是我們今天大家所研討的《詞録》的書影，這是一重緣分。

作爲本次活動主辦方的華東師範大學古籍研究所即將迎來不惑之年的生日，而我們本次所慶的一個中心議題就是著名版本目録學家周子美先生逝世廿五年紀念座談會（周老是敝所的人瑞，典型的世紀老人，壽長一百零三歲），周子美先生跟我們今天研討的觀堂先生的手稿又有什麼關係呢？還是有一點點，那就是他是羅振常先生的東床，而《詞錄》這部書，後來觀堂送給了羅振常，而周子美先生還曾提到為什麼王國維要將《詞錄》送給羅振常，是因為羅振常也好詞，而且因為開書店的緣故，見識更廣，極有可能會補其不逮。所以周子美先生不但知道他泰山大人有這部書，而且還極有可能多次上手過這部書。所以睹物思人，看到這部書不能不讓人想起周子美先生。這是第二重緣分。

再者，二〇一八年我策劃"雪堂雅集"展的時候，《詞錄》和《曲錄》手稿是在展覽裏面的。我本來以為今天是《詞錄》和《曲錄》第二次來華師大，但剛聽徐老師所講，它其實是三進華師大了。二〇一八年"雪堂雅集"展時，我親記得展覽第一天的晚上，賓朋散去，我跟朋友再次來到展廳，我們當時不約而同地從展櫃取出《詞錄》與《曲錄》的稿本，細細品賞，當時我還發了朋友圈，"客散酒醒深夜後，更持殘燭賞名書"，這是借用李商隱的詩句。此景此情，如在昨日，歷歷在目。而今時隔五年，又是在華東師大，在周子美先生的廿五周年的紀念會之前，在以觀堂先生為師的王元化紀念館裏，我們重又相逢，有一句話是這麼說的：所有的重逢，都是上天的安排。此時此刻，我當然相信這句話。

我最後再說一點，我主要關注的是羅振玉的研究。王國維以不尋常的方式結束自己以後，他的這個名聲會越來越大，遠遠超過了羅振玉，學界也好，社會也好，都是如此。但有一個共識是我們必須要承認的，就是沒有羅就沒有王這一點，研究王國維沒有辦法離開羅振玉。包括之前梁帥兄說了，《詞錄》和《曲錄》的成書過程裏面，有不少材料都是羅振玉的，王國維因此能夠迅速推進自己的學術研究。由《詞錄》《曲錄》到《人間詞話》和《宋元戲曲考》這個路徑，學術研究的方法，不管你多大的天才，我們這裏公認的王國維的天才無與倫比，每個領域迅速進入就會在最前列，最少是排前三的，為什麼這麼快呢？學術和天分是一者，但是有一者是不要忘記，你看他這個學術研究路徑，每一步都是一步一個腳印，非常踏實地做這個工作，沒有前期的文獻梳理跟系統整理，他到不了《人間詞話》，到不了《宋元戲曲考》，也到不了他的後期的種種經史考證，包括他創立範式、石破天驚的殷商史系列研究，我覺得作為學術研究基本途徑，即由文獻着力，要沉潛其中、厚積而出，這一途徑我們誰都沒有辦法逾越。對我個人來說，我評價一個學者，如果說他沒有對文獻深入的梳理跟系統的整理，全面的研究，或者說有一個呈現的過程，一下子平地起高樓地橫空出世的話，我對他的學術成果是懷疑的，這是我的一個態度。

再者，對我們今天的啓示。我們學術研究都有一個話題，我也會告訴學生，你的研究要"預流"，因爲從陳寅恪開始，他們就覺得我們近代學術的一個大的方嚮，你要"預流"，楊聯陞也説過："做學術像做生意一樣，不懂行情肯定失敗。"這個行情是什麽？其實就是指當下的學術主流，但是觀堂先生的《人間詞話》也給我們一個啓示，《人間詞話》不是預流的，比如以朱祖謀爲核心的推崇夢窗詞的宋詞路數是當時詞壇的主流，而觀堂先生的《人間詞話》恰恰是反對這一主流的。我想可能也因爲這一傾嚮，《人間詞話》從成書到一九二幾年出整理版，這個過程裏面其實反響很少的。但後來這本書變成了文學研究跟學術經典裏面大家的必讀書目了，這一現象又告訴我們什麽呢？我想應當是學術上未必是預流的纔是最好的，也許我們平常的研究你要預流，是要知道行情的，但是也有人是逆流的，是邊緣的，我覺得王國維至少在《人間詞話》面世後近二十年時間是這樣一種狀態。還有我查過報刊，王國維去世以後，很少有報導，這説明當時觀堂在社會上影響并不大，《申報》上祇有兩行報導。所以我們反過來看當時的學術史，就會看到很多不一樣的東西，也就是説，你現在熱鬧，未必身後真正能讓人記住，你生前寂寞的、孤獨的，也許後世會成爲大家公認的經典，這也就是所謂的"時名"與"史名"的關係，儘管這些後見之明的道理其實大家都知道，也不必我在此再加贅説，權當我個人的一點粗淺感想，向大家作一匯報。

當然，關於我們今天探討的《詞録》《曲録》《戲曲考原》手稿的定位，我完全認同拓曉堂先生所説的，絕對是民間所藏第一觀堂稿本了。

拓曉堂（中國嘉德國際拍賣有限公司顧問）

我從史學角度、古今版本的角度，有這麼幾個看法。這些年所見的學人手稿，重要的如陳寅恪、梁啓超、趙元任的手稿，四大家還有一個就是王國維先生。我覺得看了這些手稿之後，王國維先生的這部手稿，從所見文物和文獻價值來講，可稱第一。因爲陳寅恪先生的手稿裏面沒有這樣的引人注目和這麼全的東西；趙元任的在伯克利東方圖書館，外人不可得見；梁啓超的手稿更是一堆剩餘之物。梁啓超去世之後，他的所有正經手稿全部在國圖。梁啓超曾是北平圖書館（國圖前身）館長，最後肯定要把他重要的東西包括手稿、碑帖捐贈給國圖。

多年在國圖工作的經歷，我知道，國圖所藏，除了《人間詞話》，沒有能與此本比肩的東西。民間所藏王國維這部《曲録》手稿，沒有其他這麼重的東西了。從學術地位上來講，前有吳昌綬，後面有朱希祖、趙萬里，都在此下功夫。我們在國圖整理趙萬里先生資料的時候，就知道趙萬里先生對這個《曲錄》用功非常深，他實際上和朱希祖一樣，都想作些補遺。國圖裏面還有很多文獻資料，畢竟觀堂先生沒在京師圖書館，跟趙先生不一樣，趙先生是坐擁國圖，所以他很有心思做這個工作。爲此，他曾花了大量的心血來做此書的補遺工作。

從學術承上啓下來講，我可以講這個是拱橋中最高的柱子，從學術上看，再往後到了民國時期，魯迅先生、鄭振鐸先生提倡俗文學以後，整個戲曲、小説這些東西爲之發達，可以講是與王觀堂先生這一開篇之作有直接的聯繫。因而，從學術地位上看，此稿本也是第一流的。

最後，國圖所藏是國家的擁有，嘉德所見是市場的擁有。今天我們探討的這件手稿，可與《人間詞話》稿本并稱爲王國維在文學史上的并蒂蓮，真的是兩個最重要的東西。一個在國圖，一個在民間。如將《人間詞話》稿本看成是國家藏的王國維先生最重要、最好的一個稿本的話，那麽民間第一所見所藏，就是這部《詞錄》《曲錄》手稿了。它要稱第二，誰敢說第一？無論從文物價值和學術價值，我覺得這一部著作在今天再次出現，應該給它一個最準確的文物文獻定位。這樣纔能不虛觀堂先生的這部著作，不虛此物神物護持，值得收藏、出版。

田松青（上海書畫出版社總編輯）

王國維先生的書，既有學術價值又有經濟價值，一百年以來，對出版社來説這個觀念一直沒有變，我今天也是來學習的。首先，我想剛纔各位老師都說了，稿抄本的理念，高精度的理念跟之前的影印書已經不屬於一個概念了，裏面透露的信息是全方位的。其次就是王國維先生的書法，他抄《海寧王忠愨公遺書》的時候受到各種各樣的影響，他那個跋裏面寫得很有趣，他説冬天手指張不開，墨也研不開，那個硯臺放在火上烤，紙也特別差。這部稿本紙真的很好了，是有書法價值的稿本。當然王國維以學術出名，他的書法大家一般都不太説，應該説他是獨成一家的文人書，可以看到非常有文人氣。

宋皓（中國嘉德國際拍賣有限公司古籍善本部總經理）

《詞錄》《曲錄》《戲曲考原》是王國維進入"文學時代"重要的學術成果，幾經離亂，手稿能完好保存至今，實在是上天的眷顧。《詞錄》《曲錄》《戲曲考原》三種手稿從體量、從學術重要性上來講，是三十多年市場拍賣所見最爲重要的王國維先生的手稿。今季能通過我們嘉德公司這個平臺，向世人展出王國維如此重要的手稿，實在是我們的榮幸。在此借用陳寅恪先生《王静安先生遺書序》中之言表達我的感慨，"今世之後，更有來世。其間倘亦有能讀先生之書者乎？如果有之，則其人於先生之書，鑽味既深，神理相接，不但能想見先生之人，想見先生之世，或者更能心喻先生之奇哀遺恨於一時一地"。

日記文獻整理與研究專題

劉節《大夏日記》

洪光華　整理

內容摘要：著名歷史學家劉節先生（一九〇一至一九七七，字子植，號青松）曾與大夏大學有數月賓主之誼。一九三七年"七七事變"後，劉先生一家滯留上海，無法按計劃赴加拿大安大略省皇家博物館工作。接着"八·一三淞滬會戰"打響，於是避居杭州。十二月，杭州淪陷。經與日軍反復交涉，終於取得乘車證，於一九三八年二月九日乘火車回到上海。爲解決生計問題，劉先生決定暫於大夏大學教書。二月二十日，訪大夏創始人傅式說（築隱）未遇。三月二日上午"訪傅築隱暢談"；十五日開始授大學一年級國文課。四月二日始，加授中國通史課。七月至八月，開中國通史暑期課程。九月五日，兼授大夏中學國文課。新學期，在大學開中國上古史、中國近代史課。劉先生仍計劃脫離上海，他申請了中英庚款協助研究員的職位。十月四日，滕固（若渠）來電報，告知同被批准錄用爲中英庚款會考古美術史組協助科學工作人員，駐重慶中央大學。十二月四日，中英庚款會協助款匯到。十六日，至大馬路花園碼頭送別妻、子登船回溫州。於一九五二年三月二十七日的《自我檢討》中，劉先生提到爲什麼遲了兩個月纔離開上海："到了上海之後，兼大夏大學的課，每月祇拿到捌拾元左右，所以在上海十個月很艱難。直到中英庚款協助研究發表，纔有了確實的辦法把家眷送回故鄉。"一九三八年十二月二十五日下午，劉先生乘"蘇州輪"離滬，於三十日上午抵達香港，接着輾轉越南，再經昆明抵渝。現於尚未發表的劉節先生一九三八年日記中擷錄多則相關日記，以補大夏校史於一二。

關鍵詞：劉節；大夏大學；日記

一九三八年二月二十日　星期日　陰，晴

上午六叔來談。下午訪傅築隱、陳仲雷，未晤。

二月二十五日　星期五　晴

上午訪丁山未晤。訪六叔、岸立，查得仲博通訊地點。下午晤傅築隱於途。讀《宋史紀事本末》五卷畢，開始讀《通鑑紀事本末》。

三月二日　星期三　陰，微雨

早八時訪傅築隱暢談。出訪衛懷彬，共至青年會訪剛主。午懷彬約共便餐。下午至岸立，許款已取來。

三月八日　星期二　大雪

上午寫聲請書。下午訪公愚先生。接大夏信。

三月十五日　星期二　晴

下午赴大夏大學代傅復天課，遇李學豐氏。大夏此課爲大學一年級基本國文，學生有四十餘人。聞前數周乃陳柱尊氏所代。下課時有學生司徒君約談。午後始發現顯曾耳部有病。

三月十七日　星期四　晴

下午赴大夏上課。於教務處晤教務長唐慶增。下午後晤王遽常及陳柱尊二氏。復與傅築隱先生晤談甚久。

三月十九日　星期六　微雨

挈顯曾就高鏡朗醫耳病，未全愈。十一時至曹雨蒼處洗牙。下午孫洪芬來訪未晤。赴大夏上課。回家。又訪陳柱尊不遇。又與清之同訪公愚夫人。

三月二十二日　星期二　雨

下午赴大夏上課。課後晤陳柱尊談甚久。

三月二十四日　星期四　上午晴，下午雨

同妻、子出外購物。下午到大夏上課。返家。岸立來。晚陳仲雷來談。

三月二十六日　星期六　陰

下午赴大夏上課。晤高公度。晚訪馬公愚先生談。

三月三十一日　星期四　晴

上午挈妻、子出外買小菜。下午陳柱尊來訪，少間即同出赴大夏上課。晤王璦仲，借來《中國通史》一部。

四月二日　星期六　陰晴

上午出門購物。中飯赴高公度宴，座客有馬公愚、梅思平、傅築隱諸公。下午赴大夏上課中國通史。第一日，甚滿意。

四月六日　星期三　晴

終日未出外，搜羅教課材料，略備。

四月七日　星期四　晴

上午衛聚賢來談。下午赴大夏上課。與傅築隱談甚久。

四月九日　星期六　上午陰，下午放晴

下午赴大夏上課。歸家後挈妻、子外出購物，至安凱第商店購來王靜安師所寫印之《切韵殘卷》一册。

四月十二日　星期二　晴

上午挈妻、子出外散步。下午赴大夏上課。下午課畢與吳浩然君談片刻即返。

四月十四日　星期四　晴

下午赴大夏上課，與陳柱尊約下星期一上午往訪。

四月十五日　星期五　晴

上午挈妻、子出外購物。下午預備功課。早公愚先生送書來。

四月十六日　星期六　晴

上午出外購物。下午赴大夏上課。又到商務買書。上午衛聚賢來還款伍十元。

四月十七日　星期日　晴

上午訪傅築隱，談甚久。下午預備功課。

四月十八日　星期一　晴

上午訪陳柱尊，借來《楚辭》一部。又訪衛聚賢，借來《國學論叢》二册。回家，岸立來自温州，《二十四史》帶到，并帶來土貨及蕙、菊兩妹所作小物件送顯曾者。下午挈妻、子出外食於青年會。

四月十九日　星期二　晴，陰

上午挈顯曾就醫耳病。下午赴大夏上課。

四月二十一日　星期四　晴，陰

上午挈妻、子出外購物。返家後衛懷彬來。早金祖同送《地質學報》來。下午赴大夏上課。

四月二十三日　星期六　陰雨

上午在家讀書。下午赴大夏上課。顯曾今日已能自己行走。

四月二十六日　星期二　晴，下午陰雨

上午衛懷彬來談。下午赴大夏上課。

四月二十七日　星期三　晴

上午送書還衛懷彬。下午預備功課。

四月二十八日　星期四　晴

上午預備功課。下午赴大夏上課。下課後訪公愚先生不遇。

四月三十日　星期六　晴

上午赴鴻英圖書館查書。下午赴大夏上課。歸家後知王瑗仲來訪。

五月二日　星期一　陰

上午赴鴻英圖書館閱書。下午預備功課。

五月三日　星期二　陰，晴

下午赴大夏上課。五時後衛懷彬同周泳先來談。

五月七日　星期六　陰雨

上午挈妻、子出外購物。下午赴大夏上課。

五月十日　星期二　晴

下午赴大夏上課。晚間鄒夢禪帶王景山來約教肇和地理課，辭謝之。

五月十二日　星期四　晴

下午赴大夏上課。

五月十四日　星期六　晴，晚七時後下雨

上午往訪謝旦如，不遇。訪周予同，相晤，借來《金文叢考》及《中華二千年史》各一部。下午赴大夏上課。

五月十五日　星期日　陰，下午放晴

上午訪王瑗仲談甚久。下午訪馬公愚，坐中遇曹辛漢，談甚久。

五月十七日　星期二　雨

上午理髮。下午赴大夏上課。回家至公愚先生家坐談片刻。

五月十九日　星期四　晴

上午赴上海療養院照X光。中午戴振鐸來領去王以中寄存皮箱二隻。下午赴上海療養院取照片後赴大夏上課。

五月二十一日　星期六　晴

上午就黃仁德醫牙，仍有膿。黃君不能治，介紹陳朝政牙醫。即挈妻、子同訪陳朝政醫師。陳醫師云須再開刀，但須先以藥水灌洗三日再行察看。下午赴大夏上課。

五月二十四日　星期四　晴

上午挈妻、子同出就陳朝政醫。歸途遇許心一。下午赴大夏上課。返家岸立來談，少坐即去。

五月二十六日　星期六　晴

上午挈妻、子共訪六嬸，少坐即出。就陳朝政醫。下午赴大夏上課。

五月二十七日　星期日　大雨

上午赴大夏訪李學豐。下午校讀《國語》。

五月二十八日　星期一　晴

上午至鴻英圖書館查閱雜志。下午赴大夏上課。

五月三十日　星期三　晴

上午就陳朝政醫。今次開刀費時三十餘分鐘之久，挖去腐骨一小塊，經過良好。歸途過大夏，一訪章復君校正小文稿。

五月三十一日　星期四　晴

上午就陳朝政醫。下午赴大夏上課。今日大熱，逾八十五度。

六月一日　星期五　晴

上午挈妻、子同就陳朝政醫。下午六時半赴大夏紀念會叙餐會，設永安公司大東酒樓。

六月二日　星期六　晴

上午赴陳朝政處就醫。下午赴大夏上課。

六月三日　星期日　陰，晴

上午就陳朝政醫。下午預備功課。

六月四日　星期一　晴

上午就陳朝政醫。下午赴大夏上課。

六月七日　星期四　晴，陰

上午就陳朝政醫。下午赴大夏上課。今日有學生朱某、馬某來函論學，即在課堂上復之。

六月九日　星期六　雨

上午校讀《國語》。下午赴大夏上課。返家後挈妻、子至安凱弟商店購物。

六月十一日　星期一　晴

上午挈妻、子游兆豐公園。下午赴大夏上課。

六月十四日　星期四　大雨

水溢街渠。上午出就陳朝政醫。下午赴大夏上課。

六月十六日　星期六　雨

竟日街渠又漲水。上午校讀《史記》。下午赴大夏大學上課。傍晚挈妻、子出外散步，途遇鄭俠塵父子二人。

六月十八日　星期一　晴，下午陰

赴大夏大學上課。晚校讀《史記》。

六月二十一日　星期四　雨

上午挈妻、子同訪朱右白。下午赴大夏上課。

六月二十二日　星期五　雨

上午訪周予同談甚久，借來《四聲切韻表》一部。下午看卷。晚挈妻、子訪馬公愚夫婦，稍談即出。

七月四日　星期三　陰晴

上午在家預備功課。下午訪朱右白。

七月五日　星期四　晴

上午預備功課。下午校讀《史記》。

七月六日　星期五　晴

上午赴大夏、大陸銀行，及訪朱右白借來《毛詩禮徵》一部。下午校讀《史記》。

七月十一日　星期三　上午雨，下午放晴

九時赴大夏暑校上課，僅有四人選讀，皆佳學生。但情形不大好，恐不能開班，因不滿十二人之數也。下午閱《通鑑紀事本末》。何天行來訪，同至鴻英圖書館查書。暑校中所講中國通史乃繼續上學年之工作，起中國古代稅法。

七月十二日　星期四　晴

上午赴大夏上課。下午五時後至亞爾培路一飲冰室品茗。

七月十三日　星期五　晴

上午訪衛聚賢，假來二十金，即赴大夏上課。下午預備功課。晚閱《通鑑紀事本末》。

七月十四日　星期六　晴

室內熱度達九十二度。上午赴大夏上課。下午預備功課。

七月十五日　星期日　晴

上午赴大夏上課。下午預備功課。

七月十六日　星期一　晴

上午赴大夏上課。下午挈妻、子赴大馬路一帶購物。

七月十七日　星期二　晴，下午一時陣雨

上午十時訪公愚先生談片刻。聞傅築隱已返滬，即往訪之，未遇。下午作成《新出土之馮孟葎開通水道記釋文》一通。石之出土處大約在巴蜀漢中，時間爲永元十年十月後，漢和帝時物也。

七月十八日　星期三　晴

上午赴大夏上課。下課後訪朱右白，稍談即出。下午六時挈妻、子至安凱弟商店購物。

七月十九日　星期四　晴

上午赴大夏上課。下午校讀《史記》。晚朱右白來訪。

七月二十日　星期五　晴

上午赴大夏上課。下午七時訪傅築隱不遇。

七月二十一日　星期六　晴

上午赴大夏上課。下午預備功課。

七月二十二日　星期日　晴

上午赴大夏上課。課畢訪傅築隱，稍談即出。訪六叔，遇方正楷，稍談即出。下午預備功課。晚挈妻、子閑游至福煦路、西摩路一帶。

七月二十三日　星期一　陰，晴，上午九時大雨

早起挈妻、子同至西摩路購物。繼赴大夏上課。下午在家預備功課。

七月二十四日　星期二　晴

上午到馬公愚家與傅築隱相晤，談甚久。下午閱《通鑑紀事本末》至桓溫廢立。

七月二十五日　星期三　晴

上午赴大夏上課。下課後訪朱右白，稍談即出。下午開始閱石原純《自然科學概論》。

七月二十六日　星期四　陰，晴

下午微雨悶熱，室內達九十度。上午赴大夏上課。下午預備功課。

七月二十七日　星期五　陰雨

上午赴大夏上課。課畢返家，挈妻、子出外閑游，并訪朱右白借書。下午讀《通鑑紀事本末》。

七月二十八日　星期六　陰雨

上午赴大夏上課。下午預備功課。今日知九江已陷落。

七月二十九日　星期日　陰雨

上午赴大夏上課。下課訪朱右白未晤。下午閱《通鑑紀事本末》至慕容氏叛秦、丁零叛燕。晚訪馬公愚。

七月三十日　星期一　陰雨

上午赴大夏上課。下午讀《通鑑紀事本末》。晚挈妻、子出外散步。

八月一日　星期三　晴

上午赴大夏上課。下午訪衛懷彬，稍談即出。點校《史記》至龜策列傳。

八月二日　星期四　晴

上午赴大夏上課。下課後訪傅復天，談甚久。

八月三日　星期五　晴

上午赴大夏上課。課畢訪六叔，稍談即出。下午讀校《史記》二小時。

八月四日　星期六　陰晴

上午赴大夏上課。下午挈妻、子出外購物。六時許回家，姜亮甫自四川來，談甚久。姜住青年會。

八月五日　星期日　晴

上午赴大夏上課。課畢訪姜亮甫，談甚久。晚挈妻、子訪六叔家。

八月六日　星期一　晴

上午赴大夏上課。下課後訪六叔。大陸銀行錢已取來。下午赴朱右白宴，座客有王鉅川、陶菊畦、衛懷彬、姜亮甫及沈太太、張小姐諸人。九時後，至安凱弟商店購物。

八月八日　星期三　晴

上午赴大夏上課。下午六時宴傅復天夫婦，座客有傅築隱夫婦及周予同、馬公愚、張明昕諸人。余飲酒大醉。

八月九日　星期四　陰雨

因酒病，未赴大夏上課，在家休息一日。

八月十日　星期五　晴

上午赴大夏上課。下午預備功課。

八月十一日　星期六　晴

上午赴大夏上課。下午預備功課。

八月十二日　星期日　晴

上午赴大夏上課。下午校讀《史記》。晚間出外理髮。

八月十三日　星期一　晴

因八月十三日紀念，市上戒嚴，學校放假。未出門。晚間挈妻、子散步近處。

八月十五日　星期三　微雨

上午赴大夏上課。課畢赴六叔處少談，出，又訪朱右白談，讀其所爲詩甚多。下午六時姜亮夫來訪。晚挈子出外購物，并訪亮夫。

八月十六日　星期四　晴

上午赴大夏上課。下課訪姜亮夫，談甚久。下午校讀《史記》。

八月十七日　星期五　晴

上午赴大夏上課。下課後訪姜亮甫未晤。下午亮甫來訪，稍談即去。晚與妻、子到大馬路購物。

八月十八日　星期六　晴

上午赴大夏上課。下課回家校讀《史記》畢功。晚重校《左傳》，自僖公元年起，繼前課也。

八月十九日　星期日　陰晴

上午赴大夏上課。自今年四月二日起講中國通史上古之部，至今日全部畢，凡十五章。近人之治上古史者尚未有此類作品也。下課訪姜亮甫不遇。歸讀《左傳》至僖公二十六年。晚六時與妻、子同出散步。

八月二十日　星期一　晴

上午赴大夏監考。下午挈妻、子訪姜亮甫，稍談即返。讀《左傳》至文公六年。

八月二十七日　星期一　陰，晴

上午訪孫亢曾談校事，少刻出校，於途中遇王鉅川，到其寓舍少坐即返。下午朱右白來談甚久，時大雷雨。今日爲姜亮甫、陶秋英作圖章兩方，爲朱右白作朱文一方。顯曾今日熱度退，病漸愈。

九月一日　星期六　晴

上午訪朱右白，稍談即出。路中遇孫亢曾，同至大夏大學，晤魯繼曾談功課事。知該校聘請并無誠意，即將聘書二份退還。下午訪衛懷彬，談甚久。晚訪馬公愚不遇。

九月二日　星期日　晴

上午衛懷彬來談。同訪朱右白，談甚久。歸家後傅復天來談。下午王鉅川來訪。晚雷雨。連日因雜務未得讀書。

九月三日　星期一　晴

上午訪衛聚賢，取來借款柒拾元。下午挈妻、子出門，至鼎日有買肉鬆。五時許孫亢曾來訪，送來大夏聘書二份。晚訪馬公愚不遇。九時許衛懷彬來訪，至十時半始去。

九月五日　星期三　晴

上午赴大夏中學上課。下午挈妻、子赴靜安寺路取照相。晚訪馬公愚，稍談即出。校《左傳》一卷，至昭公元年。

九月六日　星期四　晴

上午赴大夏中學上課，下課後訪夏瞿禪，談甚久。出訪朱右白，右白交我《魯陽集》一冊，皆其所作之詩也，其中頗多佳作。下午校讀《左傳》，至昭公四年。

九月七日　星期五　晴

上午赴大夏中學上課。回家校讀《左傳》，至昭公十二年。下午挈妻、子出外散步。

九月八日　星期六　晴

上午赴大夏中學上課。回家校讀《左傳》，至昭公二十五年。晚衛懷彬來談。

九月十日　星期一　晴

赴大夏中學上課。下課訪朱右白，談甚久。中午宴夏瞿禪於寓，飯後同訪馬夷初，稍談即出。訪周予同，談甚久。出，瞿禪返家，予又訪衛懷彬，談古代形聲字之演變。懷彬之説多出杜撰。晚挈妻、子到樂鄉飯店赴大夏中學公宴，至十時始返。

九月十二日　星期三　晴

上午赴大夏中學上課。回家後再赴大學，與傅築隱談甚久。下午鄔夢禪來談。晚衛懷彬來談。今日校讀《左傳》，至定公九年。

九月十三日　星期四　晴

上午赴大夏中學上課。下課後回家校讀《左傳》一卷。下午挈妻、子出外散步，途遇王振鐸君。回家後，王以中自泰和來，道經湖南、廣西、廣東，自香港乘船至滬。稍坐，同訪柳翼謀，不遇。出，同訪衛懷彬。是晚懷彬邀飲，至九時始歸。今日校讀《左傳》，至哀公六年。

九月十四日　星期五　晴

上午赴大夏中學上課。今日校讀《左傳》畢。

九月十五日　星期六　晴

上午赴大夏中學上課。下課後訪王以中，稍坐即出。訪岸立取來小鞋兩雙，四妹、菊妹等小照三幀。下午訪衛懷彬不遇。繼訪朱右白，稍談即出。

九月十七日　星期一　晴

上午赴大夏中學上課。下課後訪王以中不遇。出至鴻英圖書館查書。下午五時訪傅復天，稍談即出。晚校讀《戰國策》周策畢。

九月十九日　星期三　陰，微雨

上午赴大夏上課。出題作文，題"故鄉"。下午訪衛懷彬，談甚久。晚校讀《戰國策》秦策五畢。

九月二十日　星期四　陰雨

上午赴大夏中學上課。歸家後校讀《戰國策》至齊策三。下午三時左右夏瞿禪夫婦來談。晚六時半赴大夏大學上課中國上古史。歸家後，朱右白來訪，談甚久。右白近爲一詩《哀金陵》，曰："狐兔縱橫劇可哀，孤城斜日隱崔嵬；青青猶是長幹柳，無限江山哭不回。"頗有唐人之音。

九月二十一日　星期五　雨

上午赴大夏中學上課。下課後歸家校讀《戰國策》。下午訪王以中不遇。歸，何天行來訪，談甚久。今校讀《戰國策》至齊策四。

九月二十二日　星期六　晴

上午赴大夏中學上課。歸家後訪王以中，稍談即出。下午校讀《戰國策》至趙策壹。晚六時赴大夏大學上上古史課。

九月二十四日　星期一　晴

上午赴大夏中學上課。課後孫亢曾又要求添授一班國文，已決定暫時應允，看情形如何。歸家後又出外尋找房子，無一適當之處。下午訪衛懷彬，談甚久。晚赴大學上課。今日出題試驗，諸生程度皆不佳。

九月二十五日　星期二　晴

上午訪傅復天，談甚久。下午校讀《戰國策》至韓策三。

九月二十六日　星期三　晴

上午赴大夏中學上課。下午王以中來談。晚在樂鄉飯店宴王以中夫婦。今日校讀《戰國策》畢。

九月二十七日　星期四　晴

上午赴中學上課。下課訪朱右白，談片刻。下午讀杜工部詩二卷。晚赴大學上課，學生多要求開中古史者，惜校中未能允許也。

九月二十八日　星期五　晴，下午陰雨

上午王以中夫婦來，余正欲赴中學上課。稍談，余即起行，途中遇夏瞿禪。下課後知瞿禪已到余家與王以中坐談多時，余回家三人均已去矣。十時左右衛懷彬來談。同訪李健吾，不遇。下午四時岸立來談，帶來蝦米一包，此係蘅香送來者。岸立在此晚飯，飯後即去。今日讀杜詩二卷，《通鑑紀事本末》至乞伏據金城。

九月二十九日　星期六　雨

上午赴中學部上課。課畢挈妻、子同訪夏瞿禪夫婦，瞿禪不在家。歸途失落皮夾一隻。下午讀《通鑑紀事本末》至蒙遜據張掖。晚赴大學上課。課畢改卷至十時半入睡。

九月三十日　星期日　陰雨

今日上午改卷畢。閱《通鑑紀事本末》秦滅後凉。下午閱《清代通史》至《滿洲之名稱考略》。

十月一日　星期一　陰雨

上午赴大夏中學上課。孫亢曾又以高二甲組國文囑托。歸家讀《清代通史》。晚赴大學上課。

十月三日　星期三　陰

上午赴大夏中學上課。今代授高二甲組課，學生較乙組輕浮喜動，善爲訓導亦可造就。下午陰雨，三時半赴大學上課。今日添一近世史，人數約有三十餘，舊生僅三人，可見其中消息矣。晚讀《通鑑紀事本末》，至劉裕滅後秦。

十月四日　星期四　晴

上午赴中學上課。下課後訪朱右白，稍談即出。歸家知滕若渠已來電，中英庚款事已成。下午訪衛懷彬，未遇。又訪朱右白，告以庚款會事。又訪夏瞿禪，不遇。訪岸立，不遇。晤六叔，稍談即出。晚衛懷彬來談。

十月五日　星期五　晴

上午赴中學上課。課畢返家，稍息即訪衛懷彬，談至十一時半，至雷米坊訪王以中，消息不得。下午赴大學部上課。下課學生李毓槐同至余家，坐談片刻。飯後與毓槐同訪周予同，請其代授大夏中國近代史課，予同介紹周谷城。今日下午岸立來，報告三叔父病故，淒然久之。三叔一生勞碌，甚爲可憐也。

　　十月六日　星期六　晴

　　上午訪傅復天，與談辭退校中功課事。下午挈妻、子到大馬路一帶買物。晚間岸立來談。今日發電致滕若渠，文曰："電悉，候信，即來。"晚朱右白來訪，承贈《南游詩》一首，曰："他時共有圖南志，惜別深深感索居；海角從來魚沫月，衡陽此去雁將書。風傳故國開宏館，坐羨先生獻子虛；明發扁舟人已渺，滄洲目斷正愁予。"又與同訪王以中，不遇，同茗飲於冠生園。

　　十月七日　星期日　晴

　　上午赴中學上課。下午赴大學部上課。下課訪夏瞿禪不遇。自今日始辭去大夏大學課。晚王以中來談甚久。

　　十月八日　星期一　晴

　　上午赴大夏中學上課。今日辭去中學各課。下課後訪李毓槐不遇。訪周予同於法國公園。下午四時何天行來談。五時挈妻、子出外購物。

　　十月九日　星期二　晴

　　上午挈妻、子同理髮。中午傅築隱、吳浩然夫婦招飯於一家春西菜社。下午夏瞿禪來訪不遇。五時走訪瞿禪，坐談片刻。

　　十月十日　星期三　晴

　　上午朱右白、衛懷彬來談甚久。中午傅復天夫婦招飲梁園酒樓。下午王以中來訪未遇。今日接仲博信，知已轉往重慶，大約雙十節前後可到。

　　十月十一日　星期四　晴

　　上午赴大夏中學，約孫亢曾同訪朱右白擔任中學課程事，已接洽當。即往訪六叔及岸立，談甚久。歸家見余文彝來訪，坐候甚久。囑帶毛絨衣服至衡陽，告以湘行尚未定，約期往取可也。晚訪王以中不遇。途遇馬公愚，立談片刻。

　　十月十二日　星期五　晴

　　上午挈妻、子至西摩路菜場購物。下午帶衛懷彬至大夏大學上課。連日雜事多，未得讀書。今日起閱《通鑑紀事本末》至彭城王專政。今日早四時日海軍在廣東大鵬灣上陸，聲勢洶洶，有趨嚮廣州企圖。

十月十四日　星期日　晴

上午挈妻、子至冠生園早茶。歸家後出訪陳柱尊。下午訪朱右白，假來四十元。晚李毓槐來談甚久。八時左右朱右白來約，共訪王以中、衛懷彬，皆不遇。今日閲《通鑑紀事本末》至廢帝之亂。

十月十六日　星期二　晴

上午衛懷彬來談，大學功課發生問題。明日擬再去繼續上課。十一時馬公愚來談。中午朱右白、衛懷彬共宴於華陽樓，座客有張世禄、王以中諸人。與張世禄同約星期二上午十時左右訪孫洪芬。下午五時訪傅築隱，不遇。

十月十七日　星期三　晴

上午衛懷彬來談。下午赴大夏大學執問衛懷彬事。五時岸立來談，携來四妹一信。晚王以中來談甚久。

十月十九日　星期五　晴

上午訪王振鐸，稍談即出。歸家李毓槐來訪。下午挈妻、子同訪顧頡剛太太。晚衛懷彬來談。今日閲《通鑑紀事本末》至蕭鸞篡弑。

十月二十一日　星期日　晴

上午讀杜詩二卷。中飯留王以中便飯。飯後同訪鄭振鐸。下午讀杜詩一卷。五時接庚款會來信，囑赴重慶中央大學任教，而日來時局甚緊，當再設法後定行止。閲晚報知廣州已陷落。

十月二十二日　星期一　晴

上午訪衛懷彬、王以中，談赴重慶事。下午訪岸立未晤。訪夏瞿禪，談甚久。出訪朱右白，稍談即出。晚衛懷彬來訪，同出致電重慶庚款會，文曰："挈眷繞越，盼中大酌匯路費。"今日在瞿禪處得讀其所作詞數十首，又見示錢名山詩文及林鐵尊所作詞。錢詩頗似東坡；放翁家數文似曾南豐，不愧名家。林詞無可觀者。瞿禪告我，周密《志雅堂雜鈔》下言，《易經》卦爻辭類後世籤詩，實爲創見。今人考《周易》者其説類此，然數典而忘其祖矣。

十月二十七日　星期六　雨

今早接英庚款會電，允匯兩月協助款項。即往訪中美基金董事會林伯尊君，擬托孫洪芬代轉，始悉孫君已離重慶。再訪岸立及六叔，稍談即出。下午讀《草堂詩話》一卷。

十一月十日　星期六　晴陰

上午致電重慶庚款會，文曰："三月協款請傅孟真代領匯滬。"下午《讀通鑒紀事本末》。晚挈妻、子同訪夏瞿禪夫婦。

十二月十六日　星期一　陰雨

早起至大馬路花園碼頭，爲清之定德平輪船，官艙十四號。上午十一時岸立來，代送行李至輪船。下午三時挈清之、顯曾二人至輪船，托岸立送返里。清之與余結婚迄今凡三年又四月，未嘗分離。顯曾出世以來亦將二十四月，褓抱提攜愛之靡篤，一朝分別，心如懸磬。此兒敦厚聰明，自有福份，惟清之不通世故，前途堪念也。

十二月二十一日　星期六　微雨

上午出門，在味雅早餐。餐畢訪徐寄廎先生，取來匯款二百十七元六毛五分。出訪六叔，稍談即出。又訪錢天起，候至一小時。天起約午餐於綠楊村。下午訪黃鎰昌談一小時。晚陳志良、胡天行來，談至九時半始去。

十二月二十二日　星期日　晴

上午訪孫洪芬，承示西南旅行各項情形甚詳。下午訪中央研究院張本茂君，稍談即出。晚鄭空性、錢天起、童書業、衛懷彬來談。

十二月二十三日　星期一　陰，晴

今日決定由港入滇赴蜀。上午訪徐寄廎，談寄存書籍事。回家接清之來信。下午至錢莊換港幣，又至太古公司買票，定二十五日蘇州輪成行。晚讀楊寬、童書業諸君文章，甚快。

十二月二十四日　星期二　晴

上午送書至徐寄廎處。出，又訪六叔，即在交易所午餐。下午訪張本茂，取來介紹函一封。五時左右送行李至蘇州船。晚八時約謝澹如、朱右白、王鉅川、衛懷彬、馬公愚、夏瞿禪六君茶話，談至十時，至交易所住宿。

十二月二十五日　星期三　陰

早起八時離交易所，至冠生園早膳，九時至輪。少待，六叔至，隨後朱右白、王鉅川、謝澹如、鄭空性、趙競南皆至，談至十時半。諸人上岸後，黃鎰昌、張世祿繼至。中午世祿約共午餐。下午三時蘇州輪離滬。此次在滬計十月又十日。

十二月二十七日　星期五　陰

海中有浪，靜臥不起。下午閱《通鑑紀事本末》至吐蕃叛盟。又作詩一首，題《南海舟中寄滬上諸子》。詩曰："臨歧執手感栖遲，極目山河涕淚滋；等是無家甘寂寞，願同有國共安危。餘生儻識匡時策，前路終當濟世期；何事海鷗紛聚散，滄波滾滾赤輪馳。"

（整理者單位：澳門城市大學）

歐元懷《大夏日記》

丁嘉暉 整理

內容摘要：歐元懷先生，大夏大學第三任校長也，其一九四九年之日記，記錄豐富，價值極高。其中校務繁劇，社會變遷，家國大事，皆入其筆端。先生校內外之活動，如行政會報、校董會議、仁社開會、拜訪名流，及與各方接洽，繁忙而不亂。而學生被捕，陳鶴琴入獄，學校緊急疏散，則又嘔心瀝血，多方周旋。至於上海解放、中華人民共和國成立，其歷史轉折，風雲際會，又親歷目睹，一一在案。日記又載家人之動止，妻兒之康健，亦不時展現先生之溫情。是日記不獨歐先生個人之記錄，亦爲歷史之見證，後之覽者，或將有感於先生是年之心迹。

關鍵詞：歐元懷；大夏日記；一九四九年

一月一日　星期六　午刻，爲王悦痕證婚。上午并偕道軒往送藍天行。

一月二日　星期日　11A.M.，赴貝當路教堂做禮拜。訪何子揚。

一月三日　星期一　4P.M.，爲龔雲鴻、雲亭[①]證婚。中午旭如請。

一月四日　星期二　5P.M.，立委[②]聯誼會開會。晚馬德驥請。

一月五日　星期三　晚，仁社[③]開會。上午往通惠，同德結賬。

[①] 龔雲鴻、龔雲亭皆爲大夏大學學生。
[②] 指立法委員會。
[③] 仁社成立於一九一九年三月二十日。該社由留學生任嗣達、林志煊、聶其英、鄒萃英、盧錫榮、董澤、黃鳳華等人於美國紐約哥倫比亞大學創立。以"努力福國利民，增進同仁友愛"爲宗旨。以"急公好義，自強不息，崇實黜華，實事求是，不崇拜偶像，重點在做事，不在做官"爲基本精神。該社先後以任嗣達、劉攻芸、歐元懷、施博群、陳逸凡、徐可均、梁均默、徐國懋、陸謙采等人爲社長。其總社先後遷上海、南京和重慶等地。

一月六日　星期四　10P.M.，行政會報。下午偕邵往參觀大連路工廠。

一月七日　星期五　3P.M.，爲梅徵時之妹徵惠證婚。

一月八日　星期六　上午往空軍通訊總隊研究室接洽房屋及器材。下午會報，并訪劉攻芸①。

一月九日　星期日　12M.，滬立委聚餐。

一月十日　星期一　12M.，哈爾濱路NO.1《前綫日報》馬樹禮②請。3P.M.，私立各大學開會。

一月十一日　星期二　3P.M.，爲邱鎔爲③、梅徵惠在美華證婚。11A.M.，行政會報。3P.M.，應變委員會④成立。6P.M.，仁社各委員會開會。

一月十二日　星期三　10A.M.，偕各大學校長往晤市長、議長，商獎學金事。

一月十三日　星期四

一月十四日　星期五　11A.M.，會報。中午在都城飯店結束閩水災叙餐。

一月十五日　星期六　上午訪潘議長⑤、吳市長⑥、李局長，關於統一獎學金事。

一月十六日　星期日

一月十七日　星期一　6P.M.，新生活俱樂部公請立委。

一月十八日　星期二　3P.M.，自救救國研究會開會。11A.M.，行政會報。

一月十九日　星期三　晚參加仁社周會。

---

① 劉攻芸（一九〇〇—一九七三），福建侯官人。名駟業，以字行。一九一九年赴美留學，獲商學碩士學位。後留學英國，獲博士學位。一九二七年回國，曾在清華大學任教。一九三五年任中央信托局副局長。一九三八年任交通部郵政總局副局長兼郵政儲金匯業局局長。抗日戰爭結束後，曾任中央信托局局長。一九四九年一月任中央銀行總裁，同年赴臺。一九七三年八月在新加坡病卒。

② 馬樹禮，《前綫日報》社長，江蘇漣水人。

③ 日記原寫邱培豪，後劃掉，邱鎔爲爲邱培豪之任。邱培豪，湖州人，曾任陳果夫秘書。

④ 應變自治會，大夏大學學生所組織，藉應變之名護校，實行自衛、自濟之目的，并配合解放戰爭。

⑤ 潘公展（一八九四—一九七五），浙江吳興人。早年畢業於上海聖約翰大學。後歷任國民黨上海市特別黨部常委、上海市教育局長、上海市社會局長等職。抗戰期間在重慶，歷任國民黨中央宣傳部副部長、戰時新聞檢查局副局長、中央圖書雜誌審查委員會主任委員等職。一九四五年被選爲國民黨中央常務執行委員。抗戰勝利後，任上海市參議會議長，《申報》董事長等職。一九四九年去美國，在紐約創辦《華美日報》。

⑥ 吳國楨（一九〇三—一九八四），湖北建始人。一九二一年由清華大學畢業後赴美留學。一九二八年後歷任湖北烟酒稅務局局長、漢口財政局局長、湖北省財政廳長等職。一九三二年任漢口市市長。一九三九年任重慶市市長。一九四二年任外交部政務次長。一九四五年八月任國民黨中央宣傳部部長。一九四六年五月任上海特別市市長。一九四九年去臺，不久因不滿國民黨一黨專制而離臺赴美，主張民主制度，晚年在美致力中國歷史研究。

一月二十日　星期四　11A.M.，行政匯報。晚王祉嫂①因家庭問題大哭，余往慰問。

一月二十一日　星期五　7P.M.，P.L.設計委員會開會。蔣總統今下午引退離京。

一月二十二日　星期六　6P.M.，金山飯店大夏中學校董會開會。11A.M.，往晤市長，接洽釋放學生事。

一月二十三日　星期日　6P.M.，來喜飯店請吳仲直②君。

一月二十四日　星期一　3P.M.，各大學聯合會開會。

一月二十五日　星期二　9A.M.，偕各大學校長往警備司令部，接洽釋放學生事。12M.，葛敬恩③請。自作主人請李葆和。6P.M.，江元仁請。

一月二十六日　星期三　9A.M.，行政會報。晚，仁社開會。

一月二十七日　星期四　12M.，楊德昭請。4P.M.，青華中學校董會。3P.M.，立委在新生活開會。余患重傷風已將一周，連日胃病從公，今益不支。

一月二十八日　星期五　今爲農曆大除夕，學校放假，余臥病未起床。文淡來，代爲打針施藥。

一月二十六日　星期六　余續臥病，由塵④接待賀年戚友。

一月三十日　星期日　余繼續臥病，精神尚佳，惟鼻塞，呼吸不靈。午夜端木鑄秋送李代總統函來，敦促作和平運動。

一月三十一日　星期一　上午訪江、黃，并往中國民行開會，辭謝赴平代表。下午答拜新村同事賀年。

二月一日　星期二　下午偕塵回拜戚友。函復李代總統辭謝代表。今日米價達六千元一石！

---

① 王毓祥（一八八六——一九四九），字祉偉。湖南衡陽人，教育家。大夏大學創辦人之一，長期擔任大夏大學秘書長并曾任副校長。此指王毓祥太太。歐元懷日記中常將王毓祥記作王祉兄、祉、祉禕等。

② 吳仲直（一九〇五——一九七四），字佐之，號君輔、均夫，浙江諸暨人。畢業於中央軍校通信科和陸軍大學。歷任多個軍事職位，包括通訊兵團長、通信指揮官、少將處長等。抗日戰爭期間參與多場重要戰役，如徐州會戰、鄂北會戰等。一九四六年後擔任聯勤總部通信署署長，第七十五軍中將軍長。一九四九年移居臺灣。

③ 葛敬恩（一八八八——一九七九），字湛候。浙江嘉興人。早年畢業於日本陸軍大學。後曾任浙江陸軍第一師參謀長，徐州總司令部參謀長，國民革命軍總司令部參謀處長，國民黨政府建設委員會委員，參謀本部次長等。抗日戰爭勝利後，參加接收臺灣和接受日軍投降儀式，并任臺灣行政長官公署秘書長、參議員等。全國解放前夕，協同上海、香港兩地國民黨立法委員五十餘人通電宣布起義，擁護人民政府。

④ 陳賢珍（一九一一——一九七〇），歐元懷夫人，畢業於大夏大學。後任職於大學大學，改名陳寄塵，歐元懷日記稱爲"塵"。

二月二日　星期三　函周寄梅①爲天璧就業事。

二月三日　星期四　11A.M.，行政會報決定聘許公鑒。

二月四日　星期五　下午往吳市長處接洽釋放學生事，并往林崇墉②處接洽借款。

二月五日　星期六　晨訪甘介侯，決定赴平參加和平使團，下午治裝。

二月六日　星期日　今日又臥病全日。

二月七日　星期一　續臥病。吳石③、孝威④來訪。

二月八日　星期二　10A.M.，行政會報。下午訪鄧、黃，并往顏宅茶會，決定不赴平。

二月九日　星期三　晚往仁社。

二月十日　星期四　9A.M.，行政會報。

二月十一日　星期五　晨赴警備司令部接洽學生保釋事。

二月十二日　星期六　9A.M.，會報。昨今新生報各總數七百餘人。昨今領繳費單者共四百餘人。下午往新康花園接岳家。

二月十三日　星期日　晚韓聞痾⑤請。

---

① 周詒春（一八八三—一九五八），字寄梅，安徽休寧人。畢業於上海聖約翰大學，後赴美留學。民國成立後，曾任南京臨時政府外交部秘書。一九一三年任清華學校校長。後歷任參議院議員、中孚銀行經理、中國文化教育基金會保管委員會常務董事等職。一九三三年代理燕京大學校長。一九三五年任實業部次長。抗日戰爭期間任貴州省財政廳長。一九四五年後任農林部長、衛生部長。主張"實業救國""教育救國"。一九四八年赴香港，一九五〇年回到内地居住。

② 林崇墉（一九〇七—一九八三），林則徐玄孫。留學法國，獲巴黎大學法學博士，撰寫《日本在東北之地位與權利》，揭露日本侵華野心，獲巴黎大學獎金。回國後，任商務印書館、中國書局翻譯。一九三九年起，進中央銀行，先後任《經濟匯報》主編、銀行業務局局長。上海解放前夕，拒絕撤往臺灣。中華人民共和國成立後，移居香港。

③ 吳石（一八九四—一九五〇），原名萃文，字虞薰，福建省倉山區螺洲鄉人。一九一六年畢業於保定陸軍軍官學校，一九二四年爲國民革命軍第四師處長，後任北伐軍總參謀部作戰科科長。一九二九年赴日本留學，回國任參謀本部第二廳處長。抗戰中任第四戰區參謀長、軍政部主任參謀兼部長。一九四八年參加民聯，與中共華東局直接建立聯繫，提供重要軍事情報，一九四八年底調任福州綏靖公署副主任。一九四九年六月去臺灣，後任國防部參謀次長；一九五〇年，因中共臺灣省工委書記蔡孝乾叛變而被秘密逮捕，英勇就義。

④ 陳孝威（一八九三—一九七四）。福建福州人。原名增榮，後改向元。早年畢業於福州武備學堂。一九一四年入保定軍官學校，畢業後在北洋政府軍隊中任職。一九三六年在香港創辦《天文臺報》。抗戰爆發後，積極從事國民外交活動。一九四一年十二月《天文臺報》因香港淪陷而停刊。一九五一年《天文臺報》復刊，仍任社長。一九七四年卒於香港。

⑤ 韓聞痾（一九〇八—一九七三），江蘇鎮江人。又名文桐，號博浪。早年留學法國，獲經濟學博士學位。歷任江蘇省銀行稽核處處長、無錫分行經理，中央銀行南京分行副經理，光華大學、上海商學院、復旦大學、上海財經學院、上海社會科學院教授，大夏大學教授兼系主任。

二月十四日　星期一　晚青華董事會宴李局長。

二月十五日　星期二　9A.M.，會報。

二月十六日　星期三　晚參加仁社周會。

二月十七日　星期四　上午，偕私大代表五校長往訪潘、吳、徐，接洽增籌獎學金事。

二月十八日　星期五　上午，偕希軾①往警備部，接洽保釋學生事。函寄錢慕尹②關於青華中學事。

二月十九日　星期六　12M.，周尚請。

二月二十日　星期日　12M.，施晨初請。上午校務會議議決以3/4學什費總數爲薪津。

二月二十一日　星期一　上午偕希軾前往司令部，探看被捕學生八人。晚教部聯誼會請。

二月二十二日　星期二　8P.M.，會報。

二月二十三日　星期三　仁社周會。

二月二十四日　星期四　8P.M.，會報。

二月二十五日　星期五　7P.M.，仁社開會，設計委員會。

二月二十六日　星期六　晚，夜車赴京。

二月二十七日　星期日　晨到京，往軍人服務社。

二月二十八日　星期一　移往介壽堂302號。立院上午舉行第三會期開幕式。

---

① 蘇希軾，曾任大夏大學訓導長。

② 錢大鈞（一八九三——一九八二），字慕尹，蘇州人。一九一六年入保定軍官學校，次年被選送日本士官學校，一九一九年畢業。一九二四年黃埔軍校建立，任軍事教官。東征時任軍校參謀長。北伐誓師時，一度任廣州警備司令。國民黨定都南京後任軍長等職。一九三六年初任國民黨軍委侍從室第一處主任。抗日開始後調任航空委員會主任、軍政部政務次長、軍統局局長等職。抗日勝利後任第一任上海市長。後任西南軍政長官公署副長官。去臺灣後主要經管體育界事宜。

三月一日　星期二　上午訪顏惠慶①、江庸②、傅霖③等。晚，夜車返滬。

三月二日　星期三　晨，到校召開行政會報。晚，出席仁社周會。

三月三日　星期四　晨，往警備司令部，洽保釋學生事，并給周炳林醫生捐簿兩冊。下午往教局地方法院中央行等處。晚，會報。

三月四日　星期五　晚，中實行雷副理請客。今赴附中參觀，并往訪顧一泉。4P.M.，舉行會報。

三月五日　星期六　晨，塵進婦孺醫院。午請傅霖、程柏廬④、顧一樵⑤、梅月涵⑥吃飯。6:15P.M.，塵產一男。

三月六日　星期日　上下午均往醫院。下午在黃仲誠⑦處討論大學教育問題。

---

① 顏惠慶（一八七七—一九五〇），字駿人，上海人。早年畢業於上海同文館，後留學美國。辛亥革命後歷任北洋軍閥政府外交部次長和總長、內務部總長等職。一九二二年曾署理國務總理。一九二六年以國務總理攝行總統職權。南京國民黨政府成立後，先後任駐英、蘇大使和出席國際聯盟大會首席代表。抗日戰爭爆發後，在上海從事慈善和教育事業。一九四九年，曾赴北平、石家莊與中國共產黨商談和平。中華人民共和國成立後，歷任華東軍政委員會副主席、中央人民政府政治法律委員會委員等。

② 江庸（一八七七—一九六〇），福建長汀人。早年入四川成都中辦學堂英文班。一九〇一年赴日本留學。一九〇六年回國。曾任北洋政法學堂教習、京師法政學堂總教習、學部參事等職。辛亥革命後隨唐紹儀參與南北議和，任隨員。民國成立後，留任大理院推事。一九一二年任高等審判廳廳長。一九三七年至一九四五年，連任各屆國民參政會參議員。一九四八年任司法院大法官。中華人民共和國成立後，任政協會議全國委員會委員、第一屆全國人民代表大會代表等。

③ 徐傅霖（一八七九—一九五八），廣東和平人。字夢嚴，筆名卓呆、半梅、莊周等。早年畢業於京師法政學堂，後入日本早稻田大學，獲法學博士學位。一九〇五年加入同盟會。一九一二年任北京臨時參議院議員。反對袁世凱。二次革命後逃往日本，加入歐事研究會。一九一五年回上海，辦《中華新報》，反對帝制，後參加護法運動。一九四六年任民主社會黨中央常委兼宣傳部部長。一九五〇年由港赴臺。

④ 程時煃（一八九〇—一九五一），江西新建人。字柏廬。早年留學日本東京高等師範、美國哥倫比亞大學。曾任北京師範大學教務主任、大夏大學教授、中央大學教育行政院普通教育處處長、江西教育廳長、福建省政府委員兼教育廳長等職。解放後在上海被逮捕，死於南昌。

⑤ 顧毓琇（一九〇二—二〇〇二），字一樵，江蘇無錫人。畢業於清華學校，留學美國，一九二八年獲麻省理工大學科學博士學位。一九二九年回國，歷任浙江大學電機系主任教授、中央大學工學院長、清華大學工學院長等職。一九三八年任教育部政務次長。抗戰勝利後，任上海市教育局長。一九四七年任國立政治大學校長。一九五〇年，經香港赴美國，任麻省理工大學客座教授。

⑥ 梅貽琦（一八八九—一九六二），字月涵，天津人。一九一四年畢業於美國馬薩諸塞州華塞斯特工業學院，獲碩士學位。一九二六年任清華大學教務長，一九三一年任校長。抗戰期間，任北大、清華、南開三校合并的昆明西南聯大校務委員會常委，主持校務。抗戰勝利後，領導清華大學在北平復課。一九四八年一月北平解放前去南京。六月出國出席學術會議，年底去美國。一九五五年十一月去臺灣，在臺灣清華大學籌建原子能研究所。

⑦ 黃敬思（一八九七—一九八二），字仲誠，安徽蕪湖人。民進會員，教育學教授。一九一八年畢業於北京高等師範學校，後赴美留學。一九四七年任大夏大學教育學院院長，中華人民共和國成立後任華東師範大學教授。

三月七日　星期一　3P.M.，和私立各大學開會。5P.M.，各處室校務聯合座談會。晚，夜車赴京。7P.M.，校務會報。

三月八日　星期二　9:30A.M.，立院第三次會議。孫科①辭職。12M.，中南民行聚餐。

三月九日　星期三　晚，陳果梁請PL同仁在華僑招待所。訪吳貽芳②、陳裕光③等。

三月十日　星期四

三月十一日　星期五　立院上下午開會。午，蟲家麟、張詩俊、張綬、葉楚青請，在廣東酒家。下午乘凱旋號車返滬，10:30P.M.到。

三月十二日　星期六　晨，往婦孺醫院。又訪高嶽生、何墨林、錢祖齡、林孟工等，接洽借款事。

三月十三日　星期日　王裕凱④請。

三月十四日　星期一　10A.M.，約私大代表赴央行接洽借款。

三月十五日　星期二　晨，往接塵返寓。小孩塵爲命名天立，取頂天立地之意。下午會報。

三月十六日　星期三　晚，參加仁社周會。

三月十七日　星期四　6:30，民行公會叙餐，商借款事。晚，劉攻芸請，又何叙甫贈樹。中央信託局允抵押借款爲本校建築。

三月十八日　星期五　晨，何縱炎⑤通電話，要我就教長。下午何院長又親電敦促，余堅辭不就。

三月十九日　星期六　4P.M.，宴請新教職員。

三月二十日　星期日　2P.M.，約在黎曜生⑥家開會，討論教育政。仁社30年紀念會。

---

① 孫科（一八九一——一九七三），字哲生。廣東香山人，孫中山之子。中國近現代政治家，大夏大學第二任董事長。

② 吳貽芳（一八九三——一九八五），湖北武昌人。女。一九一九年畢業於金陵女子大學。一九二三年赴美留學，獲博士學位。歸國後任金陵女子大學校長。一九四九年參加中國人民政治協商會議第一屆全體會議。

③ 陳裕光（一八九三——一九八九），字景唐，一九一六年金陵大學化學系畢業，後到美國哥倫比亞大學深造，一九二二年獲有機化學博士學位後回國。一九二七年，金大理事會正式聘陳裕光爲金陵大學第一任中國校長。

④ 王裕凱（一九〇三——一九八九），字舉庭。江蘇鹽城人。一九二七年大夏大學第三屆教育科畢業。曾任大夏大學高等師範科主任、總務長、教育學院院長、訓導長、秘書長及代理校長等職。

⑤ 何縱炎，大夏大學名譽董事，曾任郵政儲金匯業局貴陽分局首任經理。

⑥ 黎照寰（一八八八——一九六八），廣東南海人。字曜生。青年時代赴美國留學，獲碩士學位。在美國參

三月二十一日　星期一　7P.M.，請校長室職員。4P.M.，會報。

三月二十二日　星期二

三月二十三日　星期三　4P.M.，私立各大學在民行公會聚餐。3P.M.，行政會報。

三月二十四日　星期四

三月二十五日　星期五　3P.M.，財委會開會。

三月二十六日　星期六　時才由京來。

三月二十七日　星期日　3—5P.M.，教育學會開會。9A.M.，新生指導。12M.，魯世盧①請。

三月二十八日　星期一　3P.M.，各大學開會。5P.M.，職員座談會。上午8時，乘凱旋號來京。晚請養吾②父女、甘介侯請看《玉堂春》。下午晤李雲亭、梁甌第。

三月二十九日　星期二　12M.，回請梁甌第、聶家麟、張詩俊、楚青等。上午游靈谷寺，下午游雞鳴寺。晚鄭家俊、賈成章來談話。

三月三十日　星期三　12M.，中南聚餐會。9A.M.，何閣施政方針報告。3P.M.，和談代表談話會。6:30，仁社餐叙。與劉攻芸談話。

三月三十一日　星期四　晨，往李雲亭處送行。

四月一日　星期五　上下午院會。③晨，送和平代表團赴平。

四月二日　星期六　與沈建新洽款運儀器及樹苗，沈借款40萬元。又匯款十萬元與繼母。

四月三日　星期日　上午函寄塵、祉褘、元明、美珍。下午陳元動等來訪。

四月四日　星期一　上午財金預算會開會，劉攻芸報告。下午何院長酒會招待。

加了中國同盟會。回國後，曾任香港工商銀行司理、廣東通商銀行經理、國民政府財政部參事、鐵道部次長等。一九二九年後長期從事教育工作。曾任上海交通大學教授和校長、浙江之江大學教授等。中華人民共和國成立後，任政協全國委員、上海市政協副主席等。

① 盧世魯（一九〇八——一九九二），福建南平人。大夏大學教育學院畢業後留校，曾任上海化工高等專科學校教授級高工。此處筆誤，當爲盧世魯。

② 吳浩然（一九〇一——一九六八），字養吾，蘇州人。一九二〇年清華學校畢業，後留學美國，深造化學工程。一九二四年回國，參與創辦大夏大學。一九二七年參與中國工程學會年會，一九二八年成爲大夏大學章程修改委員。一九三二年參與創辦光夏中學。一九三四年擔任中國化學會基金委員會副委員長，參與創辦江南化學工業製造廠。一九三八年籌建大夏大學上海分校，一九三九年創辦新夏中小學，救濟戰區失學青年。一九四六年擔任上海大學教授聯合會監事、教職員消費合作社理事。

③ 指立法院會議。

四月五日　星期二　上下午出席院會。晚，夜車返滬。6:30公宴劉攻芸、戴愧生①，并往童冠賢②處談話。

四月六日　星期三　晨到滬，下午會報。應變自治會代表來談話。晚出席仁社周會。

四月七日　星期四　上午會報。下午請應變自治會負責人談話。5P.M.，各處室校務聯合座談會。

四月八日　星期五　8P.M.，應變自治會。上午往訪林崇墉。

四月九日　星期六　上午訪劉攻芸、何墨林，又決定派璧赴梧探健病。10A.M.，會報。6P.M.，上海市民行四樓文教會招待。

四月十日　星期日　4P.M.，教育座談會在陳選善③寓。④9P.M.，校務會議。12A.M.，教育學會在清華同學會叙餐。代璧向强錫麟⑤告假，并借款200萬準備飛穗轉梧。

四月十一日　星期一　3P.M.，私大開會，清華同學會帶璧至航空公司購票。

四月十二日　星期二　4P.M.，會報。與何康洽伐木材。明派沈建新赴棲霞山。電鄭炳炎、蘇濟寰、郭健平、郭青心。

四月十三日　星期三　天璧晨中航機赴穗轉梧。10:30A.M.，約胡敦復⑥、廖茂如⑦同赴央行洽款。

---

① 戴愧生（一八九二——一九七九），福建南安人。曾入廈門同文書院，後往菲律賓。一九一〇年加入同盟會。曾在菲捐巨款支援北伐。一九三一年任僑務委員會委員、國民黨中執委候補委員。一九三五年任監察委員、中執委委員。抗日戰爭期間曾任國民黨中央海外部副部長。抗戰勝利後曾任僑務委員會委員長。一九六七年由海外去臺。

② 童冠賢（一八九四——一九八一），河北宣化人。名啓顔，以字行。留學日本早稻田大學，獲法學士，繼赴美國哥倫比亞大學，獲經濟碩士，後往英國倫敦經濟學院，爲研究員。一九二六年回國。歷任中山大學教授、安徽大學法學院院長、國立編譯館人文組主任、中央大學法學院院長、教授等職，又爲國民黨監察委員、立法委員。

③ 陳選善（一九〇三——一九七二），字青士。浙江杭州人。哲學博士，教育學家，歷任教育部視導司副司長、高等師範教育司副司長、《人民教育》雜志社副總編輯、中國心理學會常務理事、中華職業教育社常務理事等。

④ 此行被劃掉。

⑤ 强錫麟（一九〇三——一九九六），字粹君，無錫人。愛國實業家，一九四一年至一九四五年就讀於大夏大學經濟系。

⑥ 胡敦復（一八八六——一九七八），江蘇無錫人。早年留學美國。一九一二年在上海創辦大同學院，一九二二年核準爲大同大學，爲民國以來第一所私立大學。曾任北京女子大學校長、北洋大學理學院院長等職。晚年定居美國，爲華盛頓州立大學聘爲客座教授。

⑦ 廖世承（一八九二——一九七〇），字茂如，上海嘉定人。一九一五年畢業於北京清華學校。後赴美國留學，獲博士學位。一九一九年回國，任東南大學教授和湖南國立師範學院、光華大學副校長兼附中校長。中華人民共和國成立後，任光華大學校長、華東師範大學副校長、上海師範學院院長。

四月十四日　星期四　晨，到京。中午参加一四座談會。上午訪教部長、次長。

四月十五日　星期五　上下午開會，中午中南聚餐。夜車返滬。

四月十六日　星期六　在校畢業同學開會。4P.M.，余出席講話，天氣乍冷乍熱，未穿大衣，手冷。

四月十七日　星期日　2:30P.M.，教育學會全員大會在幼專。9A.M.，本校講師助教開會。10A.M.，柏廬請討論教學會一事。下午母感冒，未出門。

四月十八日　星期一　3:30P.M.，約各大學校長訪陳大慶①，接洽應變會事。

四月十九日　星期二　3P.M.，清華同學會約聯誼會各幹事商向教部接洽事。

四月二十日　星期三　晨，洪君勉來訪。4P.M.，召集應自會常務談話。晚，閩同鄉在李宅叙餐。

四月二十一日　星期四　5P.M.，請一部分教職員晚餐。中午吳本中請。下午溫度忽高在38°。接天璧由梧函。

四月二十二日　星期五　6P.M.，青士寓開會，兆豐別墅706，體溫38.2°，由歐文柔代表前往。下午養吾長女出閣，亦不能觀禮。南京撤退。

四月二十三日　星期六　今溫度退，接天璧由梧來第二函。下午出席會報。本周期中考試完滿考畢。

四月二十四日　星期日　3P.M.，葛敬恩請茶會。共軍進南京。岳家遷重華新村。時局緊張，往市區逃難者至多，途爲之塞。

四月二十五日　星期一　3P.M.，各大學聯合會開會。清晨，塵及二兒遷魯世魯②處。

四月二十六日　星期二　昨晚軍警來校逮捕學生，余飽嘗驚慌。晨至晚奔走各方營救，計捕去23人，拘留於建國西路達人中學內。

四月二十七日　星期三　下午晚報載，當局下令疏散十五所專科以上學校，本校在內。晚開會報，并請仁社友人幫忙，車輛及辦公處所。

四月二十八日　星期四　上午在機械學校開會。下午校務會議在紡織工學院召開。

四月二十九日　星期五　上午九時教長召集疏散。學校開會。今起遷入西霞小學，

---

① 陳大慶（一九〇四——一九七三），字養浩，江西崇義人。黃埔一期學員。參加東征、北伐諸役。曾參加對江西中央紅軍圍剿。抗戰期間歷任第三十一集團軍副總司令、第十九集團軍中將總司令等職。參加臺兒莊、武漢外圍諸役。抗戰結束後任第一綏靖區副司令官、京滬杭警備副司令兼淞滬警備司令等職。一九四九年去臺。

② 當爲盧世魯。

晚宿於此。下午訪陳鶴琴①，借校舍。

四月三十日　星期六　上午偕祉、養二兄赴校，訪95師師長，請其保護校產。余離校園，不勝感歎。下午訪震旦教務長，借宿舍六間爲教職員住所，又赴印製廠參加私大校長會，商借款事。晚赴新聞路西區小學，借校舍爲學生借所。

五月一日　星期日　今日下午住俱樂部之教職員遷往震旦大學。在國清處午餐，借校舍。

五月二日　星期一　布置重華新村辦公處。聞軍隊移校具出外，内有禮堂幕布、床桌椅及鐵絲籬等。學生移住師專及附中等處。

五月三日　星期二　3P.M.，金神父路114號開會，辦公處成立。携嗶吱布②還柏廬。今日派人往遷校具，不得通行。

五月四日　星期三　10A.M.，機械學校開會。12M.，杭立武③部長請午餐。5P.M.，會報。今晚仁社周會停開。下午視察中工院堆存書器。前昨今連發三函與璧兒。

五月五日　星期四　10A.M.，朱恒璧④約談話。1:30P.M.，送杭立武赴穗。陳鶴琴被捕，張祖培亦被捕。約章、朱、夏、程、廖⑤同保釋。下午晤何恭照、强錫麟，談健病事。今函璧。

五月六日　星期五　上午往看祥德路190號房屋。下午晤程時煃、吴琪，并紡織學院看疏散物資。今第五次函璧。續搬校具，領到通行證。

五月七日　星期六　上午約各大學校長商中央行貸款事，程柏廬同往。下午視察各處遷移器具情形，計亂無章，傷心之至。接璧函，云已送健入醫院。

---

① 陳鶴琴（一八九二—一九八二），浙江上虞人。兒童教育家。清華大學畢業後，又留學美國獲碩士學位。回國後，曾任南京高等師範學校教授，東南大學教授兼教務主任，上海工部局華人教育處處長等職，并創辦南京幼稚園，建立教育實驗區。中華人民共和國成立後，歷任南京師範學院院長、中國文字改革委員會委員等。

② 即嗶嘰布，布料名。

③ 杭立武（一九〇四—一九九一），浙江杭州人，一九二九年於倫敦大學獲政治學博士學位。回國後，歷任國民政府考試院編纂、金陵大學教授等職。參與中英庚款董事會及文化交流工作。抗日戰爭期間，設立難民收容機構，保護難民，搶運故宮文物。一九四九年成爲教育部部長，同年赴臺灣，創立東海大學。

④ 朱恒璧（一八九〇—一九八七），醫學教育家和藥理學家，原上海醫科大學（前身爲國立上海醫學院）創始人之一，曾擔任國立上海醫學院教務主任和藥理學教授，後又接任代理院長和第二任院長長達十余年之久。

⑤ 此指復旦大學校長章益，上海醫學院院長朱恒璧，同濟大學校長夏堅白，大夏大學教授程時煃，光華大學校長廖世承。

五月八日　星期日　9:30A.M.，在重華新村開校務會議，報告疏散經過。下午訪陳鶴琴，洽借教員住所。黃昏偕塵、錫往中正公園散步。

五月九日　星期一　晨訪程柏廬、郭孝先。下午洽借堆存校具處，4P.M.，Y.M.C.A.①開救濟學生會。6P.M.，會報。

五月十日　星期二　青年會發黃豆3000磅救濟學生。6P.M.，會報。

五月十一日　星期三　接天璧八日函。送璿往照X光。在朱院長處談話。領出疏散補助費。下午往看房子。

五月十二日　星期四　上午偕柏廬、友三、之卓、堅白、茂如往警部海部營救鶴琴，12:30P.M.恢復自由。下午往看房子，并晤郭孝先。

五月十三日　星期五　2P.M.，在震旦各大學開會。5P.M.，各大學校長約晤谷先生，洽談借款事。上午看房子。6P.M.，會報。

五月十四日　星期六

五月十五日　星期日　9:30A.M.，應畢業生話別會。12M.，中國教育學會聚餐。送璿兒驗肺病。

五月十六日　星期一　函鄭炳炎。送璿兒驗肺，發現肺病頗重。央行貸款已有成議，計為二次貸款之100倍。

五月十七日　星期二　上午訪陳市長及張處長，商洽學生特配米及保釋學生事。3P.M.，私立各大學開會。4P.M.，黃峻宇、林淑英請證婚。函天璧。

五月十八日　星期三　上午往訪王德理、朱恒璧商璿兒住院事，又訪李穆生商特效藥。美瑛不知何故，中午亦吐血，邀文淡、玉森診治。下午私立各大學校長在清華開會，商貸款事。5P.M.，行政會報。

五月十九日　星期四　10A.M.，柏廬、企修邀，商交大學住學藝社事。3P.M.，約訪朱院長。接杭先生電。往衛生局取鏈黴素②，送美瑛照X光。

五月二十日　星期五　函天璧。晨留滬學生為央行貸款事包圍辦公處。下午在光夏開會談判，決定給學生20%，此事極傷腦筋。今有學生六（八）人恢復自由，內有二人係由復旦保出。

五月二十一日　星期六　上午領美瑛往中心診所照X光，X光左肺尖微有結核徵象。

---

① Y.M.C.A 為 Young Men's Christian Association 的縮寫，指基督教青年會。
② 鏈黴素（streptomycin），一種抗生素，可治療多種感染性疾病，如肺炎、百日咳等。日記又有寫成"煉黴素"者。

下午會報。10A.M.，與章、朱、夏、王諸校長談話。

五月二十二日　星期日　上午訪王酌清、朱院長。

五月二十三日　星期一　上午往警部朱科長處接洽保釋學生事，下午函杭部長説明不能離滬原因。5P.M.，會報。天璿今起卧床休養。雲修爲注射streptomycin，每日三次。函天璧，内夾小孩函。

五月二十四日　星期二　上午往警部夏秘書處接洽保釋學生事。集體附中之大夏學生今遷住光夏中學。上午訪王祖廉、強錫麟。下午中山橋及鐵路橋被炸斷。

五月二十五日　星期三　昨夜槍炮聲最盛。晨二時即起，見軍隊沿静安寺路自西而東前進。早始知即解放軍入市區。全日秩序井然，市民歡喜欲狂。午後四時，至魯處開會。關在商學院之被捕學生15人本晚釋放，住師專。

五月二十六日　星期四　晨童雇員①來報告，匪②軍八時退出中山路。本校解放軍二十餘人進入，旋即退去。下午已遣散工人在校集會，作種種不合理要求，并侮辱事務員張進謙。下午訪邵家麟③、何儀朝，并在魯處舉行會報。

五月二十七日　星期五　晨往中紡醫院探視仲誠病，并看希之房屋。午後三時開校務會議，討論返校復課及慶祝六一問題。5P.M.，光夏中學教職員來商，召集校董會問題。蘇州河北昨解放。俘虜數千駐校。

五月二十八日　星期六　3P.M.，約應自會學生談話，商返校復課事，組織委員會主持其事。

五月二十九日　星期日　訪鍾企修、陳鶴琴、葛敬恩。上午會報，下午返校復課會，開第一次會議，是會由員生工友合組而成。

五月三十日　星期一　下午訪李正文、陳鶴琴、陳選善。晚夏炎④等來談，勸我積極復校。上午往中山路視察本校，決定六一校慶在校舉行。

---

① 或爲歐元懷家保姆童媽之兄長童漢川，大夏大學員工。滬上臨近解放之際，歐元懷偕全家秘密離開大夏大學，隱匿於銅仁路西霞小學以避難。大夏新村之寓所内，唯留保姆童媽及其年幼之女兒守護，而由童媽之兄長童漢川秘密往來於大夏大學與西霞小學之間，向歐元懷傳遞學校消息。

② 原本似作"國"字，後以"匪"字覆蓋之。

③ 邵家麟（一八九九—一九八三），字稼蓀。浙江吴興人。現代化學家、教育家。長期擔任大夏大學理學院院長和教授，并曾任教務長。

④ 夏炎（一九一三—二〇〇二），湖北鄂州人，化學家。一九三八年畢業於大夏大學化學系，後留校任教。中華人民共和國成立後任華東師範大學化學系主任及副校長，專長酚醛樹脂研究，獲美國哥倫比亞教育獎。

五月三十一日　星期二　10A.M.，中國教育學會開會。韋捧丹①出席，報告新民主主義教育實質。3P.M.，私立各大學開會。6P.M.，光夏中學校董會。員生返遷中山路。

六月一日　星期三　10A.M.，廿五周校慶在中山路原校址舉行，到千人左右。3P.M.，會報。

六月二日　星期四　今爲塵誕辰，午吃壽麵。下午往看《假鳳虛凰》，此爲一年來第一次看電影。晨訪程柏廬、李雲亭。立兒今起吃奶糕。

六月三日　星期五　9P.M.，葛敬老請。雲亭報告赴平情形。午在葛處吃飯。下午往各處借車，并在祉處會商復校事。

六月四日　星期六　上午往學校，指導各處布置及辦公，視察各處室。下午在女師出席幼稚教育理監事會。

六月五日　星期日　晨訪江問漁②、楊衛玉③、楊公恕，并往中山路視察遷校情形。下午往美珠處，并訪洪瑞釗。

六月六日　星期一　晨布告八日起上課，并函全體教員計劃新民主主義講座。2P.M.，自治慶祝解放，并復校復課。3P.M.，私立各大學開會。5P.M.，會報。今日土木工程系首先上課。

六月七日　星期二　上午訪韋捧丹、王志莘④、强錫麟。下午二時高教處著急各校長談話。今日遷居中山路校中，晚十時始去來！

---

① 韋愨（一八九六—一九七六），廣東中山人。原名乃坤，別號捧丹。參加過辛亥革命，爲同盟會會員。一九一四年赴英國留學。一九一五年轉入美國學習。一九二一年回國後先後任嶺南、復旦、光華等大學教授。一九二一年五月任孫中山護法政府外交部秘書兼孫中山秘書。一九二七年到加拿大溫哥華參加世界教育會議。抗日戰争時期參加蘇北解放區工作。中華人民共和國成立後歷任教育部副部長、中國文字改革委員會副主任等職。

② 江恒源（一八八六—一九六一），字問漁，別號補齋，江蘇灌雲人。歷任江蘇視學、師範校長、教育廳長、上海職業教育社主任之職。創辦中華職業學校、女子職業學校、職業補習學校及指導所，又創《職業與教育》期刊，開我國職業教育之先。

③ 楊衛玉（一八八八—一九五六），嘉定人。早年畢業於上海尚賢堂書院理科。後留學日本東京高等師範。辛亥革命後曾在江蘇辦學，推行新教育。一九二四年後參加中華職業教育社工作，長期任該社副理事長。一九四五年參加發起組織中國民主建國會，任常務理事。一九四九年出席中國人民政治協商會議第一屆全體會議。

④ 王志莘（一八九六—一九五七），上海人，教育家和銀行家。一九一五年南洋公學畢業後，曾在新加坡工作，一九二三年赴美國哥倫比亞大學深造，獲銀行學碩士。回國後，歷任《生活週刊》主編、多家銀行總經理，抗戰期間在重慶設立新華銀行。中華人民共和國成立後，積極推動公私合營，對金融業有深遠影響。

六月八日　星期三　上午在住宅會報。胡志岩來訪。

六月九日　星期四　晨往徐少明醫生處看牙齒。下午六時招待來元義，及瑞鈺、賢瑗、文柔、成志、彥起、堯年、夏炎諸校友。岳丈娘晚夜車返常。

六月十日　星期五　晨訪唐鑫源、王志莘、羅四維。下午四時半會報。

六月十一日　星期六　6P.M.，校董在新華樓上開會，推王志莘爲董事長，決議改理學院爲理工學院，添設化工系及電訊工程專科。

六月十二日　星期日　12M.，葛敬恩請吃飯。2P.M.，畢業生約談話，在王副校長處。由葛處往王處時上車頭角撞傷，略出血，往羅醫生處施紅藥水。

六月十三日　星期一　2:30會報。訪盧郁文①。

六月十四日　星期二　3P.M.，私立各大學聯誼會開會。4P.M.，行政會報。

六月十五日　星期三　3P.M.，行政會報在魯寓舉行，擬定事委會規程。

六月十六日　星期四　留校服務畢業同學組成立會，對校務批評甚力，尤對總務人員不滿。

六月十七日　星期五　3P.M.，大同胡剛復②召開小組會，討論校務委員會組織問題。10A.M.，在寓舉行會報。

六月十八日　星期六　今起中山橋修理，完成通車。下午訪陳鶴琴、董任堅、程柏廬。10A.M.，在寓舉行會報。

六月十九日　星期日　上午畢業同學會，在育才中學開會，改選理監事。2P.M.，校務會議開會，通過事務委員會規程，并通過籌備校務委員會辦法。

六月二十日　星期一　9P.M.，約張伯箴③等八位談話，解答張等十一人。函中所提意見至十二時始散。請王、魯、吳午餐。

六月二十一日　星期二　今留校服務理監會仍決議函養吾衹任校董，疏通無效。晚

---

① 盧郁文（一九〇〇—一九六九），河北昌黎人，早年留學英國。回國後歷任河北訓政學院教務主任、民國學院和河北商學院教授，國民黨政府經濟部和糧食部參事。抗日戰爭勝利後，任新疆財政廳廳長、國民黨政府立法委員。一九四九年任國民黨政府和談代表團秘書長，參加國共和平談判。中華人民共和國成立後，歷任政院參事、國務院副秘書長、全國政協常委，民革中央常委。

② 胡剛復（一八九二—一九六六），江蘇無錫人。物理學家。上海震旦大學畢業。一九〇九年赴美國留學，獲博士學位。一九一八年回國後歷任南京國立高等師範學校物理學教授，東南大學物理系主任、教授，廈門大學理學院院長，中央大學教授，中央研究院物理所專任研究員，上海交通大學教授，浙江大學理學院院長。曾參與發起組織中國科學社。中華人民共和國成立後，歷任天津大學、南開大學教授。

③ 張伯箴（一九〇二—一九八六），湖北黄梅人。中國經濟學家。長期擔任大夏大學法學院院長兼經濟系主任、教授。

與來元義談，接任事務長事。璿今忽感冒。

六月二十二日　星期三　上午安德送書來。下午教授會開會，選舉代表參加校委會。下午訪祉，訪邵稼蓀。晚約吳澤①談話。函天璧，附油印件。

六月二十三日　星期四　下午往衛生局接洽鏈黴素。

六月二十四日　星期五　下午事務委員會開成立會，余出席，致開幕詞。朱巽元、夏炎來訪。函天璧，接他的五月十七日函。上午會報。

六月二十五日　星期六　上午帶天璿至醫院驗肺，照X光，大有進步。下午往衛生局取藥。3P.M.，校務委員會開籌備會。

六月二十六日　星期日　5P.M.，USIS②請茶會，在大西路NO.1。12M.，錫華中學校董會。訪葛敬恩。

六月二十七日　星期一　華美購煉黴素為璿打針。徐牙醫處補牙。校委會起草會開會。

六月二十八日　星期二　12M.，葛敬恩處午餐。3P.M.，PL在清華同學會。3—6，英國文化委員會展覽預展。

六月二十九日　星期三　3P.M.，校務委員會籌備會。10A.M.，畢業生留校服務理監事來談養吾專任校董兼教授問題，并函養，忠告此事令人灰心，亦至痛心。養兄在校服務廿餘年，忠誠努力，貢獻至大。

六月三十日　星期四　訪黃任老③、朱恒老。治牙。3P.M.，會報。決定附中遷中山路。

七月一日　星期五　下午約王、魯至養兄處慰問，并討論學校前途。西南服務團④借本校為團址，今起訓練。

七月二日　星期六　3P.M.，校委會籌備會。今自治會及講助會代表竟推翻前日議決

---

① 吳澤（一九一三—二〇〇五），原名瑤青，江蘇武進人。歷史學家。一九三三年畢業於大夏附中。二十世紀四十年代任大夏大學教授，并任大夏大學歷史社會系主任、文學院院長、教務長等。中華人民共和國成立後任華東師範大學歷史系教授。
② USIS為 United States Information Service 的縮寫，指美國新聞處。
③ 黃炎培（一八七八—一九六五），民主革命家、教育家。筆名報一，號楚南、韌之、任之。江蘇川沙人。主要著作有《學校教育采用實用主義之商榷》《中國教育史要》等。
④ 此團乃解放戰爭時期，中共遣往西南參與解放接管之組織，由人民解放軍華東軍區司令部於一九四九年六月成立，以上海、南京等地青年學子為主，總團長鄧小平。該團於是年冬，隨解放之師分赴四川、雲南、貴州等地，參與接管建設。

案主張不設爲學生輔導委員會，并反對設置當然委員，當委曲求全暫決定設臨時校委會。

七月三日　星期日　3P.M.，郭莽西①追悼會。晨訪陳青士。下午教授會開會，選舉校委。接岳丈電，以恩娘病劇，塵決明日返常探視。

七月四日　星期一　治牙，并接洽肺病特效藥。塵及錫、立二兒於5:55P.M.乘火車赴常探岳母病，余今起獨住新村。

七月五日　星期二　5P.M.—8:30Y.M.C.A.聚餐，并聆沈體蘭②、鄧裕志③、沈體蘭④三位演講。上午往華美購藥。

七月六日　星期三　2P.M.，職教社開會。今滬市慶祝解放，大游行。函塵（昨晚寫，今寄）NO.1。

七月七日　星期四　10A.M.，約張毓英來訪。4P.M.，在魯省三⑤處會報。3:30往葛敬恩處簽字，留京滬立委對時局之表示。函塵NO.2。

七月八日　星期五　3P.M.，校務委員會籌委會開會。晨往牙醫處，并購璿藥。收到塵五日函。瑞承返，通電話。NO.3。

七月九日　星期六　3P.M.，中華職教社理事會。匯款與塵。

七月十日　星期日　9A.M.，臨時校務委員會開會。下午邵家麟來訪。

七月十一日　星期一　3P.M.，各大學聯合會開會。⑥12M.，在葛贊老處歡迎賈成章君。NO.4函收到塵NO.2。晚新村江君請吃飯。

七月十二日　星期二　3P.M.，校委籌備會。上午訪王志莘寓。11P.M.，預約往牙醫處。借款事。NO.5。林澤到滬。

---

① 郭莽西（一九一〇—一九四九），曾用名郭種桑、郭安善。浙江東陽人。大夏大學中文系副教授，中國農工民主黨成員。一九四九年年初，爲迎接上海解放，策反"兩路"警務處警務人員，秘密印發革命傳單，後遭逮捕，英勇就義。

② 沈體蘭（一八九七—一九七六），江蘇吴江人。畢業於東吴大學和英國牛津大學，獲文學碩士學位。回國後歷任青年會全國協會幹事、麥倫中學校長、東吴大學文學院院長、燕京大學秘書長、聖約翰大學教授等。長期從事教育工作，積極參加民主愛國運動。中華人民共和國成立後，任政協全國委員、政協上海市委員會副主席、中國民主同盟上海市常務委員等。

③ 鄧裕志（一九〇〇—一九九六），湖北沙市人，基督教女青年會負責人，受"五四"運動影響，倡導女性解放。畢業於南京金陵女子大學，創辦女工夜校，參與"三自"愛國運動，爲全國婦聯重要成員。

④ 原文如此，或爲另一沈姓人氏。

⑤ 魯繼曾（一八九二—一九七七），字省三。四川閬中人。中國近現代教育心理學家、教育家。長期擔任大夏大學教務長及抗戰時期大夏大學滬校負責人。

⑥ "3P.M.，各大學聯合"被劃掉。

七月十三日　星期三　4P.M.，訪沈體蘭。5:30P.M.，仁社社友集會。周滋緒請吃晚飯。上午往金城洽借款。解放軍遷出。附中遷至麗園。電天璧。

七月十四日　星期四　4P.M.，約牙醫治牙。NO.6函塵。晚劉屺懷及碧蓉姊來訪。登報招生。

七月十五日　星期五今日為余舊曆57誕辰，午刻國清、益珊、文柔來吃麵。校工工資問題解決。NO.7函。

七月十六日　星期六　5P.M.，會報。收到塵NO.5函。

七月十七日　星期日　9A.M.校委會開會，議決聘任教職員辦法。各系學會函魯省三，請其退休！約德偉、義卿來午餐。寄乳頭至常。寫NO.8。

七月十八日　星期一　10A.M.，黃仲蘇①來訪。3P.M.，中國教育學會理事會開會。5P.M.，訪魯省三，致慰問。寫NO.9，收NO.6。

七月十九日　星期二10A.M.，召集畢業生理監事開會，商談應付當前難關。下午天雨，未外出。

七月二十日　星期三　3P.M.，修補右上臼齒。今軍大及小教暑講會來借。

七月二十一日　星期四　2P.M.，高教處開會。中午義、瓊兩人在我處吃飯。晚，他們邀我吃飯。九時返校，接塵NO.7。

七月二十二日　星期五　NO.10晨寫。NO.11晚寫。下午訪盧世魯、陳景祺②等。

七月二十三日　星期六　收到塵NO.8、9的信。中午錫華校董會開會。上午往訪周昌壽③商教務長事。

七月二十四日　星期日　NO.12寄出。9A.M.起開臨時校委會聘請教職員，午餐後續開，至三時半散。晚大風雨，折木傾屋。

七月二十五日　星期一　愚園路88弄11號4P.M.朱增年。全日大風雨，市區馬路淹水，驅車，至勃利南路返。

七月二十六日　星期二　NO.14上午往中實行、人民行，并往寶姨處洽匯款與天

---

① 黃仲蘇（一八九五—一九七五），安徽舒城人，英語語言文學教授。早年參與組織中國少年學會，後留學美國、法國，獲文學碩士。曾任多所大學教授，中華人民共和國成立後任教華東師範大學，專長世界文學史與英文寫作，著有多部學術作品。

② 陳景琪（一八九六—一九九四），福建莆田人。中國現代有機化學家、教育家。長期擔任大夏大學教授兼化學系主任。中華人民共和國成立後任教於華東師範大學。一九五六年加入九三學社。歐元懷日記中寫為"祺"字。

③ 周昌壽（一八八八—一九五〇），字頌久。貴州省麻江縣人。中國近現代物理學家、出版家、教育家。大夏大學教授，并兼任數理系主任。

璧。接璧電云明進醫院，爲之憂慮不已。

七月二十七日　星期三　電李葆和接濟天璧。NO.15寫。收到NO.10。因市街積水未退，爲交通起見，招生延期至八月5、6兩日舉行。

七月二十八日　星期四　下午率璿往照X光，自己往補牙，又往訪曾昌燊及趙修鴻。

七月二十九日　星期五　9A.M.，臨時校委會審查教職員升級。接NO.11、12。下午偕祉往養處，省亦來，長談至六時始返。

七月三十日　星期六　NO.16。財務委員會成立會。9時余爲致開幕詞。下午往補牙，已完全修好，并訪黃敬思。電塵，候立愈，勿返。

七月三十一日　星期日　上午往西康路做禮拜，朱增年送魚肝油。下午訪王酌清、方志超、盧世魯。

八月一日　星期一　收到NO.13。今爲余57誕辰。下午瓊兒請吃麵。晚益珊、國清夫婦、英英均來。塵爲立兒病未果來。NO.17。學生馬貴青病故。

八月二日　星期二　收到NO.14。上午，往中實取款，肺病中心診所看天璿，照片結果與上次同。下午赴震旦參加校長會。

八月三日　星期三　NO.18。下午參加仁社周會。教授會開新民主主義座談會。

八月四日　星期四　今日爲三校紀念日，午後六時偕祉、省、養、稼同往拍照，并在錦江餐敘。收到NO.15及小孩照片。上午往購奶粉。教授會應自會開對日問題討論會。

八月五日　星期五　NO.19。3P.M.，爲陳同學證明訂婚。昨晚瀉一次，今晨瀉四次。下午請羅醫生看，體溫37.7。第一次招生報考者五百餘人。

八月六日　星期六　3P.M.，豐成營造廠在養吾處協議。NO.20托紹箕寄。紹來告失業，留午餐。午後又瀉一次。

八月七日　星期日　8A.M.，畢業同學會成立會。3P.M.，臨時校務委員會，討論注冊主任問題，備極煩惱。晚往訪黃古球①。

八月八日　星期一　收到NO.16。上午往國際大戲院聽潘副市長②演講，智識份子改

---

① 黃古球（一九〇二—一九八二），福建仙游人。高級工程師。一九二九年畢業於美國甘省省立大學工程學校電氣系。專長燈泡製造。

② 潘漢年（一九〇六—一九七七），江蘇宜興人。一九二四年加入創造社，主編刊物《洪水》。一九三六年和一九三七年被中共中央正式任命爲與國民黨談判的代表。一九三七年九月任八路軍駐上海辦事處主任。抗日戰爭和解放戰爭期間，在上海等地領導對敵隱蔽鬥爭和開展統戰工作。一九四九至一九五五年，先後任中共華東局和上海市委社會部部長、統戰部長、上海市委副書記和第三書記、上海市副市長。

造問題，至十二時半散。中午在文談處午餐。下午購奶粉。

八月九日　星期二　上午往蘊石處托劉一連帶物與母親。發准予辭職函與賈祥藻、祥正。

八月十日　星期三　9A.M.，高教處聽講。接NO.17。下午往吳、魯處。中午新中法商董事會。

八月十一日　星期四　3P.M.，葛贊侯處茶叙。NO.21寄出。晚祉褘來長談。接18。

八月十二日　星期五　NO.22發出。

八月十三日　星期六　塵晨由常返，余快樂之至，連日煩悶頓覺消失。上午偕祉兄往訪李副處長文正商校事。

八月十四日　星期日　上午偕塵往禮拜堂做禮拜。中午黃古球兄約午餐。下午訪世魯、蘊石、寶姨，并往看《嫦娥幻夢》。

八月十五日　星期一　今爲余與塵結婚四周年紀念，上午往聽講。中午請屺懷、碧筠吃飯。下午游中山公園。

八月十六日　星期二　11A.M.，往養吾處。12M.，清華仁社設計委員會開會。3P.M.，各大學開會。

八月十七日　星期三　8P.M.，與各院長洽選舉事。塵原定今返常，爲我勸止延期。賈祥藻聽勸告，允明將課務組移交蔣日銜①。

八月十八日　星期四　8A.M.，梁甌第來訪。9:30A.M.，徐濟華來訪。塵今返常，余送至北站。六時，廢然而返。

八月十九日　星期五　晨往金城、新華接洽借款事，并訪仲誠。下午吳、劉、張、宋四人來談校事，頗傷腦筋。

八月二十日　星期六　大夏學生沈子明請證婚，金門酒家。接NO.1。訪程柏廬。

八月二十一日　星期日　4P.M.，請畢業同學會茶會。寄NO.1。

八月二十二日　星期一　7P.M.，北大、清華、南開招考處請吃飯。發NO.2。訪陳乃昌、鶴琴、青士。

八月二十三日　星期二　今二次招考新生。下午訪李雲亭、魯省三，并接健、璧函。接塵NO.2，報告立兒愈。錫兒病。

八月二十四日　星期三　11A.M.，約往訪青士。NO.3。接璧函，云健病已愈。

八月二十五日　星期四　NO.4發，函健、璧。下午訪黃仲誠。

---

① 蔣日銜，江蘇鹽城人，大夏大學第四屆師範專修課畢業。

八月二十六日　星期五　2P.M.，童本仁、豐禾疇請證婚，在南國。晚，童請吃飯。收24、25塵函。

八月二十七日　星期六　2P.M.，白皮座談會。收塵二十六日函。

八月二十八日　星期日　訪陳希蘇、景祺、世魯、柏廬。函塵。

八月二十九日　星期一　上午偕祉至高教處訪負責人，未晤。中午淋雨歸。晚約吳澤談校事。收到塵函。

八月三十日　星期二　3P.M.，各大學（私立）校長聯誼會開會，討論學費問題，決定收170至240折實單位。時俊來函云8:17飛美。

八月三十一日　星期三　接健、璧函，報告病已愈，在港候事。購物送雲修致謝。璿兒往照X光。西南下服務團離校。

九月一日　星期四　下午往高教處訪湯德銘。革大來借校舍。函覆健、璧，附錢、徐、吳、李介函。收塵函，云今晚夜車返，不勝欣慰！

九月二日　星期五　塵偕二兒由常返。今晨二時返，余喜出望外。

九月三日　星期六　晚偕塵游兆豐公園賞月。

九月四日　星期日　9A.M.—6P.M.，全日校務委員會推選院長。游公園。

九月五日　星期一　預算研委會開會全日。葛受元①、陳景祺來訪。晚往公園。

九月六日　星期二　發聘書及通函。晚往公園訪陳青士。

九月七日　星期三　11A.M.，往養吾處商新村及賬目事。5P.M.，村友會。教、商、理三院分別開會，推選各系主任。往公園賞月。

九月八日　星期四　下午因學費問題會同有關行政方面商洽精簡。上午學生代表來洽學費事。文、法兩院開會推選系主任。

九月九日　星期五　第三次招考新生。2P.M.，學費研究會開會。晚王之華請吃飯。

九月十日　星期六　上午學生又來商談學費一事，昨決定之180，今又翻案爲170單位！

九月十一日　星期日　2P.M.，校委會開會決定學費爲170折實單位。下午之會開至七時一刻。

九月十二日　星期一　秋季開學。

九月十三日　星期二　3P.M.，各大學開會。6P.M.，教委會。

---

① 葛受元，大夏大學政治系教授。

九月十四日　星期三　6P.M.，叙薪會。9A.M.，教委會。

九月十五日　星期四　高教處召集大、中、小代表開會，王祉兄出席。

九月十六日　星期五　7P.M.，教委會。

九月十七日　星期六　常州奶媽離去。

九月十八日　星期日　上午教委會、校委會。下午叙薪會。

九月十九日　星期一　4P.M.，爲Y.M.C.A.學濟會。附中今起上課。接元明函，報告繼母病况。

九月二十日　星期二

九月二十一日　星期三　天健來函，告在港拮据情形。

九月二十二日　星期四　本日起注册。下午校委會開會。

九月二十三日　星期五　房屋分配委員會上午開會。

九月二十四日　星期六　12M.，仁社設計會在清華開同學會。接楊義函。

九月二十五日　星期日

九月二十六日　星期一　本日起上課。

九月二十七日　星期二　3P.M.，私立各大學開會。

九月二十八日　星期三　4P.M.，校委會開會，推定主任。余被推爲主任兼常委，校委會改爲正式。

九月二十九日　星期四　9A.M.，李正文約談話，關於回復師專事。下午行政談話會。

九月三十日　星期五　滬光大戲院聽講（上午）。今學校停課半天。

十月一日　星期六　全日風雨，未出去。慶祝中央人民政府成立，放假三天。

十月二日　星期日　國際和平鬥争日。上午往吳養吾處訪談。王祉禕兄於1:30P.M.在寓所逝世，祉兄一時許患心臟病，余返寓尚與長談，詎料渠長嘆一聲，與世長辭。下午爲送至樂園殯儀館。

十月三日　星期一　放假一天。下午開常委會及王副校長治喪委員會、叙薪委員會。接元明電云，繼母於九月卅日即八月初九棄養！不勝憂戚。

十月四日　星期二　2P.M.，祉兄在樂園安殮。接璧九月廿三日函。

十月五日　星期三　今訪邵、黃二兄，勸其返校專任，辭去兼任。中午并在清華同學會便餐。5P.M.，在寓開行政工作檢討會。

十月六日　星期四　秋節放假一天。函健、璧。9A.M., 附中教職員開會, 余往演講。

十月七日　星期五　3P.M., 校委常委會開會。

十月八日　星期六　上海慶祝大游行。余參加, 至卡德路返。晚偕塵至靜安寺參觀。

十月九日　星期日　上午訪黃敬思, 商教院長及研究室事。

十月十日　星期一　林澤返杭。函侯德榜①。

十月十一日　星期二　10A.M., 約往高教處談話。訪唐、李二處長, 談師專續辦問題。

十月十二日　星期三　瑞新來。珍、玫來吃中飯, 態度欠佳, 爲之傷腦筋。

十月十三日　星期四　4P.M., 行政工作檢討會。

十月十四日　星期五　3P.M., 常委會開會。12M., 仁社餐叙。函邵稼蓀請辭現職, 返校任教務長。

十月十五日　星期六　上午往理髮。瑞新返常。

十月十六日　星期日　3:30P.M., 爲謝春溥子證婚。10A.M., 偕塵往做禮拜, 中午在盧世魯處吃飯。

十月十七日　星期一

十月十八日　星期二　下午二時至大光明參加歡迎蘇聯教育副部長, 又看宣誓影片。

十月十九日　星期三　上午學生出去游行, 學校停課, 至下午二時復課。

十月二十日　星期四　4P.M., 行政工作檢討會。

十月二十一日　星期五　3P.M., 校務常委會。

十月二十二日　星期六

十月二十三日　星期日

十月二十四日　星期一　聯合國日酒會, 6P.M.。

十月二十五日　星期二

十月二十六日　星期三　保志仁來洽王故校長②房產事。

---

① 侯德榜（一八九〇——一九七四）, 福建閩侯（今福州）人。字致本。一九一一年考入清華學堂。一九一三年留學美國, 後獲博士學位。一九二一年回國後, 任塘沽永利碱廠和南京永利硫酸銨廠總工程師兼廠長、永利化學工業公司總經理。一九三九年試驗聯合製碱法成功, 并公之於衆, 稱爲"侯氏製碱法"。一九四九年出席中國人民政治協商會議第一屆全體會議, 并當選爲全國政協委員。

② 王伯群（一八八五——一九四四）, 名文選, 字伯群。貴州興義人。中國近現代政治家、民主革命先驅、教育家。大夏大學首任董事長、第二任校長。

十月二十七日　星期四　4P.M.，工作檢討會。訪董希錦、黃敬思。函陳處長，證明王故校長房產。

十月二十八日　星期五　3P.M.，校常委會開會，至7P.M.散會。8P.M.魯省三爲魯平證婚事請客，偕塵往。電健及縱炎。

十月二十九日　星期六

十月三十日　星期日　3P.M.，爲魯平證婚，在Y.M.C.A.。晚葉飛熊父請客，爲證婚事。9A.M.，校委會。

十月三十一日　星期一　3P.M.，爲葉飛熊同學證婚。

十一月一日　星期二　上午往訪韋捧丹先生。中午在程柏廬處吃飯。下午在方志超處訪談。

十一月二日　星期三　10A.M.，請施復亮①先生演講人民政協及共同綱領。

十一月三日　星期四　4P.M.，工作檢討會。

十一月四日　星期五　3P.M.，常委會。

十一月五日　星期六

十一月六日　星期日　9A.M.，祉兄追悼會。12M.，校友聚餐。2P.M.，出殯虹橋公墓。

十一月七日　星期一　函健及楊孟紀。附紀念刊。

十一月八日　星期二　3P.M.，私立各大學開會。晚潘垂統②爲青士、鶴琴送行，請余陪客。晨訪鶴琴、國戀。

十一月九日　星期三

十一月十日　星期四　8:30A.M.，學生代表會開幕。4P.M.，工作檢討會。

十一月十一日　星期五　2P.M.，請陳穆演講。4P.M.，常委會。6:30小組學習會。

十一月十二日　星期六

十一月十三日　星期日　訪江問漁、吳養吾、彭石年、葛贊侯、洪君勉。

十一月十四日　星期一　函石笑凡、元明、俞慶崇。

十一月十五日　星期二　上午往看《望穿秋水》試映。下午陪晨購日用。晚塵函岳

---

① 施復亮（一八九九—一九七〇），中國經濟史學家、政治活動家。原名施存統。浙江金華人。著有《中國革命的理論問題》《中國現代經濟史》，譯著有《轉形期的經濟理論》。
② 潘垂統（一八九六—一九九三），浙江餘姚人，曾任中國人民保險公司上海市分公司副經理。

家購米。

十一月十六日　星期三

十一月十七日　星期四　4:30P.M.，工作檢討會。今購折儲170份。

十一月十八日　星期五　12M.，仁社聚餐。3P.M.，常委會開會。

十一月十九日　星期六　7P.M.，討論學年制與學分制問題。2P.M.，附中開會。

十一月二十日　星期日　3—5P.M.，重華新村學習小組開會。4P.M.，蕭德泉請證婚。1P.M.，教授會。6P.M.，林雲修約吃飯。

十一月二十一日　星期一　晨往高教處訪李副處長談話，借款與君勉。晚訪陳蘊石。

十一月二十二日　星期二　7P.M.，學生會代表大會，至11P.M.始散。函天璧，快寄。

十一月二十三日　星期三　4P.M.，工作檢討會。12M.，仁社餐敘。

十一月二十四日　星期四　2:30P.M.，高教聯開會，在上商討論士民代會提案事。

十一月二十五日　星期五　1P.M.，高教處召集開會。7P.M.，教育學院開會。

十一月二十六日　星期六

十一月二十七日　星期日　9A.M.，學生執委會談話會。10—12A.M.，校務委員會。1:30P.M.—5P.M.，教員會討論教學法問題。

十一月二十八日　星期一　感冒加重，下午臥床半天。

十一月二十九日　星期二　下午臥床半日，晚孫堯年來，談生產計畫事。

十一月三十日　星期三　上午往葆姨處詢李先生行踪。中午仁社聚餐。

十二月一日　星期四　會報，4P.M.。

十二月二日　星期五　3P.M.，常委會。上午錢工程師來勘察群賢堂屋漏。

十二月三日　星期六　4P.M.，教育學院學習小組開義賣國際學聯徽章，余出價十萬一千元，得第一。

十二月四日　星期日　9A.M.，全體學生會。12M.，請各院長吃飯。3:30P.M.，學藝社開年會。

十二月五日　星期一　2P.M.，本市各界代表大會。

十二月六日　星期二　2P.M.，各界代表會。

十二月七日　星期三　4P.M.，高教代表小組會在培成女中開會。12M.，仁社敘餐。

十二月八日　星期四　2P.M.，歡迎亞澳工代會。3P.M.，高教代表小組會。7P.M.，大夏學生代表商討欠費退費問題。

十二月九日　星期五　10A.M.，校常委會。2P.M.，市代會。

十二月十日　星期六　6P.M.，各界代表會。下午往看張道宏。上午訪强錫麟。中午强在燕雲樓請客。

十二月十一日　星期日　上午吊俞慶棠①喪，下午學習三大憲章，晚各界代表會。在世魯處吃晚飯。代表會晚閉幕。塵及錫兒乘三輪車返寓，在中山橋北首跌車，塵傷臀部，頗苦痛。

十二月十二日　星期一　2P.M.，職教社理監事開會。

十二月十三日　星期二　2P.M.，培成女中開會。函陳青士。

十二月十四日　星期三　7—9P.M.，教院學習小組開會。3P.M.，私大開會。

十二月十五日　星期四　4P.M.，會報。錫、立打第二次白喉預防針。10P.M.，校務常委會。

十二月十六日　星期五　3P.M.，起請王芸生②演講。

十二月十七日　星期六　7P.M.，教授會理監事會，至11:30P.M.散會。

十二月十八日　星期日　工友聯誼會大會請我説話。2P.M.，學習小組開會。

十二月十九日　星期一　3P.M.，職教社開會，討論修改章程。

十二月二十日　星期二　10—11:30P.M.，王故校長伯群四周年祭。6:30P.M.，中蘇友好協會開成立會。

十二月二十一日　星期三　12M.，仁社叙餐。

十二月二十二日　星期四　9A.M.，李正文副處長蒞校演講。12M.，請林雲修、林超服務逾20年紀念，請便飯，并請會報，諸同仁作陪。6P.M.，請各院長餐叙。

十二月二十三日　星期五　12:30P.M.，中蘇支會幹事會。4P.M.，高教聯在培成開會。

---

① 俞慶棠（一八九七—一九四九），女。字鳳岐，江蘇太倉人。一九一九年留學美國，一九二二年歸國，與唐文治之子慶詒結縭，後居無錫。曾任上海大夏大學教授，一九二八年於蘇州創立民衆教育學校并親任校長，該校後遷無錫，更名江蘇省立教育學院。倡導民衆教育，設立多個教育實驗區及學校，并成立中國社會教育社，任總幹事。抗戰期間在四川及上海東吳大學任教，勝利後任上海市教育局社會教育處處長，創辦百餘所民衆學校，一九四七年成爲聯合國教科文組織中國委員會委員，中華人民共和國成立後擔任中央教育部社會教育司司長。

② 王芸生（一九〇一—一九八〇），本名德鵬，别號芸生。天津靜海人。新聞工作者、政論作家、文史研究家，中華全國新聞工作者協會副主席。

十二月二十四日　星期六　天健、天璧由港返滬。

十二月二十五日　星期日　9A.M., 高教練在解放劇場開會。1:30P.M., 學習會。4:30P.M., 校務委員會。

十二月二十六日　星期一　4P.M., 請李葆和、吳浩然。6P.M., 教育學院開會。

十二月二十七日　星期二　3P.M., 各大學在震旦開會。7P.M., 學校清潔運動籌備會。

十二月二十八日　星期三　1P.M., 新生集會要求退還入學費。

十二月二十九日　星期四　下午訪黃仲誠。函曾作忠[①]。

十二月三十日　星期五　11A.M., 常委會。12:45P.M., 新年慶祝籌備會。

十二月三十一日　星期六　7P.M., 除夕晚會。上午訪邵稼蓀。

（整理者單位：華東師範大學圖書館）

---

① 曾作忠（一八九五——一九七七），字恕存，廣西桂林人。北京高等師範學堂畢業，曾參與五四運動。後赴美深造，獲華盛頓大學心理學博士學位。歸國後，曾任大夏大學教授，參與組織中國教育會和中印文化學會。抗戰期間，任雲南大學教育系主任及西南聯合大學教授。抗戰勝利後回廣西，歷任多所院校校長。中華人民共和國成立後，任廣西大學文學院院長。

阮朝德《大夏日記》

蔣佳瑩　邊志府　整理

內容提要：本文爲民國上海私立大夏大學的商科學生阮朝德日記一種，日記的起訖時間是從一九四一年十二月十五日至一九四二年五月二十二日。日記上有"新康印刷製本廠代製　上海法租界茄勒路義業里念號"標識。該日記中除了有關於阮氏日常生活的諸多記錄，一些記載更是值得注意。如阮氏作爲當時大夏大學的滬校學生，其日記中就多有對其選課與上課過程的描寫，對當時大夏大學的課程安排及課本選定，均有十分詳盡的記錄。再者，阮氏十分愛好美國電影，故而其日記中對當時上海地區各大劇院的好萊塢電影放映情況均有較爲詳細的記錄，涉及影片的中譯名和較爲完整的演職人員英文名單，是絶好的影史資料。此外，二十世紀四十年代太平洋戰爭爆發，上海人民的日常生活亦受戰爭影響，阮氏日記中就多有對當時上海真實物價的記載，爲近代經濟史的研究亦提供了生動的材料。總之，通過此份日記，不僅可以使我們瞭解到二十世紀四十年代一個上海普通大學生的學習與生活細節，更爲重要的是，該日記還爲近代高等教育史乃至城市史的研究提供了不可多得的民間視角，因而頗具史料價值。

關鍵詞：阮朝德；大夏大學；日記

中華民國卅年十二月十五日　星期一　晴

A most stupid thing happend this morning, and I put an end to it immediately, I hope I could forget it in the rest of my life.

下午一時多，選愷來找我，一同到Lally咖啡室去坐，談至四時纔出來，逕向静安寺去，返身送選愷到大光明車站，我纔返家取書去上統計學。到校又是停課，聽說今日校務會議，看情形本學期有就此結束可能。復旦、大同、法學院、南通，據說已結束，私立大學擬作一致行動，故今後無再繼續上課的可能了，一部同學均願早日結束，俾能早日離滬。我對此極感惝惶,以後停課後,若云找職業,在此種局面下甚爲困難,入內地則無力籌旅費,此種困難亟待打破。陳士策勸余往福建再入內地,到福建可住在其家中,惟最大問題,還待旅費之解決也,其意甚善,余感之。

晚寫日記。抄錄《郵票大全》地名。查《投資學》生字。

十二月十六日　星期二　晴

早《西洋經濟史》,又是没有上。十時《投資學》,十一時上《金融市場》。何儀朝先生報告,昨日上海四私立大學——大同、大夏,復旦、光華,開聯合會議,議決一致行動,提早結束,以本學期期中考試成績作爲學期成績,不合格者予以補考,全部合格者以後不必再上課,這樣就算結束了。我每科都合格,以後不必再上課了。這使我十分痛心,一個學期上了十一個星期(上星期十二月八號至十三號均停頓,故不能算入),其中一星期用作考試,實在祇上了十個星期課,所學都是一半。學校結束後,找事做的話,在目前實在是很少機會,而且上海以後發展到什麽一個地步,任何人不敢説,這種局面拖延到何時,也没有人敢斷言,假使拖延一二年甚或三四年,那麽困在上海,事找不到,難道白坐在家裏嗎?以後希望上海市面好轉,工商業維持下去,那麽還有找到事做的機會,否則,誰也不敢決定將來如何。

午後到杜美一巡,走在路上也感到無去處,漫無目標的撞也非計策,還是回家,將十本左右關於涉及不利目前局勢的書拿到曬臺去燒掉,心裏雖然很捨不得,爲安全起見,也不得忍痛如此做。燒完再找鏡臺後面的書,順便收拾收拾。

晚寫日記,抄錄《郵票大全1942》。

十二月十七日　星期三　晴

上午九時多與三哥一同到信托公司去運米回來,棠姊已先在。一共三袋,共六十磅,每袋約十多斤,棠姊要中午纔回來,我和三哥乘無軌電車回家,米重得很,拿起來很吃力。

午後一時多又到信托去袋米,今日連上午一共約拿了一百多磅米,半袋米,明天再拿兩次就拿足一大袋了,一石二百廿磅。

晚寫日記。自己動手補襪。

December 18, 1941, Thursday　晴

早九時多，和三哥又到信托公司取米。

午後一時再去取米，一共取了四次，每次三袋，這樣一大袋米就算解決了。家裏米糧可支持到二個月多。三時多到學校和金門一巡，立則回家。

晚寫日記，抄錄《郵票大全》。

December 19, 1941, Friday　晴，回潮

上午九時多，到四川青年路會宿舍拜訪許彤之，談至十一時纔返家。

午後擬到新新看《西綫血戰史》，以交通不便，臨時變卦，到靜安寺隔壁藝果郵票社，將上次在河南路不成交的十九隻郵票作價三元，與藝果郵票社交換價值三元的郵票，共換到二十一隻，頗滿意。近日經濟困難，沒有錢買郵票，有了交換就可暫時解決此問題。回家貼郵票。黃昏剪《申報》。

晚寫日記。

今午出去時在靜安寺路遇到信磐，和大夏同學黃漢雄，都擱談了一陣。

December 20, 1941, Saturday　陰

兩日來氣候都十分暖，大約一兩日就要落雨了，上午在家剪《申報》。中午陳士策來坐，還我筆記，告訴我下星期三（廿四號）動身返福建，取道金華，由世界旅行社代辦，旅費每人一百八十元，同行者共四人。

午後到霞飛路一逛，回家弄郵票。

晚寫日記。登記郵票。

December 21, 1941, Sunday　陰

上午登記郵票，中午表姨來吃飯。

午後到南京一巡，即回家。四時多和阿聲、棠姊到金門去看五時的一場電影。今日映M.G.M一張含有宗教意味的社會片《九死一生》（*Strange Cargo*），由Frank Borzage導演，Clark Gable and Joan Crawford主演的，Ian Hunter、Peter Lorre、Paul Lukas、Albert Dekker、J. Edward Bromberg、Eduardo Ciannelli & John Arledge等合演。

晚寫日記，登記郵票。

December 22, 1941, Monday　陰

今日是中國冬至，家裏媽照例做節。上午到校看看情形，畢業考試今早起舉行，洪耀宗送我一張畢業照，并給我南洋通訊地址，南洋荷屬婆羅洲打那干，源德利號。Djuan Tek Kie, Tanakan, o'k'Borneo。

中午做節，表姨母來吃飯。午後到外面理髮，出來到張還處去，他的嫂告訴我，張還喉發炎上星期又告劇烈，入院後，前日纔回家，我不擬去擾他，即回家。

晚，表姨母吃了飯纔回去，我寫日記。登記郵票。

十二月廿三日　星期二　晴

上午九時到巨籟達路701弄五號拜訪陳仕策，他明早離滬返閩，談了半小時纔辭出來，回家抄《1942郵票大全》。

午後拿一隻皮鞋到大上海對面一間修理皮鞋店去車鞋跟上面的皮，他要二元，我幾乎想罵他一頓，簡直在瞎討價錢。後來經過愛文義路，給一間小皮鞋店修理，取費八毛。完後，到沾處，談了一陣，沾一個同學來找他出去，我也順便回家。到家煲番薯吃，四時燒水洗身。

晚寫日記。

December 24, 1941, Wednesday　晴

從上星期以來，氣候一直在反常，溫暖一如春天，我看今冬的寒凍，也許會移到春天時節，這樣不祇世界大變，連老天也湊湊熱鬧了。早在家補襪，十時到愛文義路去取鞋，還沒有修好，我即回家。

午後到久不見的法大馬路走走，祇到東新橋就轉向公共租界來，再到愛文義路取鞋，仍沒有好，祇好約明早來取，回家登記郵票。

學校結束，心總無法回復平靜，因此也無法看書，每日就是游蕩，與弄郵票而如，過了新年再找同學談談天。

晚寫日記。登記郵票。

December 25, 1941, Thursday　陰

早與棠姊、聲到巴黎看《新金縷曲》（*The Great American Broadcast*），廿世紀福斯出品，一張述美國播音創始的影片，Alice Faye、Jack Oakie、John Payne、Cesar Romero

主演的，平常。

午後與棠姊到光陸看《未了因緣》（*Unfinished Business*），Universal Pictures。一張言情片，由大明星 Irene Dunne，Robert Montgomery 主演，Preston Foster、Eugene Pallette、Dick Foran、Walter Catlett 等合演。散場我到愛文義路取了鞋，到滬光代棠姊買兩張明早十時一場的票。今日聖誕，上海顯不出熱鬧，在這種時局下，是當然之理，況且今日天陰而潮濕，因此上海更顯出淒涼，私人汽車本星期二起一律禁止行駛，號稱世界大都市之一的上海，至是也到達了這一個地步，真使人不勝感慨之至！

December 26, 1941, Thursday　陰
早到校去一巡，到庶務處取回洪耀宗交落我借給他的三本《西洋經濟思想史》筆記，回家後再出來到美琪代棠姊買下午的票。

午飯後選愷來坐，談了一陣，伴他到環龍路眼醫生處，他的眼有病，出來回到梅白格路一間小飯店吃炒沙河粉，吃了到選愷處坐，郭民棟也在家，老郭的朋友（一對夫妻，烟臺籍，都是他的同鄉）也來，他們要去跳舞，終去不行，擱了很久纔走，我坐到八時多纔回家。黃昏時下雨，氣候轉冷。

十二月廿七日　星期六　雨、雪
今日氣候因落雨而轉寒，下午開始落雪。

選愷因眼痛，昨日托我代他寫一篇宗教文章，我對此全是外行，吹起來實在是乏術，朋友面上無法推辭，所以今早寫，可是祇寫了二百多字，而他却要二千字，那纔要命，星期一晚就要。

午後帶阿文到金都去看《寶劍神鞭》（*Zorro's Fighting Legion*），A Republic Serial，一張武俠片，上下集一次映完，一時半開映，門票一元二角，很合算。

楊明新先生沒有調往梧州，托他帶的東西，今午由一個人送回來。

晚寫日記。代選愷寫文章。

十二月廿八日　星期日　晴冷
雪後天晴的氣候最冷，今日室內溫度整日逗留在四十六度。我一冷起來就無法做事，如寫字、讀書等。早就是在房裏踱方步，選愷的一篇文僅僅寫了幾句。午後不出外，勉強寫了一段文。其餘時間就是和阿文、聲踢毽子，使身暖一點。晚飯後寫日記。

十二月廿九日　星期一　晴

早上十時到亦行處坐，談了一陣即回家。

午後到伸綸家去坐，三時和他一同出來到八仙橋青年會宿舍拜訪夏炎德先生，談至五時半，出來伴伸綸到成都路陳永弼處一趟纔回家。飯後送篇文到選愷處，不在，我將篇文用紙包好寫上了名從門下推進他房中，回到家僅八時。

十二月卅日　星期二　陰

從上星期六起至今日，室內寒暑錶始終停在四十六度上，不進也不退。早上十時帶三哥到梅亦行處去，亦行帶三哥到一個昆明來的張太家去，我因爲和他們不熟，所以不願一起去，自己回來。

午後到金門看《征空烈史》（Men Against the Sky），R.K.O Radio Picture，一張航空片，由 Richard Dix、Kent Taylor、Edmund Lowe & Wendy Barrie 合演。

晚寫日記。

十二月卅一日　星期三　晴

早上九時多到四川路青年會宿舍，找許彤之向他要回套《經濟原理》，預備自己重新看一遍。和許彤之一直走回來，他也到這邊來有事。

午後到杜美看《月膽琴心》（Music for Madame），雷電華出品，一張音樂片，由著名 Jeoun（意籍）Nino Martini 主演，他的歌喉在美國大歌劇院是出名，可惜到銀幕上爲劇本所限制，雖然有出衆的聲音，也難討好，這是很可惜的事，Grace Moore、Lawrence Tibbett、Lily Pons 之流就是吃了這些虧，都跑回 Metropolitan 去專心歌唱了。Joan Fontaine、Alan Mowbray、Alan Hale、Billy Gilbert、Grant Mitchell、Erik Rhodes、Lee Patrick 等合演。

晚寫日記，抄《郵票大全》。

中華民國三十一年元旦日　晴

公元一九四二年一月一日　星期四

早到巴黎去買了三張下午二時一場的票。回家抄《郵票目錄大全》。

午後與棠姊、聲到巴黎看《游碼頭》（Road to Zanzibar），A Paramount Picture，一張喜劇。由《南國之春》（Road to Singapore）的原班主角 Bing Crosby、Bob Hope &

Dorothy Lamour主演的，Una Merkel、Eric Blore等合演，以笑料爲主幹，但不及《南國之春》好看。

黄昏抄《郵票大全》。

晚寫日記。

一月二日　星期五　晴冷

氣候更形寒冷，走在路上寒氣襲人，因有北風之故。

今日是父親逝世十二周年的紀念日，媽弄些食送來拜祭。上午我抄《1942郵票大目錄》。

午後到邵伸綸處和他一同去拜訪韓聞疴先生，三時多辭出，到同路（拉都路）住的陳儀處坐，談至五時卅五分纔出來，回到伸綸處，他借一本英文本Richard T. Ely and George Ray Wicker著的*Elementary Principles of Economics*給我看，我回到家已六時一刻。

晚寫日記。抄《郵票大全》。

一月三日　星期六　晴冷

早因爲怕冷，躲在家裏，其實在家裏也冷得僵硬硬地，不得已冲得熱水袋來暖暖；看韜奮寫的一本關於他自己的《經歷》，民國廿六年四月初版，大約是生活書店出版的。

午飯後到卡爾登看《春江風月》（*Swanee River*），廿世紀福斯的一張五彩音樂片，述美國民間歌曲作者Stephen C. Foster的傳史，相當動人的。Stephen的杰作是遍傳人口的如"Oh! Susanna!""My Old Kentucky Home""De Camptown Races""The Old Folks at Home""Jeanie with the Light Brown Hair"等曲。Stephen C. Foster可謂終生潦倒，雖然其中也曾富裕，但臨終時是不名一文的，因爲他酗酒而得心病，很年青就死了，藝人如此下場，的確是使人同情而憐惜！本片由Don Ameche扮Stephen，Andrea Leeds扮他的妻子。Al Jolson扮E. P. Christy。Felix Bressart扮Henry Kleber。去路在路上遇着錫沾，他到光華去領文憑。散賜回家，將《經歷》看完。

晚寫日記。抄《郵票大全》。

January 4, 1942, Sunday　晴

太陽在早上照進房來，整個房間溫暖得很，懶閑閑不願做事，近午替棠姊到美琪去買一張下午二時半的戲票。

午後表姨母來坐，我燒水洗身，四時煮麵吃，五時多抄《郵票大全》。

晚寫日記。將《郵票大全》抄完。

Jaw 5, 1942, Monday 晴

早登記郵票。午後到金門去想看《幼年安迪生》，不意連今日五時的票也早已售完，祇得預售了一張明天二時半的票，出來到學校一巡，一個人也沒有，什麼牌子都折掉了，死寂得淒淒涼涼，真有點可憐與可悲！回家登記郵票。

晚寫日記。登記郵票。

January 6, 1942, Tuesday 陰

早將郵票登記完。

午後到金門看《幼年安迪生》（*Young Tom Edison*），M.G.M出品，偉人愛迪生的幼年傳記片，由Mickey Rooney扮幼年安迪生，Fay Bainter扮其母Nancy Edison，George Bancroft扮其父Samuel Edison，Virginia Weidler扮其妹Tannie Edison。Eugene Pallette扮Mr. Nelson。

晚寫日記。看的Ely的*Elementary Principles of Economics*。

January 7, 1942, Wednesday 晴

早逛街，蕩靜安寺路經虞洽興（卿）路到愛多亞路，在舊書攤上看到一本《胡適與郭沫若》，一本黎明的《Eugen Böhm von Bawerk的經濟思想》。兩本我出至二元半仍不能成交，他要四元，我覺得有點太貴。

午後到胡暢永家坐，和他一同出來到學校一行，完後到南京路"新華"飲茶，五時纔回家。晚寫日記，代文溫書。

January 8, 1942, Thursday 晴

上午在家剪去下半年的《申報》。

午後到愛多亞路舊書攤去逛逛，買成了昨日見到那本鄭學稼著、黎明出版的《龐巴衛克的經濟學說》，一元半。完後到呂班路震旦大學圖書館看看，出來到辣斐得路逛舊書攤，買了一本商務現代問題叢書《世界傾銷問題》，劉秉麟與潘源來著，五角。回到

家已將五時。

晚寫日記。監文讀《常識》。

January 9, 1942, Friday　晴

上午剪《申報》。

午後到大華看《私人秘書》（*Andy Hardy's Private Secretary*），米高梅出品，哈代家庭連續片第九張，Lewis Stone、Mickey Rooney、Fay Holden、Ann Rutherford、Sara Haden、Ian Hunter等合演，本片介紹一位新女星 Kathryn Grayson，是一位女高音，唱得雖然比不上Deanna Durbin，但并不壞，前途大有希望。回家遇到健翔來找三哥，三哥未回，談了一陣纔回到來，阿強送了一隻很美麗的日曆來，是南洋兄弟烟公司的道林紙，聽説一隻成本要十二元。

晚寫日記。閱讀 Ely's *Elementary Principles of Economic*。

January 10, 1942, Saturday　陰

上午在家剪《申報》。午飯後將《申報》（至去年十二月八日止）剪完，拿襯衫去熨，完後到杜美一巡纔回家。

晚整理剪下來的《申報》，寫日記。

January 11, 1942, Sunday　陰雪

昨夜下水雪，今晨未停。但已變為棉花雪，可惜落得不大。早看一本《四美人》——西施、昭君、貂蟬、貴妃。

午到卡爾登看《風流寡婦》（*The Merry Widow*），M.G.M出品，一張愛情歌唱片，一九三四年出品，一九三五年我在上海大戲院看過一次，前年末大華拷具再映，所以這次是重看，本片由Ernst Lubitsch produced and directed，初期聲片的銀幕大情人Maurice Chevalier and Jeanette MacDonald主演的，也是他們最後一次的合演。

Edward Everett Horton、Una Merkel、George Barbier、Minna Gombell、Donald Meek、Herman Bing等合演。散場雪早已停了，但氣候更加寒凍。

寫日記。

January 12, 1942, Monday　晴

氣候從十二月廿七日起一直到今日都是在四十四至四十八度（室內）之間，今日大約是比較更冷一點，因爲有冰風。上午十時到南陽新邨卅七號找洪耀宗，不料他同居告訴我，洪已於三星期前離滬入內地去了，不禁使我愕然！回家改褲。

午後到樂安坊找胡暢永一同到邵伸綸家，在路中遇着一個大夏同學，拉他一起去。在邵家坐了半小時，大家一同到愚園路749弄24號拜訪何儀朝先生，詢問學校近況與將來，五時出來回家。

晚寫日記。

January 13, 1942, Tuesday　晴

早到靜安寺路無目的的走走，到大新爲止，則轉身到愛多亞路，在舊書攤上，買了一本《馬克思經濟學說的發展》，河西大一郎、猪俁津南雄、向阪逸郎著，薩孟武、樊仲雲、陶希聖譯，新生命書店出版，原價二元，以一元成交。（十八年十一月卅日出版的）

午後到大光明看《天賜嬌妻》（ *The Bride Came C.O.D.* ），Warner Beos. 出品，一張愛情喜劇，大明星James Cagney and Bette Davis首次合作主演，Stuart Erwin、Eugene Pallette、Jack Carson、George Tobias、Harry Davenport、William Frawley、Edward Brophy等合演。

晚餐吃麵。

中國信託公司食米已告缺，而存於棧房的米尚無消息，本月份我們領米已被停止，以後向外面工部局特定的米店買西貢米，每人限購三升（四元一角），不但不敷，而且要排隊，等上半日纔買到，這實在不行，買大米要二百五十至八十元一石，這樣家裏在銀行存款祇有三個多月可用，以後如何，實堪憂慮。本來向信託公司領米，每月一石半（洋米重二百二十磅），祇收三十七元，最多四十元，如今此路已斷，向外面買米就大大差异了，真使我們寢食不安。

January 14, 1942, Wed　晴

早上看了幾頁《四美人》，洗頭。

午後到巴黎看《隱身女人》（ *The Invisible Woman* ），a Universal Production，一張科學喜劇，Virginia Bruce、John Barrymore、John Howard、Charles Ruggles、Oscar Homolka等合演。近日都是以電影作唯一消遣。在這苦悶期間，要想避免苦悶，實在祇有看電影纔能暫時忘記一切。不過，嚴格說起來，這種方法是被視爲不大合理，可是心緒始終無

法安靜之下，也管不了這許多了。

晚寫日記，看《四美人》。

January 15, 1942, Thurs.　晴

早九時三刻到校，十時多邵伸綸與約定的一位同學也到來，我們一同到教務室打探消息，結果仍是石沉大海一般，又要下星期纔再有消息。以我個人立場上看，同學方面，尤其是四年級同學，在他們是盼望學校繼續開下去，另一班同學則希望學校早日決定，以決定其個人行止。我雖也屆四年級了，在我目前遭遇經濟上的嚴重打擊，因而牽連到日常生活的不安寧，正如與學校同一立場，學校繼續開學與否，非單純的問題，必需顧到各方面，如市面情況、經費來源、學生就讀人數及其他有決定性的環境問題，凡此種種，均需加以詳細考慮。雖然，在我個人經濟問題尚屬其次，而環境則為首要。從學校出來我先回家。

午後燒水洗身，翻所留存的中西各報。

晚寫日記，看《四美人》。

January 16, 1942, Friday　晴，北風，寒冷

今日吹冰風，走在街上雙耳也給冰住了，上午到文化街（四馬路）去巡禮，一片淒涼景況，回憶戰前的熱鬧，真不堪回首。回家由南京路走，永安公司因前日（十四日）大東發生事情被封鎖至今日仍未開放，由湖北路永安新廈至廣西路，南京路至二馬路均斷絕交通。

午後到九星看《飛星探月》（*High Flyers*），R.K.O Radio Picture，一張Bert Wheeler and Robert Woolsey主演的滑稽片，他兩人搭檔的戲我今次是第二次看，第一次是在約十年前在威利看過他倆主演的《色迷》，這一雙胡鬧朋友遠不及其他同類者，不夠勁，引不起人興趣，Lupe Velez、Jack Carson等合演。晚飯弄麵粉做的湯塊吃。餐後寫日記。

卅一年一月十七日　星期六　晴，冰冷

今日氣候之寒冷，可謂達極點，大寒已近，氣候不致回暖，大寒過了，纔有回暖的希望。早用皂片洗西裝褲，洗完看生活書店出版的《人物評傳》，民廿一年十一月初版，廿六年五月九版。每冊實價一元。

午後因畏寒不敢出外，在家裏也實在寒凍，斷續的看《人物評傳》。晚再弄湯粉塊吃。餐後寫日記。

一月十八日　星期日　晴，寒冷

早上看《人物評傳》。

午後到卡爾登看《怒海英魂》（Souls at Sea），Paramount Picture，一張美國關於販奴的歷史片，爲一九三七年出品（一九三七年十二月卅日晚八時三刻起獻映於大光明），大明星 Gary Cooper and George Raft 主演的，Frances Dee、Henry Wilcoxon、Harry Carey、Olympe Bradna、Robert Cummings、Porter Hall、George Zucco、Virginia Weidler、Joseph Schildkraut 等合演。晚弄麵粉湯塊吃。吃完寫日記。

一月十九日　星期一　晴

上午將《人物評傳》看完。

午後熨洗净的一條灰色絨褲及領帶。五時整理大盒子裏的影訊。

晚寫日記。看 Elementary Principles of Economic 與《普式庚研究》，生活書店出版，蘇聯A.亞尼克斯生等作，茅盾等譯，民廿六二月初版，定價80¢。

一月二十日　星期二　晴

氣候到今日纔回暖，明天是大寒，大寒過後也許會暖下去，因爲跟着就是立春。早上到静安寺路、北京路去走了一趟，本擬到北京路去找銀錢兑業設立的"同人理髮社"，在清遠路50號，報上簡訊是歡迎外界光顧，而祇收一元，一切包括在内，不取小賬，可是這條很不易找，祇得作罷。

午後理髮，出來到聖母院路74弄78號拜訪鄭漢樑，談了約一小時纔辭出，他還我前借給他一本 Money & Banking。

晚寫日記，讀 Elementary Principles of Economic。

一月廿一日　大寒 星期三　陰

上午到愛多亞路去逛舊書攤。

午後到九星看《滿面春風》（Wide Open Faces），Columbia Pictures，Joe E. Brown（大嘴巴）主演的一張滑稽片，他的滑稽實在不夠高明，以後少去領教，Lyda Roberti、Alison Skipworth、Jane Wyman、Alan Baxter、Barbara Pepper、Sidney Toler 等合演。回家吃燉羊肉，因爲今日是大寒，宜於吃補品。吃後寫日記。在舊書攤買的那本《世界傾銷問題》，我專將它放在到電影院去時看，未開場時看，因爲這樣意志比較集中，戲院内又暖，不比家裏既冷，又可自由走動，一走動就不能集中意志。晚讀 Elementary Principles of Economic。

一月廿二日　星期四　晴

上午在陽光下讀 Elementary Principles of Economic。

午後到杜美、城皇廟去巡，本去找張還，看看他喉部好了沒有，他家人說他在睡，喉仍是一樣，所以我沒有進去。

晚收到成績單，我總平均為七十八分點八（單上寫七十九點三），計《金融市場》64，《投資學》70，《廣告學》70，《租稅論》80，《統計學》81，《中國經濟史》90，《西洋經濟史》96（共551，以7除）。這次總平均使我很失望，因為我原期在期考加鞭以奪回優等成績，不意突告事變，致使我無法賞願。期中考試使我意外失望與打擊的是《投資學》《廣告學》與《租稅論》三科，均與我所預期的成績相反，這祇好待來年努力了。學校隨成績單附來的，有校務會議，議決下學期改為補習學校的通知書。

一月廿三日　星期五　晴

早上到學校去打探打探情形，學校開辦與否，要視登記人數而定，名稱改為××補習學校，大約不在原址上課，我個人繼續修讀與否，也視國外匯兌恢復而定。

午後到郇光代阿文繳學費，回家弄 Pan Cake 吃。

一月廿四日　星期六　陰

昨夜落了整夜雨，今早仍未停。上午將 Acreen Look 拿出來看看。

午後到卡爾登去看《藍天使》（The Blue Angel），德國烏發UFA公司一九三〇年的出品，當時的大明星 Emil Jannings 主演，Marlene Dietrich 僅充配角，但她因為這一張片而被好萊塢導演發掘到好萊塢去，一直享盛名至今。晚弄湯麵粉塊吃。

一月廿五日　星期日　晴

上午十時到金門去買兩張下午的票，回家將以前積的《電聲周刊》拿出來翻看。今日是耀棠哥生日（陰曆十二月初九日），媽弄了幾味食送，午飯老杜也在吃。午後和棠姊一起到金門看《天作之合》（They Met in Argentina），R.K.O Radio Picture，一張以阿根廷作背景的愛情片，由 Maureen O'Hara、James Ellison、Alberto Vila、Buddy Ebsen、

Robert Barrat等合演，熱帶的歌舞，愛情滋生於其間，是加倍的迅速。散場和棠姊立刻趕到巴黎看五時一場《新世界》（*Hudson's Bay*），廿世紀福斯出品，一張英殖民地加拿大的歷史片，由大明星Paul Muni主演，Gene Tierney、Laird Cregar、John Sutton、Virginia Field、Vincent Price、Nigel Bruce等合演，本片相當有趣，不錯的一張片。

晚睡在床上看*Elementary Principles of Economic*。

一月廿六日　星期一　下午晴

今日氣候回潮，所以更暖。早返校一行，毫無所得，回家翻報紙。

午後到卡爾登看《彈性艷侶》（*Too Hot To Handle*），M.G.M一九三八年出品，一張以美國新聞影片記者作主幹的愛情片，由Clark Gable & Myrna Loy主演，Walter Pidgeon、Walter Connolly、Leo Carrillo、Virginia Weidler等合演。散場回家收到姊來信，說我們在滬領的薪水（在梧州海關劃過來的），下月起停頓，因爲淪陷區各關由南京政府管，這樣我們的經濟已陷入最緊急的狀態下了。大哥的匯款無疑是不可能了，二哥的薪水由七月份起至今尚未決定在那裏發，這還不是絕路嗎？這太使人憂慮了。五時多寫日記。

晚整理報紙，一面看Mutt and Jeff的連載滑稽卡通。

一月廿七日　星期二　晴暖

今日氣候宛如春天，陽光和煦可愛。上午翻報紙。

午後燒水洗身。洗完煲藩薯吃。

晚飯後寫日記。

一月廿八日　星期三　晴

上午因爲陽光實在使人興奮，所以到街上去散散步，由靜安寺路去，福煦路回。午後將從前積的《時報》（世運、全運特載）及"八一三"時的《申報》拿出來看。近日太浪費光陰了，沒有向書本上去用功，却將報紙翻來弄去。

晚寫日記。睡在床上看*Elementary Principles of Economic*。

一月廿九日　星期四　晴

氣候一日暖一日，春色顯露，令人心神爽快，上午掃屋。

午飯後到霞飛路一逛。回家四婆說有一個姓鄭的來找過我，也許是鄭漢樑。

January 30, 1942, Friday　雨

天暖了幾日，終於落起雨來，氣候立刻跌回五十度（室內）。上午仍然是整理報紙。午後到杜美看《自我犧牲》（*Green Light*），WB出品，一張以醫生為主幹的愛情片，1936年出品，Errol Flynn主演，Anita Louise、Margaret Lindsay、Sir Cedric Hardwicke、Walter Abel、Henry O'Neill、Spring Byington等合演。回家接二哥給棠姊的信。晚寫日記。

January 31, 1942, Saturday　陰，回潮

早上媽要到黃大仙去拜神，我照顧中餐，弄麵粉吃，一面還要將餘下一些報紙整理好。

午後帶阿文到明星看《蝦兵蟹將》（*Saps at Sea*），United Artists production，一張Laurel and Hardy主演的滑稽片。

晚寫日記，將鐘撥快一小時，明日起，實行日光節約。

二月一日　星期日　陰

上午閑着在家，十一時再贅不住，到外面兜個圈子回家。

午後到杜美看《清平樂》（*They Shall Have Music*），United Artists production，一張純粹及無上的音樂片，由世界著名小提琴聖手Jascha Heifetz客串表演，Joel McCrea、Andrea Leeds、Gene Reynolds、Walter Brennan、Porter Hall等合演，Heifetz氏之演奏精彩之至。

睡前讀*Elementary Principles of Economics*。

二月二日　星期一　陰

連日不是落雨，就是天陰，過兩日就立春了，春雨時節也隨之而至，這最使我發悶的日子。上午寫信給二哥。午後整理書籍，收拾收拾清潔。

晚將給二哥的信寫好。

Feb.3 1942, Tuesday　陰，黃昏落雪

氣候今日起回冷，上午到學校一巡，冷靜得很，我還未向學校登記。

午後到邵伸綸家坐，不久陳永弼與余立明相繼而來，談笑至六時纔回家，出來天在

下雨，走在路上還不覺得怎樣冷，回到家裏已六時半。

Feb.4 1942, Wed.　有雨雪

上午到學校去交了張登記表，出來到西摩路郵局發出了給二哥的信，完後到新市場毓秀堂要了一份遺精早泄自療秘方。

午後貼裝整理影畫簿。今日是立春，舊鐘點六時立春，媽弄湯圓來迎春。

晚寫日記。

Feb.5 1942, Thursday　雨

早讀 *Elementary Principles of Economics*。

午後到金門看《大義滅子》（*Sergeant Madden*），M.G.M出品，一張社會倫理片，大明星Wallace Beery主演，Tom Brown、Alan Curtis、Laraine Day、Fay Holden等合演。

晚寫日記。

February 6, 1942, Friday　陰

早新鐘十時纔起來，吃了早餐就將近十一時了，拿 *Elementary Principles of Economics* 出來看。

午後到明星看《鐵手人》（*King of Lumberjacks*），Warner Bros.出品。一張以伐木爲背景的俠義愛情片。John Payne、Gloria Dickson and Stanley Fields合演，這張片還不錯。

回家，阿初來坐，談了許久纔走。晚上寫日記。

Feb.7 1942, Saturday　陰，下午雨

上午貼影畫。

午後到胡暢永家坐，探問他繼續注冊否，二時一起到鄭漢樑處，剛巧他也要出街，一同返校一行，出來，我先行返家，到家貼影畫。

晚寫日記。

二月八日　星期日　晴

昨夜落雪，今早屋頂全白，可惜并不厚，而且今日天放晴，雪跟着溶化，而氣候也因之而更寒冷。今日與棠姊全日在跑電影院，早和棠姊到金門去看十時半早場《支加哥

伯爵》(The Earl of Chicago), M.G.M出品, 一張諷刺片, 大明星Robert Montgomery主演的, Edward Arnold、Reginald Owen、Edmund Gwenn、E. E. Clive等合演。

午後和棠姊到卡爾登看《萬里關山》(Brigham Young), 廿世紀福斯出品, 一張述美國馬門教的歷史片。Tyrone Power、Linda Darnell、Dean Jagger、Brian Donlevy、John Carradine、Vincent Price.等合演。散場和棠姊趕到麗都去, 聲在那裏等候, 一起看《笑面鬼》(Smiling Ghost), 華納出品, 一張恐怖偵探滑稽片, Wayne Morris、Brenda Marshall、Alexis Smith、Alan Hale、Lee Patrick、David Bruce、Helen Westley、Willie Best等合演。七時散場搭電車回家。晚飯後寫日記。

二月九日　星期一　晴冷

今日氣候更寒凍, 室內溫度僅四十二度, 上午十時返校一行, 校內仍是那麼冷靜。回家貼影畫。午後在家繼續貼影畫, 媽蒸大櫳糕, 我幫忙些另碎事。

晚寫日記。

二月十日　星期二　陰冷, 黃昏有雪

今日室內溫度再跌至四十度, 家裏今日做年, 上午我感到太冷, 無所事事。

午後到平安看《太虛道人》(Here Comes Mr. Jordon), Columbia production, 一張講靈魂的奇幻片, 由Robert Montgomery主演的, Evelyn Keyes、Claude Rains、Rita Johnson、Edward Everett Horton、James Gleason等合演。

晚吃年夜飯, 人客有表姨母和杜小姐, 飯後我寫日記。

二月十一日　星期三　晴冷

今日可稱得上是嚴寒, 冰風刮面, 實在使人抖個不止, 室內亦寒凍異常。上午到國泰想買一張下午的戲券, 因為沒有好位, 所以作罷。

午後到卡爾登看《入地無門》(Flirting With Fate), M.G.M. picture, 一張Joe E. Brown主演的滑稽片, Leo Carrillo、Beverly Roberts、Wynne Gibson、Steffi Duna、Stanley Fields等合演, 散場由霞飛路到杜美去一巡。

二月十二日　星期四　陰冷

氣候仍然嚴寒, 上午貼影畫。

下午拿衫去熨，完後到金門去買三張十五號（年初一）下午二時一場的戲券，回來遇到棠姊到金門去看電影，我也一起去，今日映《蠻荒艷花》（*Congo Maisie*），M.G.M. production，一張梅仙愛情連續片，由Ann Sothern扮Maisie，John Carroll、Rita Johnson、Shepperd Strudwick、E.E. Clive等合演。黃昏氣候更冷。晚寫日記。

二月十三日　星期五　晴冷

據報載，這兩天氣候奇寒，最低達廿六度，今日仍是那麼寒冷，雖然有微弱的陽光，但整日在疏疏地飄雪。上午貼影畫。

午飯後，繼續貼影畫，四時多到國泰看五時一刻的一場電影，今日映《小樓春曉》（*Hold Back the Dawn*），Paramount picture，一張故事很好的愛情片，由大明星Charles Boyer、Olivia de Havilland and Paulette Goddard主演，Walter Abel、Curt Bois等合演。這張片乃不可多得的佳作，不但故事本身好，且演員身份適合，演來爐火純青。

二月十四日　星期六　雪

今日整日落雪，昨日氣候據報載最低爲瞰二十四度一，今日室內氣溫也低得很。上午洗身。午後到西摩路走一趟，回家貼影畫。

二月十五日　星期日　農曆元旦日　晴，溶雪，冷

昨晚約六時以後，公共租界東區，虞洽興（卿）路以東發生炸彈案，立刻公共租界戒嚴，我們張家花園左近慕爾鳴路不能通行。晚上幫媽弄東西，深夜二時纔睡。

早晨十時到外面去打探封鎖情形，我由同孚路到福煦路、慕爾鳴路不同（通），到西摩路重入公共租界，但想走回張家花園就走不通，因爲愛文義路麥特赫司脫路也斷了，祇有由原路回家。聽說是用橫戒嚴法，如靜安寺路是橫路，那慕爾鳴路、成都路、虞洽興（卿）路不通，從一個封鎖區到另一個去，祇好借法租界走。十一時到金門去退了下午二時一場的戲票（三張），剛出來公共租界西區，封鎖解除，大大懊悔，恨不遲一點退。

午後想再去打探封鎖，走到卡德路，看見電車通行，又覺得在街上走太没意思，即回家。到家悶坐。

晚和棠姊、三哥、聲打麻雀。

二月十六日　星期一　晴

上午到金門去買三張明晨十時半的戲票，再到美琪去代棠姊買兩張。出來到虞洽興（卿）路去看看，鐵絲網由大新公司放起。

午後，再到虞洽興（卿）路去看看封鎖情形，由北京路、虞洽興（卿）路一直拉鐵絲網到愛多亞路，將公共租界東區完全封鎖。我由霞飛路回家，到家寫日記。四時多彭表兄夫婦來拜年。

晚睡在床上看 Elementary Principles of Economics。

二月十七日　星期二　陰

氣候昨日起回暖，早九時三刻和棠姊、聲到金門看早場（十時半）電影《俠膽英魂》（Billy the Kid），M.G.M.出品，一張五彩西部俠義片，由 Robert Taylor 主演，Brian Donlevy、Ian Hunter、Mary Howard、Gene Lockhart、Lon Chaney. Jr. & Henry O'Neil 等合演。

午飯後由愛多亞路一直走到四川路，而入公共租界東區，到光陸，因人太多，祇得回家。

晚寫日記。

二月十八日　星期三　陰，有微雨

早上到靜安寺路去走走，虞洽興（卿）路至河南路封鎖已解除，僅封鎖發生炸彈地點，計大新公司西由虞洽興（卿）路，東達勞合路，南起南京路，北至白克路。永安公司封鎖仍與上次同，此外北京路、浙江路有兩處亦被封鎖。

午後到光陸看《海狼》（Sea Wolf），Warner Bros. picture，一張文學片，原著為 Jack London，述一船主之殘暴統治一船，與船員之反抗。由大明星 starring Edward G. Robinson（as Wolf Larsen）、Ida Lupino（as Ruth Webster）and John Garfield（as George Leach）主演。

Gene Lockhart（Dr. Louis）、Barry Fitzgerald（as Cooky）、Alexander Knox（as Humphrey Van Weyden）等合演。

晚寫日記。

Feb. 19, 1942, 星期四　晴

上午返校一行，出來到靜安寺那邊走走。

午後到麗都去，擬看《鐵血奸雄》，客滿。返身到法界去探視張還，不竟張還已於昨日下午一時逝世，他患的是肺病，近年來喉部已被肺所影響而啞沙，我也知道他的肺病已達到嚴重地步，但想不到不能再和他見一面，而從此永訣，不覺使我感到深深的惆悵！唉！多少中國有爲的青年，爲肺病所侵蝕，而送掉了可寶貴的生命。張還和我友誼的開始，是在新中國大學（民廿七年秋），僅僅作了三年多的朋友，他就這樣被"肺癆"帶走了。據他家傭人說，當日買了一塊地在大西路，埋掉了。唉！黃土一抔，從此躺在那冷靜的大西路上。從陶爾斐斯路十七號走出來，心裏感到一陣悲痛，我的一個朋友，又永遠地走了！！！

黃昏補襪，收到陳仕策從福建來信。

晚寫日記。

Feb. 20, 1942, 星期五　晴

上午返校領繳費單繳費，邵伸綸、陳永弼、葉立民都來。邵約我下午到他家去玩。（學費每學季一百元，每學期二百元）

午後到邵家裏去，順便還了本 *Elementary Principles of Economics*。陳、葉、邵、我四人玩"紅樓夢大觀園"與"民國升官圖"，後擲"狀元籌"，我輸了。邵留我們在吃飯，他母親弄得很好的福建菜。十時多纔回家。

Feb. 21, 1942, 星期六　晴

早返校注册，學分限制極嚴，每學季以九學分爲限（即三科），我本想選讀十二學分，亦無法獲允，如此則畢業有被延遲的可能。我僅選得《中國經濟史·下》（李權時），每星期二、四、六晚五時半至七時。《西洋經濟史·下》（王書綸），每星期一、三、五中午十二時三刻至二時一刻。《統計學·下》（蔡文熙），每星期一、三、五晚五時半至七時。

午後到平安看《熱帶情侶》（*One Night in the Tropics*），a Universal production，一張愛情糊鬧片，由 Allan Jones、Nancy Kelly、Bud Abbott、Lou Costello、Robert Cummings、Mary Boland、William Frawley、Peggy Moran、Leo Carrillo & Don Alvarado 等合演。

二月廿二日　星期日　陰，上午有雨

早上帶阿文到平安看五彩卡通與滑稽短片，是哥林比亞出品。

午後到外面理髮。

晚看《馬克思經濟學說的發展》（新生命出版）。

二月廿三日　星期一　陰，上午有雨

幾日來天氣很和暖，昨日起回潮，想又臨雨季了。上午到校一行，出來向跑馬廳面走走，遇到啓耀，他目前在光藝照相館做事。

午後到巴黎看《鐵血奸雄》（*The Dark Command*），Republic Picture，一張美國南北戰爭時的歷史片，Claire Trevor & John Wayne主演的，Walter Pidgeon、Raymond Walburn等合演。散場到杜美一巡，回家表姨母在，留她吃晚飯。

晚寫信給陳士策。睡前看《馬克思經濟學說的發展》。

Feb. 24, 1942, 星期二　陰

昨晚春雷震屋宇，雷鳴一似夏季，繼則傾盆大雨，狂風施暴，此種失常之天氣，實屬罕見。

上午到西摩路郵局寄出給陳士策的信，到學校一看。回家貼Fox影畫。

午後到錫沽處談談，得悉漢雄已於十八日離滬，目的地則不得而知。二時多出來由法界返家。五時返校上第一課《中國經濟史》，買了兩本《金融導報》第三卷，第十、十一、十二（合刊）兩期，本科仍由李權時擔任。

晚看《馬克思經濟學說的發展》。

二月廿五日　星期三　落雨及雪雹

氣候回冷，而且落雪珠，上午貼影畫。

中午十二時三刻上本學季第一課《西洋經濟史》，仍由王叔綸那個小子擔任，人少，到不滿十人。落課回家繼續貼影畫。五時返校上《統計學》，人很多，約四十人，亦仍由蔡文熙擔任，沒有講述而退。

晚寫日記，翻*An introduction to statistics*的生字。

二月廿六日　星期四　陰

昨日和鄭漢樑約定了今早來校一同向院長請求多讀三個學分，結果不成功，祇好另想他法。

午後到善鐘路一間舊西書店去看看舊書和雜誌。五時上《中國經濟史》。

學校因爲節省用電起見，每節減少五分鐘，其情形如下：第一節8—9:25，第二節9：30—10：55，第三節11：00—12：25，第四節12：30—1：55，第五節2:00—3:25，第六節3:30—4:55，第七節5:00—6:25.

二月廿七日　星期五　晴

上午返校，與鄭漢樑、胡暢永一同請求張院長給我們加多兩個學分，因爲多讀三個學分無論如何也不獲允，那多選兩個也好。可是我們已經費了不少口舌纔得多讀這兩個學分了。我們三個人一同選《人事管理》，馮建維先生擔任，每星期一、三由八時至九時廿五分，此後每逢星期一、三兩天要早起了。

午十二時半上《西洋經濟史》，落課，我和胡伴伸綸到霞飛路茂昌取眼鏡，出來到胡家裏坐，四時纔出來，伸綸回校，我返家拿書，并借套張恨水著的《金粉世家》給伸綸看，五時上《統計學》。

晚寫日記。抄《西洋經濟史》筆記。

二月廿八日　星期六　晴

早上返校改課，將《中國經濟史·下》改選《社會學·下》，因爲舊學程《中國經濟史》祇需念三個學分就夠了。出來到Grand一巡，完後由法界回家，到家抄《西洋經濟史》筆記。

午後三時半至四時五十五分上《社會學·下》，陳振鷺擔任。五時至六時廿五分旁聽《中國經濟史·下》。

三月一日　星期日　雨

今日落了整日的雨。早和棠姊到麗都看《群英會》（*Badlands of Dakota*），Universal Production，一張美國歷史片。本片因爲角色多，所以很熱鬧，笑料亦多，頗夠緊張。由Robert Stack、Ann Rutherford、Richard Dix、Frances Farmer、Brod Crawford、Hugh Herbert、Andy Devine、Lon Chaney Jr. & Fuzzy Knight等合演，加映的一張音樂短片（*Rhythm Revel*），很精彩。

午後與棠姊、聲到金門看《游戲紅塵》（*Road Show*），United Artists Picture，著名喜劇Producer & Director Hal Roach的杰作，本片笑料豐富異常，從開頭笑到片末，不過是屬胡鬧性質。Adolphe Menjou、Carole Landis & John Hubbard主演，Charles Butterworth、Patsy Kelly、George E. Stone、Polly Ann Young、Edward Norris、Marjorie Woodworth、Willie Best等合演。回家將擱了很久的兩個鏡架，重新配上兩張明星照，挂回墻上去。

晚寫日記。

三月二日　星期一　雨

落了許久的雨，纔天晴了兩日，又是落雨。早七時多起來，上八時至九時廿五分的《人事管理》，馮建維先生擔任。回家寫一封信給選愷，索回借給他的一套《社會學原理》。

午十二時半至二時廿五分上《西洋經濟史》，落課在學校逗留了一陣纔回家，到家燒水洗身。五時上《統計學》。

晚寫日記。

三月三日　星期二　晴

上午到西摩路郵局發出了給選愷的信，出來到愛多亞路巡閱舊書攤，在近重慶路的一攤上買了四本舊書攤上的新書，商務新時代史地叢書，吳敬恒、蔡元培、王雲五主編的，均白書面道林紙，計開：《實業革命史》，林子英撰述，劉秉麟校閱。民十七年六月初版，民廿二年四月國難後第一版，實價六角。《社會主義史》，趙蘭坪撰述，吳敬恒校閱。民十七年八月初版，廿二年三月國難後第一版，實價五角。《農業經濟史》，陳其鹿撰述，葉楚傖校閱。民廿年九月初版，廿二年五月國難後第一版，定價八角。《資本主義發展史》，陳其鹿撰述，馬寅初校閱。民廿年七月初版，民廿二年四月國難後第二版，定價八角。以上四本書共以四元購得，極感滿意。回家抄《西洋經濟史》筆記。

午後到巴黎一巡纔到校去，在學校廿七號室內買了一百五十張畢業論文紙，為80鎊道林紙，每百張十四元。三時半至四時五十五分上《社會學》。午後在返校途中在金都影院旁邊一雜誌攤上買了兩本好萊塢電影雜誌，第十三、廿二期，每本30¢，影星照片九張，每張15¢。

晚寫日記。

三月四日　星期三　雨

今日是媽的生日，照例預備些東西請幾個熟客吃飯。早七時半起來，八時上《人事管理》，回家抄《人事管理》筆記，簡婆來。中午我先吃了麵，返校上《西洋經濟史》，落課回家，到西摩路去買燒鴨，回來到亭子間抄《西洋經濟史》筆記，前房簡婆、八嫂等在打麻雀。五時上《統計學》。晚飯後寫日記。今日二嬸没有來，媽預先請她今日不要破費了，所以今晚派阿强送些包來。

三月五日　星期四　陰，雨

天仍不見放晴，上午抄《西洋經濟史》筆記，和包書面。

午飯後拿本《實業革命史》到學校圖書館去看，三時半上《社會學》。

傍晚聽説外面又戒嚴，不知出了什麼亂子。晚抄《社會學》筆記。

三月六日　星期五　上午雨，下午陰，黄昏晴

春雨一連就是落幾天，天陰陰的，實在使人難受。上午在家抄《社會學》筆記。

中午十二時半上《西洋經濟史》，落課和伸綸到圖書館去看自己帶來的書，我看《實業革命史》。四時一同到西摩路的兩間舊書店去看看有没有適合的書，回來上《統計學》，今日黄昏放晴，所以黑板上的字也看得清楚。

晚寫日記。

三月七日　星期六　晴

天放晴了，精神爲之一爽，早上依老路綫（由静安寺路到愛多亞路回家）去走走。

午後二時先到霞飛路走一躺，纔返校上《社會學》，落課回家抄了一陣《社會學》筆記，再返校招伸綸，問他明日一同去拜訪唐慶增先生否，鄭漢樑和我明天下午請胡暢永伴我們去，請唐先生替我們定論文題目。

今午去接阿文放學時在同孚路口買了兩張六寸的電影相片，每張40¢，一張是Deanna Durbin的《牡丹花開》，一張是《生死同心》四主角的照。

晚寫日記。

三月八日　星期日　晴

早上翻《財政評論》及《金融導報》來找論文題目，胡亂地僅想了六條：《近年來中央税制之改革》《近年來直接税制之實施》《我國所得税沿革》《戰時欠債研究》《統制經濟研究》《各國勞工問題研究》。

午後一時多到鄭漢樑家去，不久胡暢永也到，一同出來到西摩路，乘廿路無軌電車到兆豐公園，再找到桃源坊45號唐慶增先生家，請教結果。我原來的六題都不大適合，經唐先生的指示，我作《工資論》，我自己對此尚未決定，假若以後有好題目的話，當要改調。打擾了一個多鐘點，纔辭出來。回到家煎糕吃。

三月九日　星期一　陰

早八時上《人事管理》，落課回家，寫日記與抄《西洋經濟史》。

午十二時半上《西洋經濟史》，落課回家拿書返圖書館看，將《實業革命史》看完。五時上《統計學》。學校上課時間，明天起又是更改，上午第一、二、三節時間仍舊，下午第四節改一時至二時廿五分，第五節二時半至三時五十五分，第六節四時至五時廿五分，第七節五時半至六時五十五分。

晚抄《社會學》筆記。

三月十日　星期二　陰暖

上午抄《統計學》筆記。

午後到外面走走，回家到同孚路買鞋油，新出企鵝牌國貨（黃色Iam），二元半一盒。手帕三條，一條一元，兩條八角一條，都是白麻紗的。四時上《社會學》，落課回家，抄《人事管理》筆記。

晚寫日記，抄《統計學》筆記。

三月十一日　星期三　晴暖

今日的天氣一如五月小陽天，寒暑錶達六十八度。早八時上《人事管理》，回家抄《西洋經濟史》筆記。

午後一時至二時廿五分上《西洋經濟史》，落課和伸綸一同到兆豐公園去逛，天氣很暖，走起來渾身是汗，五時趕回校上《統計學》。落課回家，知選愷來訪過我，大約是接到我的信。今日起穿前買的一雙黃皮鞋。

晚寫日記。

三月十二日　星期四　陰暖

早到校一行，沒有放假的通告，今日爲孫總理逝世紀念日，學校沒有出通告，一定不放假。今日出街不穿大衣。

午後抄《社會學》筆記，二時多到金門去買三張星期日早場的票（《偉人安迪生》），完後返校到圖書館看《社會主義史》，四時上《社會學》，陳振鷺教授沒有來，我回家再到麗都看《草莽騎士》（Riders of The Purple Sage），廿世紀福斯出品，一張武俠片，由George Montgomery主演，Mary Howard、Robert Barrat、Kane Richmond、Lynne Roberts、Oscar O'Shea等合演。

晚寫日記。抄《西洋經濟史》。

今日接二哥來信，說已匯了五百元回家。

三月十三日　星期五　陰暖

早抄《西洋經濟史》筆記。

午後一時上《西洋經濟史》，回家抄《統計學》。五時半上《統計學》。上到六時，二樓化學室內突然出烟，氣味異常難堪，一聲叫"失火"，大家都走，不久救火車來了，我則回家。

晚寫日記，抄《人事管理》筆記。

三月十四日　星期六　陰

氣候回冷，大衣又需穿起來，早上拿襯衫去熨，熨衫也加價了，由八件減到每元僅熨五件。回家補襪。

午後看一本國民新聞叢書之二《風雲人物志（一）》，四時上《社會學》，落課請陳教授介紹我關於工資的參考書，他關照我先找本朱通九著的《勞動經濟》（黎明出版）看看。

晚寫日記。

三月十五日　星期日　晴

早到金門看《偉人安迪生》（Edison, the Man），M.G.M出品，一張愛迪生的傳記片，由Spencer Tracy扮安迪生，以他的高超演技來扮這個角色是頗滿意的。Rita Johnson扮安迪生妻Mary Stilwell，Lynne Overman扮其友Bunt Cavatt，Charles Coburn扮General Powell，Gene Lockhart扮Taggart，Henry Travers扮Mr. Els。

午後到光陸一巡，完後到四馬路去巡各書局。舊書店很多，我在一間舊書店買了一本朱通九著的《勞動經濟學》，黎明出版，精裝的，原價三元，一九三一年十月初版的，我以二元半買得。由四馬路到法界馬浪路買了十張明星照，一角半一張，共一元半，回到家已五時多。

晚飯後寫日記。

三月十六日　星期一　晴

早八時上《人事管理》，落課回家抄《西洋經濟史》筆記，十時三刻到派克路白克路口九福藥廠取一張英得蒙的仿單，這種藥是治遺精病好的，可惜太貴，我這年長日久的症要吃上一千片纔有效，但每二百粒要賣十九元多，照目下家中經濟情況看來，這筆支出還是暫時停止的好。出來在白克路一間舊書店買了一本駱傅華著、上海青年協會發行的《今日中國勞工問題》，民國廿二年七月刊行，原價被塗去，大約是一元或一元二角左右，現在買也要一元。

午後一時上《西洋經濟史》，回家抄《社會學》與《人事管理》的筆記。五時半上《統計學》。

晚寫日記，抄《統計學》與《西洋經濟史》筆記。

三月十七日　星期二　上午陰，下午晴

早抄《西洋經濟史》筆記。

午後二時到圖書館看《勞動經濟學》，四時上《社會學》。落課，陳振鷺先生介紹兩種參考書給我，一為前市社會局刊，中華書局發行的《上海市之工資率》，一為前實業部發行之《勞工月刊》，後者因難找，假使圖書館沒有，就無法去找。

晚寫日記。抄《社會學》筆記。

三月十八日　星期三　晴

早上《人事管理》，落課回家，再到河南路去，想買了前日在舊書攤的一本原版的 *Wealth of Nations*（by Adam Smith），星期日那天我出到七元，他要十五元，減到十二元，未成交。可是今日我仍未買到，因為不願出口向他開價，祇好白跑一趟。

午後上《西洋經濟史》，落課回家抄筆記，四時去接阿文，五時半上《統計學》。

晚寫日記，抄《社會學》筆記。

March 19, 1942, Thursday　晴

昨夜滑精，使我感到自己七八年久的遺泄病，已達嚴重地步。神經衰弱，稍爲震動就手出冷汗，去年割了包皮，仍無法治好這個病，爲了身體要緊，今晨決定去買九福出的"英得蒙"藥片吃。照我這樣長久日子的病，要吃上一千片，所費要九十多元。在家裏經濟情況惡劣的當前，本絕不應再花上這一筆，無奈恐怕讓它下去，後果不堪設想，還不如早日決心愈療。以往亦因困於經濟，未敢醫治，以其將來花更多的錢，不如趁早解決，雖然現在來醫治已經是有點遲了，但還未絕望。這種病，縈我涯（捱）了七八年精神上、身體上的痛苦，今日不能不給它一個結束了。

上午到卡德路口正威藥房買了三瓶二百片裝的"英得蒙"藥片，每瓶十八元七角，共五十六元一角，價錢比別家便宜。出來到白克路九福問一下吃多少纔治愈，說要一千片。回來正威藥房說買完了，我想再買兩瓶也無法。

午飯後到九江路的正威藥房買"英得蒙"，價錢不合沒有買。到先施公司買了一本 *Gloria Jean's pictorial*, 30 ¢。一本 *Latest popular Song of 20th Century 1941 A.B.C Song*, 40 ¢，僅花70 ¢。回家抄《西洋經濟史》筆記。三時返校，昨日和鄭漢樑約好，今日早點來登記論文題目，無奈張雋青不在，四時上《社會學》。落課，在同孚路世界藥房買了兩瓶"英得蒙"二百片裝，要十九元半一瓶，共卅九元。

晚寫日記。

March 20, 1942, Friday　晴

早抄《西洋經濟史》筆記，十一時應鄭漢樑約返校向院長請求審準論文題目。午後上《西洋經濟史》。落課到圖書館去看《勞動經濟學》，三時半返家抄《社會學》筆記。五時半上《統計學》。八嫂告訴我季良曾經來找過我，不知確否。

晚寫日記，抄《人事管理》筆記。

三月廿一日　Saturday　晴

早上洗衣，午後燒水洗身，抄《西洋經濟史》筆記，四時上《社會學》。

晚寫日記。做《統計學》習題。

三月廿二日　Sunday　晴暖

早上變一套舊衣和棠姊、表姑媽到東京路（檳榔路那邊）南洋煤球廠去車煤球，因爲我們登了記，最近煤斤缺少，祇限取登記量的半數，廠方不派貨，要登記戶自行取貨，所以不得不親自出馬，我們和表姑媽一同登記，每月六擔，今祇可取得三擔，僱小貨車車回來。

午後到美琪去看《落霞孤鶩》（*Wild Geese Calling*），20th Century-Fox production，一張文藝片，屬愛情類，無甚特出。由Henry Fonda and Joan Bennett主演，Warren William、Ona Munson、Barton MacLane等合演。回家吃了馬蹄粥，到霞飛路走了一趟。阿英來過。

晚寫日記，做《統計學》筆記。

March 23, 1942, Monday　雨

昨日和暖了一日，昨日就大雨傾盆，今日落一整天雨，春天天氣總離不了這麼的一套，春雨、秋雨、冬雨都是我的眼中釘。

早八時上《人事管理》，教室調到十五號（前化學室）去，回家再到外面去理髮。

午後上完《西洋經濟史》，伴鄭漢樑到愛文義路買書，他擱在一間舊書店找書，我因爲要趕做完《統計學》的習題，所以先行回家。五時半上《統計學》。

晚寫日記。抄《社會學》筆記。

叁月念肆日　星期二　晴

早上到同孚路（福煦路）國華照相館拍了一張一寸的報名照，四張要二元半。（上星期未加價時是一元半四張）回家抄《西洋經濟史》筆記。

午後將《人事管理》筆記騰（謄）好，因爲時間尚早，到霞飛路走走。到校祇三時五分，入圖書館看《勞動經濟學》。四時上《社會學》。

晚抄《統計學》筆記。

叁月念伍日　星期三　晴

早八時上《人事管理》，回家，再到外面（Grand）一巡。

午後上《西洋經濟史》，落課到圖書館看《勞動經濟學》，三時半回家休息一下，五時半上《統計學》。

晚寫日記。抄《社會學》筆記。

叁月廿六日　星期四　晴

上午抄《社會學》筆記。

午後到圖書館看《勞動經濟學》，四時上《社會學》。

晚飯後搭電車到麗都，擬看《飛車熱戀》，看看片子很短，兩張畫片也不引人，立刻放棄原來念頭走回家來。

今午去取相，把我氣死，相底不給我修，曬好了面部黑得很，而且面上有一條條痕，祇好自認晦氣。

晚寫日記。

三月廿七日　星期五　晴

早抄《西洋經濟史》《人事管理》筆記。

午後一時上《西洋經濟史》，落課回家休息，因爲眼力不夠，寫一小時廿五分的筆記眼就感疲倦，本來想到圖書館去看《勞動經濟學》，也祇好作罷了。五時半上《統計學》。

晚飯後和棠姊、聲到金門看《女人面孔》（*A Woman's Face*），M.G.M出品，一張很好的社會心理片，叙述一個人因爲面部被毀不爲人所喜，遂以爲世人皆爲仇人，而向社會報復，漸淪下流，及後經手術恢復美容，心術亦回正，可知人之外表之重要。本片由Joan Crawford扮面部被毀之女人，表演甚佳。Melvyn Douglas扮醫生，兩人主演。Conrad Veidt、Osa Massen、Reginald Owen、Albert Bassermann、Marjorie Main、Donald Meek等合演。

三月廿八日　星期六　陰

早寫日記，騰（謄）清《社會學》筆記。午後二時返校到圖書館看《勞動經濟學》，四時上《社會學》。

晚寫日記。

三月廿九日　星期日　晴

上午抄《西洋經濟史》筆記。

午後到辣斐德路去走走，回家抄《社會學》筆記。家裏因恐米買不到，而且存量不多，深怕一口吃完，也無從買到，所以今日買十五斤白眉豆共卅元，十斤紅豆共廿一元，苞米九斤餘共十七元多。以防萬一。

晚寫日記，寫信給二哥。

三月卅日　星期一　晴

今日氣候有些寒冷，早晨上學要穿上大衣，八時上《人事管理》。

今日是我和大哥的生日（農曆二月十四日）。大哥今年是卅歲了，想起來真是使我感到惘悵，希望自己畢業後能夠幫助家裏，一方面使媽可以安樂些，一方面使大哥、二哥的負擔輕些，可以早日成家立業，這些心事是永遠擱在我心弦最底處而不能忘的。

午後上完《西洋經濟史》，到圖書館去看《勞動經濟學》。四時半和邵伸綸一同到街上走走，返校，蔡文熙《統計學》告假，我即回家。

晚寫日記，將給二哥的信寫完。

三月卅一日　星期二　晴

今日出外依然要穿上大衣，早抄了《西洋經濟史》《人事管理》筆記，到西摩路郵局寄出給二哥的信（寄快遞），及回來威海衛路拿襯衫。

午後到愛文義路逛舊書店，完後返校，到圖書館想看看書，不意和同學談開了，書看不成。四時上《社會學》。

晚寫日記。

四月一日　星期三　晴

早八時上《人事管理》，落課回家抄《社會學》筆記。

午後一時上《西洋經濟史》，落課到圖書館看《勞動經濟學》，四時半到外面散散步，五時半上《統計學》。

晚寫日記。

四月二日　星期四　晴

早上騰（謄）《西洋經濟史》筆記。

午後一時上《西洋經濟史》，以後星期五的一課《西洋經濟史》改到今日來。落課伴鄭漢樑去買書。四時上《社會學》。

晚飯後到九星去看《聖俠歸來》（*The Saint Takes Over*），R.K.O出品，一張聖俠的連續片，仍由George Sanders扮演聖俠，與Wendy Barrie合演，探長仍由Jonathan Hale演。

四月三日　星期五　晴

上午沒有課，照例用來謄清筆記。

午飯後因爲今日的《西洋經濟史》課改了昨日，所以下午有了空，到麗都去看《洪荒時代》（*One Million B.C*），United Artists production, directed by Hal Roach and Hal Roach Jr.，一張歷史傳説性質的片子，沒有我意想中的好，由Victor Mature、Carole Landis、Lon Chaney Jr.、John Hubbard等合演的，散場直接返校上《統計學》。

晚寫日記，抄《社會學》筆記。

四月四日　星期六　晴，下午雨

天氣從昨日起又是暖到悶起來，上午抄《西洋經濟史》筆記。

午後二時到霞飛路一逛纔上學去，中途下雨，好在我帶了雨衣，四時上《社會學》。

晚寫日記。

April 5, 1942, 星期日　陰，上午有風雨

今日清明天却大大反常亂（颳）大風，落雨而且有點寒冷，早上沒有什麽事，到Grand一巡，中途落雨，祇得急急回家。中午家裏舉行清明拜祭。午飯後謄（謄）完了一點《西洋經濟史》筆記，和阿文玩鬥獸棋，四時多表姨母來坐，留她在吃了晚飯纔走。

四月六日　星期一　晴

早上完《人事管理》，返家抄《社會學》筆記。

午後《西洋經濟史》，落課到圖書館去滿擬將《勞動經濟學》看完，不料眼力不爭氣，不能看下去，祇好謄（謄）清了《人事管理》筆記，星期三要交筆記簿上去。四時回家，媽帶了小娓去接阿了。阿鳳這個爛鴉頭，昨日下午告假外出，今日仍未回來。剛纔回到家不久，選愷來找到我，伴他到公司買了布，到南京路外灘One Price Art Co找姓楊的，三人一同到四川路廣東小館子吃了飯。出來乘電車到了永安，到三馬路姓楊的住處逗留一陣，三人一同出來，擬到戈登路新仙林舞廳去。電車軋不上，走到新世界巧極遇到馬季良，拉他一起去。到麥特赫斯脫路却遇着戒嚴，等了半小時仍未開放，一同到卡德路新大喝咖啡。大家約好，我不能回家。三個人一同到季良家過宿，先到福煦路小舞場跳舞。這次給季良與選愷硬拖作首次下海，祇硬着跳了一次。十時半出來一同坐黃包車到馬家去，齊巧馬夫人到朋友去打麻雀今晚不回來，我們四個人睡在一床，談至十二時半纔睡。（十時解嚴，我因有約在先而不能硬着面子獨自回家，所以與他們一致行動。和季良也很久不見了，正好找個機會談談。）

四月七日　星期二　晴

昨晚因爲陌生地方整夜未能安睡，一早八時馬夫人回到來，又不識禮貌，逗留在房中不走，使我們三人大窘，不起來不好，起來又不能當着他面，很久纔找到他進了內房的機會趕快起來。季良弄了咖啡并干（餅乾），又要燒麵給我們吃，坐談至十一時纔盡歡而散。我們三人走到靜安寺乘電車各自返家，我剛到門口棠姊正出門到大夏去找我下落，好在撞個巧。

午後騰（謄）好《社會學》筆記，三時到福煦路走走纔返校上《社會學》。

晚補寫兩日記，眼睛已感到十二分疲倦了。

四月八日　星期三　晴

早上八時上《人事管理》，交筆記簿上去檢查，回家騰（謄）清《西洋經濟史》筆記。本學季在四月底就完結了，聽說下學期辦不成的百分率很高，這也是意中的事，最可憐的是我，下學季讀了九個學分，下學期開不成的話，我就是差九學分不能畢業，假使下學期讓我讀十二或十五個學分的話也缺三個或六個學分不及格，那不是使我啼笑皆非的事嗎？望上帝知道吧！

午後上完《西洋經濟史》，感到很倦，回家休息，五時半再在上《統計學》。

耀棠哥和那個杜小姐又弄出了不名譽的事來，據說杜女已有了六個月孕，不得已擬於下個月草草成婚，搬回亭子間來，要我搬上前房。這是不能照辦的，第一這事有關顏面，他做的事他自己負責，最合理的事實找地方出去。第二沒有徵求我的同意，我不能讓出我的住位，且事實上不可能前房那裏可再容我一個床位，不久棠姊又要搬回上來睡了（因李先生要回來）。

April 9, 1942, Thurs.　晴

今天的氣候有如初夏，大約今晚又少不了一陣傾盆大雨。整日精神混混沌沌，身疲腿軟真難受。上午抄完《西洋經濟史》筆記。午後一時上了一個多鐘點的《西洋經濟史》弄得我頭昏身軟，不得已跑回家來休息。四時再上《社會學》。

晚寫日記。抄《社會學》筆記。

四月十日　星期五　晴

昨夜起風，今日氣候爲之一爽。早上到Grand、Nanking一巡。

午後到大華看《美人如玉》（*Lady Be Good*），M.G.M出品，一張歌舞愛情片，Eleanor Powell、Ann Sothern & Robert Young主演，Lionel Barrymore、John Carroll、Red Skelton、Reginald Owen等合演。五時半上《統計學》。學季考試訂於本月廿日起至廿三日止，星期一（廿日）上午八至九時廿五分考《人事管理》，下午五時半至六時五十五分考《統計學》。星期三（廿二日）下午一至二時廿五分考《西洋經濟史》，星期四（廿三日）下午四時至五時廿五分考《社會學》。

四月十一日　星期六　晴

上午熨了條灰絨褲，十時多到金都去買四張明早的票子，片子是上、下集《惱人春色》，自己出錢看中國片，這我還是頭一次呢。回家抄《西洋經濟史》筆記。

午後到善鐘路、海格路那邊去巡巡舊書店，回到學校去僅三時，到圖書館去看《資本主義發達史》，纔看了一陣外面又嚷着封鎖，四時的一課《社會學》又是上不成，封了一陣則開放，我回家不久鄭漢樑來找我，問我明天到唐慶增先生家去否，我尚未將大綱做好，明日祇好作罷，況且下下星期就要考試，大約總要考完試纔辦這件事了。送鄭出來我自己到金門買了一張明日下午二時半一場的票。

晚寫日記。抄《西洋經濟史》筆記。

肆月拾貳日　星期日　晴

早和棠姊，表姑媽，聲到金都去看國片上下集《惱人春色》，我因爲想見識見識幾個當代中國的明星，另一方面領教下國貨電影的技術，而且這次上下集一齊映，星期早場又便宜點，因此種種使我破天荒拿錢出來看。本意對國片固有點期望，不料不看則已，一看還是失望，動作不是過火，就是古悝古怪，真天曉得。主角是周璇與白雲，合演的是慕容婉兒、袁紹梅、龔稼農、尤光照等，爲國華公司出品，十時開映，一時十分纔散場，我趕回家吃了飯，又到金門去看《脂粉公子》（*Andy Hardy Meets Debutante*），M.G.M picture、Judge Hardy's family的連續片第八張。仍由Lewis Stone、Mickey Rooney、Cecilia Parker、Fay Holden等合演，Judy Garland、Ann Rutherford、Diana

Lewis、Sara Haden、Addison Richards等助演。

晚寫日記，騰(謄)清《統計學》筆記。

肆月拾叁日　星期一　晴

早八時上《人事管理》，發回筆記簿，落課回家讀《社會學》。

午後上《西洋經濟史》，落課回家讀《社會學》，五時半上《統計學》。

晚寫日記，騰(謄)《西洋經濟史》筆記。

四月十四日　星期二　雨

今日落足整日的密雨，上午讀《社會學》，近午抄《西洋經濟史》《統計學》筆記。

午後讀《社會學》，四時上《社會學》。

晚寫日記。

四月十五日　星期三　雨

早上本學季最後一課《人事管理》，回家讀《西洋經濟史》，肚子空空，書没法打入腦裏。午飯後上《西洋經濟史》，也是最後一課，回家讀《西洋經濟史》。五時半上《統計學》。

晚寫日記。

四月十六日　星期四　陰

上午勉强斷斷續續的讀《西洋經濟史》。身體好時不覺得保貴，到了現在纔知健全的寶貴，心理充滿十二分的熱烈來預備考試，滿想考個八十分以上的總平均，可是腦子不爭氣，空着肚子固然没有專心讀，吃飽了飯腦子漲起來，眼皮又覺着不舒服，這纔使我心屈。

午後四時上《社會學》。

晚寫日記，讀《西洋經濟史》。

四月十七日　星期五　晴

上午讀《統計學》，近午將《人事管理》筆記騰(謄)好。

午後二時送本《金融導報》第三卷第十期給胡暢永，完後到學校圖書館讀《統計學》及抄《社會學》筆記。

晚寫日記，讀《統計學》。

四月十八日　星期六　晴

上午讀《統計學》，拿件灰法蘭絨上身到同孚路精美洗染公司去洗，需四元五角一洗。午後繼續讀《統計學》，因爲腦和心都不大好過，讀得不滿意。晚寫日記。讀《統計學》。

四月十九日　星期日　陰

今日整日用作讀《人事管理》，因爲眼力逐漸柔弱，常常覺得眼裏不舒服，且影響到不時頭昏，連帶腦子也不大好過，因之使我讀書的效能間接的減低。現在去配眼鏡，價錢可不得了，也非目下家裏這樣枯竭的經濟情形所能辦到，一方面眼睛的近視程度也一日比一日厲害，這纔叫"乾着急"。

晚讀《人事管理》。

四月廿日　星期一　晴

早六時半起來，讀《人事管理》，八時考題目五條，任作其三。考完，回家讀《統計學》。午後三時，邵伸綸與陳永弼來找我到學校裏去讀《統計學》。五時半考《統計學》，題目五條，任作其四。這樣本學季我所讀的四科已去其半了。

四月廿一日　星期二　晴

整日讀《西洋經濟史》。家裏的經濟近日來已逢到枯竭的境地，一方面物價狂漲，米五百元一石，油九元多一斤，煤球卅一元一擔。照目前情形而論，家裏需要八百元用費一個月，他方面家裏儲款不多（去年十二月八日止，僅有二千多元）。太平洋戰事發生後，大哥無法匯款回來。二哥的薪水自去年七月至今，尚未決定在何處發給，積存十個月未發。三哥、棠姊這幾天正在進行找事做，人是托了，找到職業與否則仍在未知之數。家裏經濟從未遇過這樣嚴重的，以前節省節省，每個月總是源源不斷的。在戰時的現在，沒有了就是沒有，沒有什麼可說的。齊巧我又遇到考試，心悶已極，心緒萬分，看見媽這樣愁眉不展，更使我心裏難過，自己不能給年老的母親一點安慰，何以對得住死去的父親。

四月廿二日　星期三　晴

早讀《西洋經濟史》。三哥帶媽到信托公司找李進相量，但沒有什麼結果。

午考《西洋經濟史》，考完伴伸綸到陳永弼家去坐，談至五時纔回家。

晚寫日記。讀《社會學》。

四月廿三日　星期四　晴

早讀《社會學》。午飯後繼續讀，四時考《社會學》，題目四條，答得不大滿意，因爲近日心緒太亂。生活不安定，無論什麼事也不會做得滿意。考完回家，再出外理髮。

晚飯後去取了件洗好的灰法蘭絨上身回來，洗冷水身，今年第一次。洗完寫日記。抄《社會學》筆記。

四月廿四日　星期五　晴

早上到校領了繳費單，到Grand一巡纔回家。

午後在家抄完《社會學》筆記，四時多到杜美一巡，回來到金門去重看《鑄情》（*Romeo and Juliet*），M.G.M一九三六年偉構，莎士比亞原著，一張著名的文藝巨片，我一九三七年末在巴黎看過。主演的角色都是名角，由Norma Shearer（as Juliet）、Leslie Howard（as Romeo）、John Barrymore（Mercutio）、Edna May Oliver（as Nurse）、Basil Rathbone（as Tybalt）、C. Aubrey Smith（Lord Capulet）、Andy Devine（as Peter）、Ralph Forbes（as Paris）、Reginald Denny（as Benvolio）、Henry Kolker（as Friar Laurence）等合演。

晚寫日記。

April 25, 1942, Saturday　風，下午風雨

上午在家整理報紙。

午後胡暢永與鄭漢樑來找我一同到新華酒家去坐談，五時半纔回家。

晚寫日記，開始擬定論文大綱。

April 26, 1942, Sunday　有風雨

上午，心亂，煩悶不過，沒有做到些事，媽在街上不小心，又跌了一交，腳膝頭跌痛了，老人家的骨頭是跌不得的，這真使我擔心，好在還不算跌得厲害。

午後到麗都去看《女俠白蓮花》（*Belle Starr*），廿世紀福斯出品，一張五彩美國南北戰爭後的歷史片。Randolph Scott and Gene Tierney主演，Dana Andrews、John Shepperd、Elizabeth Patterson、Chill Wills、Louise Beavers等合演。散場回家寫日記。

April 27, 1942, Monday　晴

上午整理報紙，想賣出一大批，可是翻起來又有些捨不得，多年心血，倒底不忍拋弃於一旦。媽十一時到藍十字會去醫跌傷的膝，據說骨跌傷了，要休養休養，不能多行走。

午後，到新華銀行繳了本學季的學費（一百卅元），完後到平安看《斷腸曲》（*Penny Serenade*），Columbia picture，一張倫理愛情片。由Irene Dunne and Cary Grant主演，Beulah Bondi、Edgar Buchanan等合演。

April 28, 1942, Tuesday　晴

上午拿了襯（衫）去熨，到霞飛路去走走，順便踏入商務印書館分店去看看書。

午後想找鄭漢樑一同到梅亦行處去走走，不料老鄭不在家，我祇得改變初衷到金門去看《俠醫秘密》（*The Secret of Dr. Kildare*），M.G.M picture，一張俠醫的連續片，米高梅這一類俠醫連續片，我還是第一次看，由Lew Ayres & Lionel Barrymore主演，Lionel Atwill、Helen Gilbert、Nat Pendleton、Laraine Day、Samuel S. Hinds、Emma Dunn、Walter Kingsford、Grant Mitchell & Robert Kent等合演的。散場回家寫日記。

April 29, 1942, Wednesday　晴

上午到校注冊，本學季我祇選九個學分，本來祇限讀六個學分，因爲我上學季讀了十一個，好在今日注冊時，給我混過了。我所選的是《社會學·上》，陳振鷺先生擔任，二、四、六第六節。《合作經濟》，王書綸先生擔任，二、四、六第三節。這一科由王小子教，真天曉得，不過不讀它也沒有什麼合選的，祇好將就將就。《市場學》，馮建維先生擔任，一、三、五第一節。

午後去找鄭漢樑和胡暢永，一同到梅亦行處去，胡有事，我和鄭去。梅已由靜安別墅遷到法租界貝勒路737號，和幾個同鄉辦了一間華僑貿易公司，投機買賣貨物的一類公司，聽說很賺錢，坐了一時多纔出來。

April 30, 1942, Thursday　晴

上午到Grand、Nanking一巡，回家順路領回熨好的襯衫。

午後到金門看《羅愁綺恨》（*Dodsworth*），A United Artists picture，一張愛情片，一九三六年十大名片之一，由Walter Huston、Ruth Chatterton、Mary Astor、Paul Lukas、David Niven等合演。

今日是父親的生記，中午舉行拜祭。媽的膝尚未好，由棠姊代作厨。（原件此處塗抹了一行字）

晚洗冷水浴。

May 1, 1942, Friday　晴

今日，本學期第二學季開始上課，早八至九時半上《市場學》，馮建維先生擔任。這一課我也許要改選，因為不感如何興味，同班的人又少，一個也不認識。回家改襯衫領。

午後到明星去看《大破恐怖黨》（*Dick Tracy's G.Men*），A Republic Serial，一張G-Men片，角色都是些別脚貨，Ralph Byrd、Irving Pichel等合演。

May 2, 1942, Saturday　雨

早八時，返校旁聽《農業金融》。我本擬聽《商情預測》，因為事先不知道是改在十五號室上，所以臨時改變。十一時十分至十二時四十分上《合作經濟》。落課回得家來，已差不多一時了，這一課的時間最壞。

午後四時半上《社會學・上》，人數很少，祇講了半小時就下課。

May 3, 1942, Sunday　陰

今日的氣候，上午和下午宛如隔季，上午氣候悶出了雨後，下午就轉涼。上午隨隨便便翻看《金粉世家》上集。午後到金門看《瓊宮恨史》（*Queen Christina*），M.G.M，一九三三（"三"字原空）年出品，去年大華重映的。我是重看的，一張瑞典女王歷史愛情悲劇〔日我在民廿四年（一九三五年）八月廿三和棠姊在東海看過〕。大明星Greta Garbo主演，John Gilbert、Ian Keith、Lewis Stone、Elizabeth Young、C. Aubrey Smith、Reginald Owen等合演的。散場回家不久，表姨母和姨姐來坐，留她們在吃晚飯。

晚寫日記。

May 4, 1943, Monday　晴

耀棠哥半個月來找房子和杜小姐結婚，房子在上月末找到了，是在滬西極司斐而路，元善坊一巷一號樓上後房。結婚是没有儀式舉行，祇登今日的《申報》，和買兩張婚書來蓋個印就算。因爲杜小姐已有六個月孕了，所以他們兩人急急了結這項事（結婚）。我就覺到奇怪，照社會學家看來，社會在經濟恐慌時，以盗竊犯罪爲多，反之，社會在經濟繁盛時，則以風化罪多。可是在目前這個凌亂及經濟恐慌時期中，盗竊罪固然多，連風化事件也層出不窮。要結婚就堂而皇之結婚，何必弄大肚以後，就拘束於結婚這項儀式，索性姘居就算了，還顧什麼道德、風化。凡幹這些事，都是一斑可憐蟲，他們的意志還不够堅强，來打破現行社會的習俗呢！我并不反對改革，我却痛恨這種不三不四的。耀棠今日完全遷出家裏，以後自立家庭。他本想回來這裏住，我們反對，他纔到外面找屋，這可讓他倆去涯（捱）下世界。

上午閑着在家裏改襯衫領，早八時的《市場學》改到下午六時來。

午後到杜美去看《痴蝶情鶯》（*Screet Adeline*），Warner Bros. 1934年的一張歌舞片，由Irene Dunne主演，Donald Woods、Hugh Herbert、Ned Sparks、Joseph Cawthorn、Winifred Shaw等合演。可惜片子舊一點，歌舞還不錯。六時至七時卅五分上《市場學》。

五月五日　星期二　晴

今日是地方政府紀念，國父就任大總統紀念，學校突然放假一日，殊出意外。

關於三哥前些時，由二叔介紹托阮慶向南洋銀行董事長陳孚木，及行長伍聯德在銀行内找一個職位，因爲已失望。（原件此處塗抹了一行半字）南洋那邊又有消息要三哥去，這種勢成騎虎，祇好推薦我去填任，所以早八時和三哥一同到白克路去找阮慶。原來南洋銀行在三樓設個俱樂部，需要一個管賬的，當時阮慶叫我下午三時到南京路南洋銀行，他也三時到那邊。回家拍了個身份證上的照，由關先生拍，完後到蓬萊書店買了一張履歷片，回家收拾收拾亭子間。

午後燙褲，二時多到南洋銀行去，房子尚未修竣，祇是臨時辦公，人很少，阿雄在做練習生，所以我比較方便。三時多阮慶來到，和伍聯德及主持俱樂部姓陳的談了一會，決定用我，立刻叫我去買幾本帳簿預備用。我則到河南路胡開文買了兩本大帳簿，兩本小帳簿，兩本收據簿，一本中式收據簿，共五十九元八角，尚餘四十元二角。我回到銀行，幾個大頭到外面去了，我也不用再等，回家來。五時多耀棠、杜小姐一同來，算作見面禮，坐了一陣就走。

晚寫日記。

May 6, 1942 Wednesday　上午雨，下午大風，晴

上午返校改課，因爲恐怕將來正式上工，不能讀書，所以忍痛將二、四、六十一時十分至十二時四十分的一課《合作經濟》改選爲二、四、六早晨八時至九時半的《農業金融》，回來到威海衛路一間小店刻一個"阮亦文"的圖章，六毛錢一個字。回家收拾亭子間，自己動手掃除。

午後二時半到南洋銀行去，四時多陳賀宗先生纔來，吩咐我刻俱樂部的圖章及印信封信紙及欠賬單、清賬單。五時回家，六時，返校上《市場學》。

晚寫日記。

May 7, 1942 Thurs.　晴

早上《農業金融》，王書綸這小子又是在胡說八道，後悔改了《合作經濟》，雖然也是他教，可是比較有興趣些。落課回家，繼續收拾亭子間。午後去領圖章，店夥在廿分鐘內當我面給我趕着刻好了個圖章"阮亦文"，三個字祇花一元八角。回家找了幾張信紙及信封預備作樣來印的。二時多出來到南洋銀行去，遇着了封鎖，等了一刻鐘纔通。到辦公室向伍契弟聯德要了一百元到山東路去買圖章，藉此又可以趕回校上四時半的《社會學》。

晚寫日記。

May 8, 1942 Friday　晴

《市場學》每逢星期五的一課改到早晨八時至九時半。落課回家抄筆記。

午後二時多，先到山東路一大印刷所領了刻的兩個橡皮章，又買了兩個橡皮章，完後到銀行去，寫了十一張收據後，就沒有坐，和阿雄談談，五時半纔回家。晚飯後到杜美看《艷陽天》（*Buck Benny Rides Again*），a Paramount picture, Jack Benny 主演的愛情歌舞片，Ellen Drew、Andy Devine、Phil Harris、Rochester 等合演，笑料豐富，爲 Jack Benny 一派作風，因爲他是美國無綫電出名的人物。

今日李先生由粵到滬，棠姊搬回上來睡。

May9, 1942 Saturday　晴

早上完《農業金融》，到新聞路906弄福康里十二號新達印刷所（關先生介紹的）曹根祥先生處，辦理印刷事宜，訂定下星期二看樣子。回家寫日記抄《農業金融》筆記。

午後一時多到南洋銀行去，到四時纔叫我寫了廿三張會費收據，寫完已四時四十分，我立刻趕出來搭電車回校上四時半的一課《社會學》。預料是遲到廿五分鐘，不料趕到學校，《社會學》教室一個人也沒有，想是先生告假，祇得回家。洗冷水浴。

五月十日　星期日　晴

上午拿襯衫去熨，順便到霞飛路走走。

午後將論文大綱抄好，去找鄭漢樑一同到唐慶增先生家裏去請他代我們修改。今日車少人多，到了愚園路一直走到桃源坊45號，唐先生在家裏，請教之下，立刻替我們修改，三時一直坐到五時半纔出來回家。

晚抄《農業金融》筆記。

五月十一日　星期一　晴

上午到霞飛路白賽仲路鴻英圖書館，這是一所私人的，我想去找些論文材料，不料因爲没有介紹信，嘗了個閉門羹。

午後上工去，到了那邊也没有什麽事辦，五時多出來，返校上學去，上《市場學》。落課回家吃了晚飯，到九星去看《掃蕩群魔》（*Smashing the Rackets*），R.K.O Radio picture，一張G-Men片，由Chester Morris、Frances Mercer、Rita Johnson、Bruce Cabot等合演。

五月十二日　星期二　晴

早上完《農業金融》，上三樓教務處，擬找劉小蒼先生代寫一封學校介紹信，介紹我到鴻英圖書館。等了許多還未見他來，我順便一問注册主任我的學籍問題，他説先查查看，我回家抄《市場學》筆記。午後到新聞路新達印刷所去看樣子，言定價格，計開西式信封五百紙六十元，西式信紙一千張一百廿元，中式信封二百隻十六元，中式信紙一千張八十元，10□欠單一千張廿五元，備忘錄一千張廿五元，黃皮紙西式信封五百隻五十元，共三百七十六元（①75②150③20④100⑤32⑥32⑦64=473）。星期五纔印竣。

出來直接到南洋銀行去，今日無所事事，和阿雄弄電話，和別人談談，四時十分出來趕回校上《社會學》。落課將唐慶增先生日前給我一張名片介紹我給陳振鷺先生，因爲陳先生是研究勞工問題很有心得的。陳先生接了我《工資論》大綱，説下去交回我。

晚飯後寫日記。

五月十三日　星期三　晴

上午抄了《農業金融》筆記，返校去問我的學籍問題，注册主任馮邦彦尚未查就，我同時要求他給我寫一封介紹信，明天來取。出來到廣東銀行，送一張收據給經理梁冠榴，回家抄《社會學》筆記。午後一時多上工去，到了辦公室一直閑到五時纔走回校上《市場學》，中途遇到久不見的溫□□，一路和他走到了卡德路。

五月十四日　星期四　晴

早上完《農業金融》，到教務處去取學校介紹信，介紹我到鴻英圖書館去。

午後二時上南洋銀行去，俱樂部聽説廿五號成立，銀行廿號開幕。今日俱樂部送水箱來，我恐怕傢具送來没人照顧，所以不能走開，四時半的一課《社會學》趕不上。五時多返校，等陳振鷺先生落課給我論文指導。

晚寫日記。

五月十五日　星期五　晴

早上完《市場學》，到南洋銀行向會計主任招先生取款去拿印刷好的信封信紙，錢要下午纔走，白走一趟，回家抄《農業金融》筆記。午後到銀行會計處領了款，到印刷所交了，由他們送貨到銀行去，我自己拿到三樓俱樂部放好，四時回家。（原件此處塗抹了一行半字）四時多到南京去看五時一刻一場電影，今日映《兒戲兵》（Great Guns），福斯出品，一張Stan Laurel and Oliver Hardy主演的滑稽片，以軍訓爲背景，笑料不多，我不滿意。

回家吃了晚飯洗冷水浴，洗完寫日記。

五月十六日　星期六，1942

早上完《農業金融》即回家，先後到新達印刷所去商洽印請柬，因爲有些少字樣未清楚，至未決定。出來在静安寺路新市場門口裕泰百貨店買了一件Vie牌80支白府綢、科學領襯衫，卅五元，Panktie綠色的一條，十元。午後到聯商社去，不料傢具都已到齊，我急性整理。新來了兩個夥計，都是在華龍路陳孚木先生俱樂部辦事的老手。酒也來了，這是比較麻煩的東西，必需小心。俱樂部的一班人馬陸續到來，少不了的就是麻雀牌、紙牌。一直至十一時三刻纔散。我因天雨，且又晚了，所以就在俱樂部的沙發上睡，一方面看守部裏的東西，因為門尚未造好。

五月十七日　星期日　雨

我的老脾氣是睡坐地方轉輾不能入眠，昨夜十二時多睡，大約僅睡了二三小時，全夜睡不着。早六時就起來，七時乘黃色車返家，問問三哥做帳方法，又立刻回俱樂部來。上午部裏閑得很，我將昨日買的貨正式登錄。

中午在部裏吃飯。午後部裏人……

五月十八日　星期一　雨

早上起來趕着到外邊理了個髮，已九時半，回家立刻上俱樂部來。上午俱樂部裏是比較空閑，午後就隨着鐘點忙碌起來，雖然我幷不是忙着做事，但總不能離開一刻。閑着站住，督促一切，一直至晚十一時半以後纔能回家。午後吃了飯來着空閑，立刻趕到新達印刷所吩咐他們印五百份請柬（備俱樂部隨時用的），每百卅元連信封，星期四交貨。

五月十九日　星期二　陰

早上七時多就要爬起來趕上學去。今日有《農業金融》，落課直接上俱樂部去。今日上午陳賀宗先生指示我如何登錄帳簿。午飯二時纔吃，晚飯遲至十時吃，晚十一時三刻纔走，乘黃包車回家。

五月二十日　星期三　晴

天雨了多日今日放晴，辛辛苦苦地捱了四日夜，精神爲之一爽。今日是南洋銀行開幕日，我們三樓又少不了一番忙碌。早七時半起來，趕上俱樂部去，銀行托新新公司弄茶點，所以我們不見大忙。

今日樓下南洋銀行開幕，借我們三樓擺茶點。我一早八時多就趕到聯商來，茶點由新咖啡室代辦。上午客人送往迎來，一番熱鬧自不在話下。午後他們開首打牌及撲克，晚收檔較平日早，我回到家不到十一時。

五月二十一日　星期四

早上完《農業金融》立刻上聯商來，拿了錢再乘黃包車到河南路老胡開文辦了一幫文具用品。

午後黃炳基醫生介紹一個梁小姐來做Bar girl。

五月二十二日　星期五　雨

早上《市場學》，落課回家看了報再上聯商去。今日開始整理帳目。午後有人介紹一個寧波仔來做我的助手，他不懂廣東話，這實在不便當。晚戒嚴，十時我送鄧總經理回華龍路，滿擬可以回家，走到同孚路都封鎖起，祇好乘黃包車回聯商，不久封鎖就解除了，我立刻回家。

（整理者單位：華東師範大學古籍研究所）

《王伯群日記》述略

丁小明　尹偉傑

内容摘要：記載時間跨越三十餘年、有着百萬字内容的稿本《王伯群日記》是近期出現的民國教育、政治、藝文文獻的富礦，關涉大夏大學校務的記載前後長達二十年之久，其間關於大夏大學的創業之艱、發展之難、播遷之困的記載歷歷可見。《王伯群日記》對時局和政府決策的評判，對政要們的所作所爲、品行人格的議論，有助於今人從另一個側面詳細瞭解當時的政治、軍事和社會狀況。王伯群在書畫鑒藏上深受同爲貴州鄉賢的姚茫父影響，《王伯群日記》呈現了王伯群不爲人知的鑒藏世界，體現出他高雅而獨到的藝術品味。

關鍵詞：王伯群；日記；大夏大學；民國政治；藝文

王伯群（一八八五——一九四四），貴州興義人，是大夏大學的主要創建者。他早年留學日本學習政治經濟，追隨孫中山先生加入同盟會和國民黨。學成回國後，積極參與策劃"護國運動"。先後被任命爲廣州軍政府交通部長、貴州省省長、國民黨中央政治會議委員、國民政府交通部長及招商局監督、國民政府委員等職。尤其在交通部長任上，致力於交通改革，發展民族交通事業，且多有建樹。此外，王伯群先生主持大夏大學二十年，成就斐然，先後培養兩萬餘名棟梁之才服務於國家和社會。當年王伯群先生親手督造的群賢堂和抗戰勝利後爲紀念王伯群先生而命名的思群堂，如今仍然矗立在華東師範大學中山北路校區并都處在正常使用狀態，這是他爲我們留下的一筆寶貴的物質和精神財富。

王伯群先生從教之餘有多種著述存世，今又得知其約百萬字的日記手稿七十九册，一直被其後人完好地保存，并於二〇一三年七月由南京四方文化集團有限公司整體收藏，分册情況如下：（一）一九〇八年至一九〇九年，合訂一册；（二）一九一八年七月至十月（附一九三七年十一月），合訂一冊；（三）一九三〇年五、六、七月，合訂一冊；（四）一九三一年八、九月合訂一冊，十、十一、十二月各一冊，共四冊；（五）一九三二年一月至十二月各一冊，共十二冊；（六）一九三三年一月至十二月各一冊，共十二冊；（七）一九三四年一月至十二月各一冊，共十二冊；（八）一九三五年一月至十二月各一冊，共十二冊；（九）一九三七年十月，一冊；（十）一九三八年十一、十二月（附一九三九年四、五月），合訂一冊；（十一）一九三九年六、七月合訂一冊，一九三九年八、九、十二月和一九四〇年五、十二月合訂一冊，共二冊；（十二）一九四一年一月至十二月，每兩月一冊，共六冊；（十三）一九四二年三月至十二月，每兩月一冊，共五冊；（十四）一九四三年一月至十月，每兩月一冊，共五冊；（十五）一九四四年一月至八月，每兩月一冊，共四冊。末附王伯群《廣西的建設（民團與教育）》手稿，一冊。

　　以上各冊，時間跨度長達三十餘年，基本上涵蓋了王伯群先生一生中的主要經歷，如清末留日，民國時期出任交通部長、主持大夏大學校務，以及抗戰期間在貴州推動當地實業、民政和教育事業等，堪稱王伯群的人生實錄。這部基本上涵蓋他一生主要經歷的日記，對後人研究民國政治、經濟以及教育等領域具有重要的文獻價值。

　　由於近現代中國社會的複雜性，日記中的所記所載有某種不可避免的認識局限，這需要我們歷史地、辯證地來審視和判別。現從教育、政治和書畫鑒藏三個方面來解讀《王伯群日記》中的內容，概覽王伯群的人生軌跡與志業。

一、王伯群與大夏大學的建設

　　自一九二四年大夏大學創建以來，王伯群先生主持擘畫，并為此殫精竭慮，先後擔任大夏大學第一任董事長、第二任校長。王伯群先生之於大夏大學，可謂負責於始，獻身於終，孜孜矻矻，未曾須臾間斷。《王伯群日記》中關涉大夏大學校務的記載前後長達二十年之久，其間關於大夏大學的創業之艱、發展之難、播遷之困的記載歷歷可見。在此，筆者擇取《王伯群日記》中與大夏大學有關的內容贅述一二，以期能為王伯群及大夏大學校史研究添磚加瓦。

　　隨着大夏大學在全國的影響日盛，慕名投考的學生日衆，一九二九年上學期大夏大學註冊學生人數已超過一千二百人，原來膠州路的校舍均不敷使用。面對大夏大學勢如破竹的發展勢頭，大夏大學校董事會經過全面討論及權衡，最終決定在上海中山路北、蘇州河旁購地兩百畝建設大夏大學新校區。福禍相依，在新校區廣厦連雲的背後，是由建築新校區花費過多而造成的債臺高築、入不敷出。學校一面要償還債務，一面要應付學校的日常開支，不免左支右絀，最終陷入極度困境之中。坦率地講，一九三二年十月的大夏大學已走到自創校以來最危險的時刻。關於此點，王伯群在一九三二年十月六日的日記中有明確記載：

愧安、築隱二君來談校內財政問題，截至明年二月止，尚負債四十一萬元，大夏前途極其悲觀。

"愧安"是當時大夏大學副校長歐元懷，"築隱"是大夏大學校董及財務處主任傅式說。歐平常負責大夏大學的日常校務，傅則主管大夏財務。兩人同時訪問王伯群并匯報大夏財政問題，既說明情況迫切，更說明問題嚴峻。儘管在大夏新校區高歌猛進式的發展聲中，這樣的局面似乎來得很是突兀。王伯群在日記中僅記寥寥數筆，但對大夏財政"負債四十一萬元"的事實已交代清楚，聞後對大夏前途"極其悲觀"的態度也坦露無疑。祇是當我們比較一下《申報》對大夏新校區一期建設費用總預算四十萬的報道①，一九三二年底的大夏大學竟"負債四十一萬元"，就會明白王伯群"極其悲觀"的這一態度絶非杞人憂天。顯然，大夏大學走到一個危機深重的生死關頭。至於大夏大學何以陷入如此之困境，王伯群在一九三二年十月三十一日的日記中亦有述說：

聞穉云：愧安携一賬來，歷述大夏今年非十萬元不能維持，愧欲辭去副校長職務云云。溯大夏成立之初，余曾向同人宣布盡力維持，嗣後竭力補助，爲之購地，建群賢堂，又爲之擔保借款二十餘萬元，建宿三座，余之力已竭矣。而同事諸平日東挪西扯之其他建設費，本不在余責任範圍内，故余不便過問，況地皮、課堂、宿舍三項以外之建設費應同人擔負籌措，早有宣言。如同人不能擔任，僅可不必建設，因陋就簡可也。爲何又增加債務如此之多，而來累余耶？

此處的"穉"是王伯群的夫人保穉寧，亦稱保志寧。保是大夏大學畢業生，歐元懷訪王未遇，將大夏困境順告保也在情理之中。也許出於無奈，歐元懷以辭職相迫。而王伯群在日記中則回顧了他與大夏大學的歷歷往事，即"溯大夏成立之初，余曾向同人宣布

---

① 《校董會商議建築新校舍計畫》，《申報》一九二九年六月二十五日。

盡力維持，嗣後竭力補助，爲之購地，建群賢堂，又爲之擔保借款二十餘萬元，建宿三座，余之力已竭矣！"從這段記載可知，王伯群爲大夏大學發展的確竭盡所能，而今已是"力已竭矣！"此處"擔保借款二十餘萬元"一事在一九三二年一月十六日的日記中亦有記載，其云：

> 王祉偉、吳浩然兩君來商大夏借債事，決定化零爲整，共向儲匯局借二十二萬元，年息九厘，五年分還。一面囑王、吳與稷生接洽辦理，一面告稷生也。

兩處日記所記相證可知，大夏大學因建群策、群力與群英三座學生宿舍而向交通部直屬的郵政儲金匯業總局借款二十二萬元，并由王伯群作擔保人。再結合之前所說的大夏大學負債四十一萬元之巨，除了二十二萬元向儲匯局所借，此外尚有十九萬元外債。同時，王伯群在日記中也指出大夏大學財務危機的癥結所在，即"地皮、課堂、宿舍三項以外之建設費應同人擔負籌措，早有宣言。如同人不能擔任，僅可不必建設，因陋就簡可也"。顯然，大夏大學的領導層在發展新校區的同時，沒有量力而行，用王伯群的話來說，就是"因陋就簡"，基本建設之外的建築原本可以"不必建設"或者緩建，如此"東挪西扯"舉債而爲之，最終"又增加債務如此之多"，讓王伯群心力交瘁而又無能爲力！面對這樣的困境，王伯群不是沒有考慮最壞情況。他在一九三二年十一月一日的日記中寫道：

> 愧安來信，請余召集常務董事開會維持大夏，并欲辭副校長職。余在病中，不能十分爲大夏努力，擬日內邀集大夏重要分子先一討論，如果無善法維持，破產亦不惜。然非至山窮水盡，豈可輕易出此。

這一處日記的所記尤可見王伯群心中矛盾與糾結之處，"如果無善法維持，破產亦不惜"。"破產"二字出現在王氏日記中既讓人覺得刺眼，又不免有幾分驚恐，可王氏隨後寫道："然非至山窮水盡，豈可輕易出此。"的確，王伯群這樣愛大夏如家如子的教育家，不到山窮水盡之地，如何能言放棄大夏或使大夏"破產"呢？民國革命的血雨腥風，"護國運動"的槍林彈雨，國民黨政府的派系傾軋，無數次的艱難困境中，他都沒有退讓，這次更何談放棄。雖然這一次大夏大學的財政危機深重，但是設法維持并共渡難關纔是當務之急。

從《王伯群日記》可知，一九三二年十一月、十二月王伯群開始爲大夏大學渡過財政難關四處奔勞籌款，他在一九三二年十一月二日、三日的日記中分別寫道：

> 又托志雄訪月笙，再爲大夏一助。志雄謂上海滬淞善後委員會有款可以助教育機關，主之者子文，如大夏未領，可設法請領云云。
> 發一函致愧安，約大夏幹部同人明日在舍下午飯，商大夏維持辦法。（十一月二日）
> 十一時歸，少休。祉偉、愧安、築隱、養吾、繼曾、文亞六君來商大夏財政問題。其結果擬將校中奇窘狀況備函各董事，請其設法維持。待各董事均知校中內容後，再由余約集，共籌辦法。一面向銀行界與董事有關之各家加借若干，維持最近三月之需。（十一月三日）

上海大佬杜月笙在大夏大學校董之列，在大夏新校區基建之初也曾慷慨捐款兩萬，故王伯群在一九三二年十一月二日的日記中纔有托人訪杜月笙"再爲大夏一助"之語。而友人志雄提供"上海滬淞善後委員會有款可以助教育機關"的信息，似乎也爲大夏大學緩解目前的財政困局帶來了希望。就在同一天，王伯群發函給歐元懷，約歐與大夏大學校級幹部於十一月三日下午在王伯群家共商大夏大學維持辦法。十一月三日下午，大夏大學副校長王毓祥（祉偉）、歐元懷（愧安）、財務處主任傅式說（築隱）、總務處處長吳浩然（養吾）、教務處處長魯繼曾、大夏中學主任倪文亞等人齊聚王伯群家共商大夏財政問題，提議向有着社會影響及活動能力的大夏校董們求助，幷以借款的方式來渡過目前難關。據《大夏周報》所載可知，大夏校董除了大夏大學的王伯群、王毓祥、張君勱、傅式說、歐元懷、趙晋卿諸人，其他校董非富即貴，如汪精衛、邵力子、何敬之、吳稚暉、葉楚傖、黃紹雄等政壇元老，徐新六、徐寄廎、陳光甫、黃溯初、虞洽卿、錢新之等上海銀行界的風雲人物。[①]大夏大學向這些校董們發出求援信半個月之後，《王伯群日記》記錄的結果是：

> 愧安、築隱二君來，言往各處奔走爲大夏籌款各情，一無所獲，至爲憤懣。商酌久之，苦無善法而別。

---

① 《本大學校董題名》，《大夏周報（大夏大學五周紀念特刊）》，一九二九年六月一日。

從王伯群一九三二年十一月十八日日記所載的"一無所獲"可知，這些"非富即貴"的校董們并沒有"急人所急"地回應大夏大學的籌款請求，以至於王伯群與大夏同仁因籌款事一籌莫展而"至爲憤懣"，即使"商酌久之"而"苦無善法"。又十一月二十四日所記："得愧安寄來浙滬善後委員會回文一件，言款已支配殆盡，所請無法應命矣。"這也宣告王伯群及大夏大學爭取國家資助的努力歸於失敗。

經過一個月的努力，既找不到任何解決財政困境的途徑，也看不到希望在何處，大夏大學的前途似乎茫茫難料。而讓人更爲揪心的是，十一月二十八日歐元懷、傅式説與王伯群商議"學校財政救濟辦法"而"不十分得要領"，十一月二十九日歐、傅兩人則聯合王毓祥向王伯群提出集體辭職。可以説，一九三二年十一月底的大夏大學正處在内外交迫、風雨飄搖的困境之中，王伯群在同年十一月二十八日、二十九日日記中分别寫道：

> 愧安、築隱二君來商學校財政救濟辦法，留之午膳始别。二君因不十分得要領，似歉望而去。余亦因目前大夏之難關非一萬八千可以渡得過，故無法善後。然余固宣言竭余之力維持，擬奔走兩日答復。（十一月二十八日）

> 午前，大夏同事吴浩然、魯繼曾、孫㘭、倪文亞、孫浩炬諸君因歐、傅、王三人辭職，學校財政困難，不易維持，來商救濟之法，并挽留三人。余正作書復三人，并向吴、孫言校内財政歷史及余之責任。諸君懇言，他無法可設，若非小數應付電費等，則立即受斷綫之黑暗，前途不堪設想矣。最後除允竭力奔走而外，并以家用之款撥五千元交吴浩然拿去應急。（十一月二十九日）

這兩則日記中信息頗多，十一月二十八日歐元懷、傅式説兩人"來商學校財政救濟辦法"，顯然，歐、傅希望王伯群在這樣時刻對大夏大學再次施以經濟援助，王伯群則回避這個問題，衹是申明："余固宣言竭余之力維持，擬奔走兩日答復。"這樣的態度讓"二君因不十分得要領，似歉望而去"。聯繫王伯群在同年十月三十一日日記中對大夏大學經濟支持一事有"力已竭矣"的感嘆，就不難理解他的回避態度。此處的日記又再次以"余亦因目前大夏之難關非一萬八千可以渡得過，故無法善後"之語作申辯。顯然，對於王伯群而言，直接資助大夏大學非不爲也，乃不能也。而僅僅時隔一天，各種讓人揪心的消息就紛至沓來，一是歐元懷、傅式説兩人聯合王毓祥向王伯群提出集體辭職，作爲創立大夏大學的三位元老，他們在此時提出辭職，可以理解爲是一種態度，如再不努力設法維持，恐怕大夏大學的"土崩瓦解"就在眼前。而以大夏大學總務處處長吳浩然爲首的大夏同仁則帶來更爲嚴峻的消息："若非小數應付電費等，則立即受斷綫之黑暗，前途不堪設想矣。"試想一個學校已到連電費都付不起的地步，面臨電力公司停電斷綫的黑暗，大夏真是到了山窮水盡之時了。最後，爲解大夏之眉急，還是王伯群從家用之款中撥五千元交吳浩然拿去應急。吳浩然是十一月二十九日午前來向王伯群求助的，按當時嚴峻之形勢，王伯群片刻不敢耽擱，送走吳浩然等人後，他就開始爲大夏事奔走呼救，連續兩天奔走於浙實銀行、上海銀行、國華銀行、興業銀行等各大銀行，但結果是"殊無效"，"仍不得要領"①。儘管結果并不理想，不過在王伯群全力操勞之下，也非毫無成效，畢竟浙江實業銀行、上海銀行兩家銀行"如肯由余擔保者，可借萬元"的承諾，還是讓人看到解決大夏財政困境的一絲希望之光。而緊接着的十二月一日，原來提出辭職的歐元懷、傅式説、王毓祥三人又齊聚王府，與王伯群縱談大夏大學辦學宗旨及前途，看來歐、傅、王三人意欲辭職之舉，雖然有些衝動與不理智，但非決意不管大夏之事，實是憂心大夏前途的悲憤之舉。一旦王伯群以家用之款支持大夏大學的日常開支以及"允竭力奔走"之後，他們又精誠團結在王伯群周圍而爲大夏大學前途出謀劃策，王伯群在一九三二年十二月一日的日記中記載：

> 午前九時起，愧、築、祉三君來談大夏大學維持現狀、發展將來之一切計畫，三君鑒於黨之權威足以影響學校之枯榮，欲使大夏同事多作政治活動。又常感學校無後援，遂常在艱難困苦中，欲將向來不偏不依之方針略加改變。余考慮久之，三君感想不爲無因，不過大夏能於最短時間發達到如此程度，第一即不偏不黨，不受政變之累所致，倘色采大濃，如大陸大學、中國公學之類，早受打擊矣！大夏在政治未上軌道時仍應我行我素，以待時機。三君又謂本學期至少非三萬元不能渡過難關，余以一星期爲限，籌以應之。

在大夏大學舉步維艱之時，歐、傅、王三人所提出的"黨之權威足以影響學校之枯榮，欲使大夏同事多作政治活動。又常感學校無後援，遂常在艱難困苦中，欲將向來不偏不

---

① 《王伯群日記》一九三二年十一月二十九日記載："午後，……余爲大夏奔走各銀行，欲押款救濟，連走兩三家，殊無效。浙實、上海行二家云，如肯由余擔保者，可借萬元云。"又一九三二年十一月三十日記載："午後，往國華、興業商爲大夏借款事，仍不得要領。"

依之方針略加改變"的意見,當是他們對大夏困境所作的反思,其用意自無可厚非。在"常感學校無後援,遂常在艱難困苦中"的這一問題上,王伯群當然與歐、傅、王三人有着同樣的切膚之痛,祇是他并沒有因爲窘迫的"當前之務"而遺忘教育的"千載之功",在肯定歐、傅、王三人"不爲無因"的意見之後,他對大夏大學在政治取嚮上"不偏不黨""我行我素"的推崇,則可理解成是對大夏大學"自強不息"的立校精神的堅守,這種不變初衷的堅守,不但讓我們看到作爲教育家的王伯群"貧賤不能移"的偉大之處,也讓我們看到處於困境中的大夏大學的希望與出路。那麼,大夏大學最終何以渡過困境而弦歌依舊的呢?關於此點,王伯群在一九三二年十二月二日、五日的日記中亦有詳載:

  作致敬之函,爲大夏捐款。(十二月二日)
  往視敬之疾於其家,順便談大夏窘况,敬之聞之動容,决先捐兩萬元,作一紀念品……又言訓練部同人之壹萬元亦擬借給大夏,或生息,或送免費生,以後再定。又允爲大夏向各方募捐,囑代備函致哈同夫人、姬佛陀、張漢卿、陳伯南、何雲樵、楊虎城等,以捐足十萬爲目的。敬之近對大夏如此熱心,至可感也。(十二月五日)

從一九三二年十二月五日日記中可知,在大夏大學的"危急存亡之秋",最終幫學校渡過難關的是當時的國民政府軍政部長、大夏校董何應欽(字敬之)。關於何應欽援救大夏大學這一段故實,在《大夏大學一覽》中曾有"在此期内,因兵燹之餘,播遷顛沛,全校財政極感困難。校董何敬之先生,乃獨任其難,向各方號召捐募,因得以穩度[渡]難關"云云[1],相較這一段文字,日記中則有着何應欽是如何"獨任其難,向各方號召捐募"的諸多細節。比如,何應欽并非簡單地捐款給大夏大學以紓其困窘,還有激勵大夏大學師生不畏艱險、砥礪前行的寓意,其立意崇高深遠。此外,"向各方號召捐募"的細節在日記中有"囑代備函致哈同夫人、姬佛陀、張漢卿、陳伯南、何雲樵、楊虎城等"的記載,而這樣的交代在其後十二月七日、八日、九日、十日的日記中亦有着進一步的落實:

---

[1] 《大夏大學一覽》,載上海文獻匯編編委會編《上海文獻匯編·文化卷》第二十六册,天津古籍出版社,二〇一三年,第二五〇頁。

與愧、築、社商代敬之擬繕各函。（十二月七日）

午後，訪敬之，爲大夏募捐事，代敬之擬致張、姬等函，送敬之簽發。（十二月八日）

社偉來告，以代敬之所擬各信尚有不妥，需請再修改。至致張漢卿書則交由校寄發。（十二月九日）

午後，余攜代敬作致陳伯南、楊虎城、何雲樵、張嘯林諸君函，往請簽發。（十二月十日）

應當説，隨着這些日記具體細節的拼合，我們大體能還原王伯群及大夏大學其他同仁如何齊心協力地向各方捐募以幫助大夏大學渡過難關的過程，也能看到大夏大學這樣一所私立大學之所以在内外交困的險惡環境下顛撲不破、巍然屹立，是因爲其背後有着主持者怎樣含辛茹苦、慘淡經營的故事。

通過對一九三二年《王伯群日記》中大夏大學財政危機的細緻考察，我們發現"聲譽洋溢，蔚爲海上私校之巨擘"①的大夏大學遠非想象中那樣光鮮亮麗，自大夏大學締造以來，時局艱難、經濟困擾一直是橫亘在大夏大學面前的主要問題。尤其是抗日軍興，大夏大學西遷至貴陽，王伯群先生以一以貫之的精神呵護大夏大學，櫛風沐雨，躬親照料，扶持學校於危艱之際，最終護佑學校在兵燹之中不輟弦歌。《王伯群日記》如實地記載了大夏大學這段可歌可泣的校史，也極大地豐富了民國教育史研究的深度和廣度。

二、《王伯群日記》中的民國政治

作爲同盟會元老、民國政教兩界社會名流，王伯群與蔣介石、汪精衛、孔祥熙、宋子文、何應欽、張學良等人有着密切的聯繫和交往，《王伯群日記》中對時局和政府決策的評判，對政要們的所作所爲、品行人格的議論，有助於今人從另一個側面詳細瞭解當時的政治、軍事和社會狀況。

自一九三一年九一八事變後，王伯群愈加擔憂日本的侵略行徑，密切關注日本政局的發展與動嚮。如《王伯群日記》一九三二年二月八日記載："午前看龔德柏所譯日本陸奥宗光著《日本侵略中國外交秘史》，足見日人之侵略野心由來久矣。"一九三三年

---

① 保志寧：《王故校長行述》，《大夏周報》第二十三卷第三期，一九四六年十二月十五日。

十二月十八日，王伯群與傅式説談論中日關係，在日記中記載：

> 與築隱談日本對中國態度。築謂近有一日本外務省科長某，昔年與築同學，交情不淺，奉政府派來滬調查一切，特訪築談天。其談話之要點可約爲：（一）日本於親日親美態度不明，十分焦慮，聞廬山會議當局主親美者二三人，親日者無之，中立者最多數；（二）果中國不切實與日本合作，則日本必設法延長中國内亂，使中國無統一之望，蓋恐中國統一後與日本爲敵也；（三）因之閩省事件，日本不能説無關係，然亦不能説不助蔣；（四）現在日本以經濟援助中國之議業已停止，并反對歐美以經濟援助，故如美棉麥借款，日本多方破壞之；（五）庚款亦決定用作宣傳日本文化於歐美之用，現已設有日本文化國際宣傳委員會；（六）使華北成爲"準滿州〔洲〕國"，竭力保全黄膺白之地位而利用之；（七）上海市民以金錢購飛機，名爲國防之用，實則助長内亂，如言國防直等於兒戲耳，焉有國防計畫日日在口上宣傳耶？（八）日本之急務乃在與英美爭海上霸權，決非對中國，對中國早已綽有餘力，不必再準備矣。然中國若親美助美，則日本雖欲不侵略亦不可能矣云云。此一篇談話直如見其肺肝，然而吾國人尤其是當局者尚醉生夢死，上無道揆，下無法守，近者敢怒而不敢言，遠者則分崩離析，則亡於日本必矣。

王伯群與傅式説談話的記載可分爲兩個方面。一方面是分析日本的對華政策與態度，包括日本設法延長中國内亂，破壞中國所受之經濟援助，設立日本文化國際宣傳委員會，欲使華北成爲"準滿洲國"，與英美爭奪海上霸權等。這部分應該主要源於傅式説，因爲傅有一名擔任日本外務省科長的日本同學不久前剛剛來上海，與傅叙舊的同時分享了許多内情，王伯群也藉機得知了日本國内的最新動態。另一方面是對國内官員和民衆的觀察，包括親日親美態度的不明晰，國防計劃的空虛，當局者的醉生夢死等，表現出身處政治中心的王伯群本人對於内外政局的憂慮。但王伯群還是一直積極尋求對策，如在一九三三年十二月二十五日、二十六日、二十九日閲讀了《日本法西斯運動》一書，并在十二月二十九日向當時的川貴滇駐滬代表鄧漢祥、范崇實分析道：

> 余於雜談之間，乘機縷述中日今後關係，并傳日人某所論三四年後世界戰之

不可免。其理由：（一）因日本軍人太驕橫跋扈，非一戰不能使日本國内四民安樂；（二）日本決心與英美爭海上霸權；（三）日本對中國與世界已勢成騎虎，祗有積極備戰，兵猶火也，不戢將自焚。有此數者，逆料下次大戰決不能免。中國鄰近日本，三面在渠包圍之中，苟不親日，一旦戰事發生，則先爲刀下俎，親日則甘爲奴隸牛馬。故爲今之計，祗有積極圖自立自主方能生活。欲圖自主自立，首先要擇國内地勢優之西南數省合作建設，以爲根據。此意闡發未盡，而席已終。……晚飯後靜坐逾時，看《日本法西斯運動》。至十一時入浴就寢。

王伯群所傳"日人某所論"，即先前傅式說在日本外務省擔任科長的同學。但王伯群此時對於局勢的思路更加清晰簡明：日本國内軍人當政，驕橫跋扈而不可一世；對外，又決心與英美爭奪海上之霸權。通過對日本國内政情的洞察，王伯群認爲世界戰爭不可避免，而中國因鄰近日本，三面皆在其勢力的包圍之下，將先受其害。從這段分析可以看到，王伯群對於日本及世界政局有着清晰的認識，他的猜測在數年之後不幸一一應驗。在一觸即發的緊張時刻，王伯群沒有想過"甘爲奴隸牛馬"，而是力圖自主自立，增強國家的實力，而他首先想到的就是開發建設川、貴、滇等西南數省，作爲未來抗日的根據地。這一計劃體現出王伯群作爲政治家有着深遠的戰略眼光。

王伯群與汪精衛同爲同盟會元老，兩人在一九一八年廣州護法運動時正式定交。在大夏大學建校之初，王伯群就提議汪精衛擔任校董，爲大夏大學的建設保駕護航。爲大夏大學事務，王伯群也曾先後幾次托汪精衛予以周旋解決。如一九三三年十二月二十二日，上海警備司令部士兵持吳鐵城市長布告，"言校内學生六人有共黨嫌疑，……於是將住校内二人、住校外三人逮捕而去"。爲營救被捕學生，王伯群於十二月三十日一面"致電蔣、汪、教部，爲被捕各大學校學生伸冤，一面托褚民誼面陳汪與教部"。最終在汪精衛的幫助下，被捕學生被分批釋放。又如一九三四年十二月三十一日，"教（部）對大夏專修科招生過多批駁"，王伯群決定托汪精衛等人向教育部疏通，最終師範專修科招生辦法得以順利過關。

然而，從日記來看，王伯群對汪精衛的種種言行其實頗有微詞。例如，一九三四年一月二十二日，王伯群參加南京國民政府四屆四中全會第一次大會，對於汪精衛的報告，王伯群在當日日記中寫道："汪精衛報告政治會議及行政院工作，説得天花亂墜，慷慨激昂。無如行起來的時候，祗爲私而不爲公，祗知植私黨分贓，所謂國與黨存亡俱不顧矣。尤其是毫無政治道德，惟知勢利，較之任何人皆卑劣可鄙。"又如一九三四年五月五日記載："汪精衛在中央黨部報告云：民元至民五，袁世凱稱帝；民六，張勳復辟；民八、九，西南實力派與北洋軍閥勾結，孫先生爲求貫徹三民主義，不惜困苦艱難與惡勢力奮鬥，造成後來之光榮。吾人應不忘孫先生堅苦卓絕，認定主義，繼續努力，打破當前國難。現在的國難异常嚴重，希望國民能擁護主張，瞭解政府困難，加增政府力量。從前世界各國亦有如中國今日之危難者，但國民都能同情政府，以圖救挽云云。"對於汪精衛的這番說辭，王伯群質疑道："中國今日之國難誠嚴重矣，然致此嚴重者爲誰？國民之所以不能同情之故何在？世界各國危難時亦有如中國今日之當局乎？余甚願汪氏稍稍反省也。"與汪精衛的政治虛詞相比，王伯群直面國內的嚴峻局勢，積極尋求解決方案。

等到汪精衛變節後，王伯群在日記中更是嗤之以鼻。一九三八年十二月二十九日，汪精衛在河內發表公開信，主張與日本和談，這立即在國民黨內和社會各界激起憤怒聲討。一九三九年五月，汪精衛在日本的庇護下飛抵東京晉見日本天皇，王伯群聽聞這一消息後，在五月二十四日的日記中怒斥道：

> 據確訊，日本派船至安南接精衛至上海，換乘飛機飛日本東京，偕平沼晉見日皇，精衛、平沼所訂協約已簽字并呈日皇批准云云。精衛此種舉動真令人不解，此刻求和，何以對全國無辜被炸無數同胞？何以對數百萬陣亡將士？精衛不爲個人名義計，獨不爲後世子孫耶？甘爲此遺臭萬年之舉，真狗彘之不若矣！平時巧言如簧，不知欺盡天下人幾許？

作爲曾經的革命先鋒，汪精衛投靠日本人的選擇背叛了全國同胞和陣亡將士，使自己名譽掃地，遺臭萬年，王伯群在日記中直接貶斥其爲"真狗彘之不若矣"。當然，汪僞政府的建立無疑加劇了抗日的困境。對此，王伯群也有清醒的認識，他在一九三九年六月三十日的日記中寫道："聞汪已準備采聯邦制，南北僞組織皆爲一邦，汪則在各邦之上組一聯邦政府，七月內即將實現。果爾，則國民政府又多一勁敵矣。自古亡國必有內奸，今日之事又何能例外耶？"

汪精衛與王伯群還有一層恩怨。王伯群昔日與保志寧喜結連理時，在今上海愚園路一一三六弄三一號購置了一棟豪宅。汪精衛在建立汪僞政府後，竟然鳩占鵲巢，將宅邸徵作辦公之用。一九三九年八月二日，王伯群收到留守在大夏大學滬校的吳浩然教授寄信，得知此事，在日記中記下自己的感受：

得養吾快函，言愚園路住宅已加修一碉堡，作汪精衛君辦公之用。深悔前年未當與一外商，當價既可買港幣盈餘厚利，屋宇亦可保存，真失策也。雖然，大好河山及種種國寶均弃如敝徙〔屣〕，個人私產尚何足惜耶？故兩年來，余於京滬兩地之損失殊泰然也。

汪精衛不顧昔日交誼，將曾經的"王公館"變成了"汪公館"，據爲己有的同時又在路口加修碉堡。一九三七年秋，王伯群帶領大夏師生離開上海西遷時，委托保志寧的三叔保君建代爲管護，大概未曾設想過自己的宅邸會淪落漢奸之手，因此後悔自己未能妥善處理。但轉念一想，與國家大片淪陷的美好河山相比，私人財產又所值幾何？當此國家存亡之際，固不應汲汲於自己在京滬兩地私人財產之得失。思及於此，便可處之泰然。從王伯群的這段日記中，可以看到他在民族存亡之際，胸中滿是家國情懷和社會擔當，早已將個人利益置之度外。

王伯群一生跨越"革命救國""交通救國"和"教育救國"三大領域，畢生追求中國的現代化發展。王伯群對國民黨有着深刻的洞察力，曾在一九三三年一月十日日記中提出，國民黨之敝，"在無中心思想，以發（令）爲政策，勉强以精誠團結相號召，實則集合百餘人，思想不同、目的不同之人於一堂，掩耳盜鈴"。王伯群的指摘可謂正中要害。正是基於這種認識，他晚年毅然淡出政壇，全身心投入大夏大學的建設之中，實現爲國儲才的人生理想和抱負。當然，有關王伯群與民國政治的研究，不僅僅要利用《王伯群日記》本身，更要將檔案、報刊、名人手札等材料相互勾連，這樣纔能够得到更加完整、立體的歷史過程。

三、姚茫父與王伯群的書畫鑒藏

王伯群從教、從政之餘，雅好鑒賞與收藏，由於他在民國政壇、文壇、教壇的地位與影響，也由於他具有極深厚的綜合文化修養與品鑒水平，從日本留學回國後的三十多年中，他通過各種渠道收藏民國政壇、文壇、藝壇的各類精英人士之書畫作品、信札及印章、碑帖不下四五百件。王伯群在書畫鑒藏上深受同爲貴州鄉賢的姚茫父影響。姚茫父（一八七六——一九三〇），名華，字重光，號茫父，是民國初年北京的畫壇領袖，與陳師曾并稱"姚陳"。姚茫父與作爲政治家的王伯群是各自領域裏的翹楚，看似"風馬牛不相及"，實際上却有着一份讓人意想不到的師徒情誼。在稿本《王伯群日記》之中，每每可見王伯群捧讀茫父著作、搜集茫父故物的文字。下文就以《王伯群日記》中的書畫鑒賞事爲主綫，挖掘師徒二人埋藏在歷史深處的交往細節，并展現王伯群在書畫鑒藏上的趣味。

一九〇二年二月，姚茫父受王伯群大舅劉顯世延請，任筆山書院山長。姚茫父回憶"王伯群來受業，循循有禮法，意甚勤也"①，對其印象頗佳，傳授《孟子》《左傳》等經典與數理之學。姚茫父在筆山書院期間，臨摹李斯《嶧山碑》甚勤，常爲學生寫篆。②從《王伯群日記》來看，王伯群後來喜好收藏碑帖字畫，擅長篆書，應當深受姚茫父的影響。一九〇四年，姚茫父中甲辰科進士，赴日本東京法政大學留學，曾"寓書伯群往游"③。在姚茫父的指引下，王伯群也在一年後獲官派留學資格，入日本中央大學學習。王伯群留日時期的日記《震章戊申年小史》中保留有他閱讀大量法學書籍的記載，其中如《民法總則》《國法學》等，都由姚茫父編纂。

一九一二年，姚茫父在北京任臨時參議院參議員，王伯群在上海加入"中華民國聯合會"，"遂不獲侍几席"，但敬執弟子禮的王伯群，"歲時北行，必敬問起居"，時常入京拜訪姚師。從王伯群藏品來看，兩人有着頗爲頻繁的書畫交往，如一九一九年十一月八日，王伯群請姚茫父觀題所藏錢澧楷書對聯④；一九二二年十一月二十三日，王伯群出示所藏顧麟士《山居消夏圖》及沈曾植行書，請姚茫父爲畫卷引首⑤。可見，雖然師生二人有魏闕江湖之别，但書畫鑒賞仍是二人共同的雅趣，這對王伯群品鑒趣味的形成起着至關重要的作用。

姚茫父常年出入北京琉璃廠，購藏古籍字畫，據倫明回憶："貴筑姚茫父華，居蓮華寺，余舊鄰也。……廳室雅潔，觸目琳瑯也。君殁，所藏歸文禄堂、邃雅齋二家，得值一萬三千金。"⑥一九三〇年六月五日，姚茫父溘然離世，王伯群熱衷於搜集貴州鄉

---

① 姚華：《王母曾太夫人八十壽序》，《弗堂類稿》，載沈雲龍主編《近代中國史料叢刊續編》第二輯第二十册，文海出版社，一九七四年，第三三八頁。
② 杜鵬飛：《藝苑重光：姚茫父編年事輯》，故宫出版社，二〇一六年，第七二頁。
③ 王伯群：《〈弗堂類稿〉序》，《弗堂類稿》卷首，載沈雲龍主編《近代中國史料叢刊續編》第二輯第二十册。
④ 姚華邊跋："伯群屬題，己未立冬，弗堂晴窗漫筆，姚華茫父。"（朵雲軒二〇一三年春季藝術品拍賣會"雙雨山館——王伯群藏品專場"圖録）
⑤ 姚華引首："壬戌小雪，蓮華庵書。伯群仁弟屬，茫父。"（朵雲軒二〇一三年春季藝術品拍賣會"雙雨山館——王伯群藏品專場"圖録）
⑥ 倫明：《辛亥以來藏書紀事詩》，載王餘光、李東來主編《倫明全集》第一册，廣東人民出版社，二〇一二年，第一一八頁。

賢文獻，曾在一九三三年七月十四日的日記中痛心地說道："知茫父死後，其後人亦不能保其心愛之物，復轉售於他人。嗚乎，人世無常於至此極，可爲嘆息也！"姚茫父故物因此成爲雙雨山館藏品中的常客。一九三三年五月一日日記記載："以茫父先生畫山水四幅送毛全泰木器店製一屏風。"王伯群將姚茫父之畫製成屏風，以爲紀念，足見對姚茫父故物的頂禮膜拜。

爲了延續姚茫父的精神生命，王伯群出資并親自主持刊刻《弗堂類稿》。在《王伯群日記》中，常有其批閱《弗堂類稿》的記載，如一九三二年三月三十一日："讀姚茫父先生所跋之《石門頌》，并將跋語抄存以備隨時參考。茫父爲學之精縝，實堪敬佩，無論何物一到手中，必窮源究本，得其所以而後罷手。此漢學家之方法也，應取法之。"可見，王伯群閱讀《弗堂類稿》不僅僅是爲了緬懷先師，更是爲了汲取治學與行事的養分，是王伯群的案頭之書，其於一九三二年八月三十日日記眉批記："王（治易）見余案頭有《弗堂文集》，甚稱許，遂各贈一部。"另外，王伯群還經常將《弗堂類稿》持贈他人，從《王伯群日記》來看，贈書對象不僅有何應欽、吳鐵城這樣的官宦名流，也有柳詒徵、章士釗這樣的學苑鴻儒，[①]王伯群可謂是推介姚茫父文集最有力的功臣。

王伯群在《〈弗堂類稿〉序》中説姚茫父文稿"頗遺失"，以數量論已"散佚過半"，《弗堂類稿》僅"得見其大概"耳[②]。《〈弗堂類稿〉跋》中又説："散佚居多，异日當搜羅補刊之。"[③]可知王伯群當日確實想搜羅遺稿、補刊續集。因姚茫父藏物多有題跋，又"每畫輒題其詩詞與曲，曲尤工"[④]，所以購藏姚茫父故物成爲輯錄佚文的重要方式。如《王伯群日記》一九三三年六月二十六日記載："有姚茫父遺物《鄭文公下碑》一册，茫父跋字頗多，殆爲未損之初拓，身份最早，極難得之品也。"《〈鄭文公下碑〉跋》就是《弗堂類稿》的佚文。

王伯群在政事之餘醉心金石書畫，姚茫父故物也成爲他反復把玩的珍品。如王伯群曾將姚茫父舊藏《夏承碑》與另一種"真賞齋本"仔細對校，得出姚藏"係兩種參合而成，一種係翻刻，一種係鈎補"的結論，并在一九三三年一月一日日記中記下："余獲

---

① 如《王伯群日記》一九三二年二月五日記載，取《弗堂彙稿》一部，親攜至故之處贈之；又一九三四年一月三十日記載，同往國學圖書館訪館長柳詒徵君，送以《弗堂彙稿》二部，并托其辨別《史記》是否宋本。
② 王伯群：《〈弗堂類稿〉序》，《弗堂類稿》卷首，載沈雲龍主編《近代中國史料叢刊續編》第二輯第二十册。
③ 王伯群：《〈弗堂類稿〉跋》，《弗堂類稿》卷首，載沈雲龍主編《近代中國史料叢刊續編》第二輯第二十册。
④ 張舜徽：《評介姚華文集〈弗堂類稿〉》，《貴陽文史資料選輯》第十八輯，第四〇頁。

此華氏孤本而晨夕把玩，真生平快事。"又如，書畫商孫琚之送來茫父舊藏《小字麻姑仙壇記》，令王伯群欣喜若狂，其在一九三五年十月二十八日日記中寫道：

孫琚之忽携來《小麻姑仙壇記》，姚重光師舊藏物也，可愛之極。姚師校爲南城原石南宋拓本，雖裂稍寬、拓已晚，然字細而精神挺拔，所謂圓到有餘者也。余愛顏書，求之多年不得小字帖，雖見何子貞藏張叔未跋各本，究係珂羅版，不如拓本之出神。前年得一翻本書，估已言可貴，不易物色。何況此爲南城原石，又經茫父先生精跋多語，詳考數十遍而寶愛終身之物耶？爲之狂喜不值。唯索價五百餘金，殊屬太貴，又值余經濟恐慌之際，如何能收乎？遂命留觀再說而去。

受姚茫父影響，王伯群也雅好顏體，時常臨習。此本爲南宋拓南城原石本，較諸通行的珂羅版印本，尤能體現顏書的神韻，又有姚茫父"詳考數十遍"的"精跋多語"。王伯群以五百餘元要價過高，"命留觀再說"，在當晚繼續如飢似渴地把玩該帖：

入夜，又取《小麻姑》顏書再與何藏三冊對校，又細玩姚先精跋數過。以爲如此宋拓本如不收藏，機會一過不可再來，……且憶匣中尚存有平票三百數十元，加以年上海行餘款有數千元，以收藏當無不足。又余曾去信出價肆百肆十元，倘不收購，未免失信於碑估，遂決計留之。

王伯群將《小字麻姑仙壇記》與何紹基所藏的通行的珂羅版印本對校，并細讀姚茫父題跋，認爲該帖價值甚高，決意留下此寶，以四百四十元爲最低價位，不惜動用壓箱底的銀行存款，次日（十月二十九日）終於交易成功：

午前孫琚之來，當留《小麻姑帖》一冊、姚篆八尺聯一付、姚畫摺扇"故鄉風景"一柄、姚畫菊八頁、姚分書"今夕祇談風月"橫披一個、補亡雙碑一冊，合共付出平票373、平支47、滬現40、《弗堂集》六部60，兩訖。

【眉批】又留姚行書五尺十言對一付、篆書四尺七言一付、篆大小中堂各一幅、《禪國山碑》五幅，言定壹百元，有款時寄付。

此爲王伯群豐收之日，除了《小字麻姑仙壇記》，又得姚扇、姚聯、姚畫、姚書等，代價是付出了幾乎所有的流動資金。即便如此，王伯群還是預購了姚茫父的對聯、篆書、碑帖等共計一百元，待"有款時寄付"，充分體現出對姚茫父故物的狂臚與痴迷。

《王伯群日記》呈現了王伯群不爲人知的鑒藏世界。從現在面世的王伯群雙雨山館藏品來看，王伯群的藝術品味高雅而獨到，有自己的鑒藏體系，至少有以下三個特點。首先，王伯群尤其喜好篆隸及顏書一路的碑帖，這一點受到姚茫父的直接影響。其次，王伯群藏有大量當時名流如孫中山、蔣介石、章太炎、譚延闓等人的墨迹，以及徐悲鴻、張大千、溥儒等名家的作品，這得益於他在政、教兩界的重要地位。最後，王伯群勤於收集鄉賢文獻，除了姚茫父故物，還藏有許多貴州文人如鄭珍、莫友芝的手澤，體現出他對故鄉的脉脉温情。總之，姚茫父身爲民國初年的北京的畫壇領袖，潛移默化地影響了王伯群的鑒賞趣味。王伯群孜孜不倦地搜集先師故物，亦可謂事死如生而恪盡門生之職。

結　語

日記作爲個人記錄的文獻，往往反映了當事人真實的觀察和感受，具有原始性和私密性的特點，且内容包羅萬象，成爲近代史研究中不可或缺的一手史料。對於王伯群在民國教育、政治、書畫鑒藏等方面的貢獻，學界以往僅憑人物回憶或相關檔案材料，仍有諸多語焉不詳、流於片面、亟待發覆的地方。稿本《王伯群日記》是近年新發現的第一手材料，體量龐大，不僅反映了王伯群這位民國政治家、教育家的複雜經歷和隱微心曲，更足以爲相關人物事件的研究提供豐富的歷史細節和新的考察維度，特別是民國政治史、教育史和書畫鑒藏史，都有賴於這些新材料的發現，來繼續向前推進。

王伯群作爲民國政界要員、貴州地方領袖，其豐富的從政經歷和廣泛的社會關係，起伏的人生道路和敏鋭的洞察能力，執着的藝術興趣和頗具爭議的個人性格，至今尚未得到合理、全面的認識。以往我們認識的王伯群，是一個扁平化的作爲政治家的王伯群，甚至是一個被緋聞所扭曲的王伯群。《王伯群日記》基本上涵蓋了他一生中的主要經歷，如清末留日，民國時期出任交通部長、主持大夏大學校務，并且在抗戰西遷後，將大夏大學整體遷至貴州，推動貴州當地實業、民政和教育事業。即使是在山窮水盡之時，他仍然能够以頑强的信念度過危機，可見他在民國教育界與政治舞臺上卓有建樹。在事業之外，王伯群雅好古書碑帖、名人字畫印章，并在日記中不惜筆墨，翔實記録，體現了他作爲鑒藏家的一面。至於他和大夏大學女生保志寧的婚姻，雖曾引起朝野物議，但通觀《王伯群日記》中有關這一對老夫少妻的點點滴滴，我們或許也將得出另一種結論。

（作者單位：華東師範大學古籍研究所）

集部文獻整理與研究專題

《洪亮吉集》集外詩文續補

趙厚均

内容摘要：《洪亮吉集》出版較早，對文獻的搜求未能盡善盡美，遂不乏有爲之輯補者。在衆多的輯録文章之外，又輯録各類作品十七題共二十一篇（首），涉及詩、詞、文等多種體裁，涵括別集題識、方志序跋、碑記、題詩等，對探討洪亮吉的創作與交游，多有助益。尤其是其殿試卷的發現，對研究洪亮吉思想和科舉考試有重要意義。文章對諸作中涉及的人物、事件等盡可能進行了闡釋，以求知人論世之效。

關鍵詞：洪亮吉；詩文；補遺

洪亮吉爲乾嘉文壇一大作手，生平著述宏富。其詩、詞、文集，今人劉德權整理有《洪亮吉集》行世，曩時嘗撰《〈洪亮吉集〉集外詩文補遺十三則》[①]《〈洪亮吉集〉佚文一篇》[②]《〈洪亮吉集〉佚文又一篇》[③]，補其失收之作。嗣後，孫振田《〈洪亮吉集〉補遺一篇》[④]、李金松《洪亮吉的一首佚詩》[⑤]又補其詩文各一篇，可知其集外遺珠確乎不在少數。筆者復廣事搜求，猶有所得，再爲補遺如下，并略述其有關人事，以便觀覽。

一、題白紵山人稿

---

① 趙厚均：《〈洪亮吉集〉集外詩文補遺十三則》，載南京大學古典文獻研究所編《古典文獻研究》第十二輯，鳳凰出版社，二〇〇九年，第五五五—五六五頁。
② 趙厚均：《〈洪亮吉集〉佚文一篇》，《江海學刊》二〇〇八年第二期，第一〇六頁。
③ 趙厚均：《〈洪亮吉集〉佚文又一篇》，《江海學刊》二〇〇八年第四期，第一六五頁。
④ 孫振田：《〈洪亮吉集〉補遺一篇》，《江海學刊》二〇一一年第一期，第一八九頁。
⑤ 李金松：《洪亮吉的一首佚詩》，《江海學刊》二〇一一年第三期，第二二八頁。

大集五言氣息之雅，純乎古人，近時作手，罕見其比，詩家正法眼藏。七律清雄華茂，極盡能事；詠古諸什，尤爲擅場；歌行、雜體，導源《騷》《選》，博綜韓、蘇，大者瀾迴，細者波皺，而一澤以古音，大雅之材三十一，非君其誰與歸？

戊戌祀竈前一日，陽湖洪禮吉榜名亮吉拜跋

　　此文見朱滋年《樹堂詩鈔》（清嘉慶刻本，中國國家圖書館藏）。朱滋年，字潤木，一字樹堂，號唔琴。安徽當塗人。乾隆三十年（一七六五）拔貢生。官朿安教諭。《詩鈔》卷一又稱《白紵山房初稿》，故洪亮吉爲其題辭如此。

　　文作於乾隆四十三年戊戌（一七七八）。

二、與朱樹堂書

洪亮吉頓首肅啓樹堂先生廣文足下：

　　闊別三十年，忽奉手書，并頒近刻，雒誦數過，清如玉壺之冰，潤如金掌之露，豐神奕奕，仙骨珊珊，洵足以壇坫藝林，楷模來學，欽佩奚似？亮吉中歲以來學殖日落，昨蒙聖恩，得以旋里，方且杜門思過，不敢孤天地之恩；於野力耕，稍可貢太平之稅，如是而已。承以大集序文見諉，此時尚未敢涉筆，容日構成請教。儒官俸薄，然最可從容著書，羨甚！羨甚！附便率復，即問起居，并謝大教，不盡欲言。

壬戌新正十日，亮吉又頓首

　　此札見《樹堂詩鈔》卷首。洪亮吉在札中言及爲朱滋年作序之事，今僅見上文之題識，未見序文。

　　文作於嘉慶七年壬戌（一八〇二）正月初十。

三、七絶二首

　　竹屋數層通月影，紙窗三面映溪流。不妨梅樹高於棟，約客看花祇上樓。
　　破寒同訪林居士，千點疏英六出花。猶記孤山三日住，石床曉夢最清華。

此二詩見葛金烺《愛日吟廬書畫別録》［民國二年（一九一三）葛氏刻本，上海圖書館藏］卷一。此爲葛金烺所藏"清名人詩翰匯册"之一，乃洪亮吉手書行楷，鈐"亮吉"朱文方印。詩後有小識云："辛丑暮春，梅屋硏長先生屬題。陽湖弟洪亮吉。"可知其作於乾隆辛丑（一七八一）。梅屋，指張若采。若采，字穀漪，號子白，婁縣人。乾隆庚戌（一七九〇）進士，與洪亮吉爲同年。著有《梅屋詩鈔》。洪亮吉另有《張進士若采梅屋讀書圖》詩。

四、小哦近稿跋

運思新奇，落筆生動，閨中人又稱勁敵，此樂恐神仙不如也。余適有贈君句云："官爵偶同文待詔，倡隨欣得管夫人。"然以詩格而論工惡，或遜徵仲先生，風骨則不如今待詔也。

更生居士洪亮吉讀并跋

此跋見《紫藤花館藏帖》。《紫藤花館藏帖》四卷，徐達源輯，容庚《叢帖目》卷十二著録，原帖已不存，今存刻石於南潯小蓮莊内。徐達源（一七六七——一八四六），字岷江、無際，號山民，別號小峨山人，蘇州吳江黎里鎮人。任翰林院待詔未滿一年，即返里閉門著述。洪亮吉《敕封承德郎翰林院待詔加三級徐君妻吳安人墓誌銘》云："余以壬戌十二月道出黎里，始識翰林院待詔徐君達源。"①可知二人相識於嘉慶七年壬戌（一八〇二）十二月。此後，洪亮吉與徐達源保持往來。徐妻吳瓊仙逝後，徐即求洪亮吉撰墓誌；在編撰好《黎里志》後，徐即求洪亮吉撰序。可見二人交誼。

嘉慶十六年（一八一一），徐達源輯袁枚、趙翼、洪亮吉、阮元等廿二位文人學士往來投贈之詩文、尺牘手迹，刻成《紫藤花館藏帖》刻石。《紫藤花館藏帖》拓本後傳入日本，藏於肥州孔聖廟，日本學者熊阪秀、岡部忠保、梅谷十時順等觀後贊譽有加，均有題跋。梅谷跋語將此事比諸宋神宗時蘇東坡等題日本皇子流入中國之墨迹。諸題跋後又傳回國内，補刻於石，堪爲中日文化交流的一段佳話。《紫藤花館藏帖》刻石同治年間爲南潯絲商周昌富購得，後爲劉錦藻所獲。周、劉二人皆有跋語。光緒二十一年（一八九五），劉將其嵌於南潯小蓮莊内劉氏家廟前廊壁。刻石共三十一方，正、草、

---

① 洪亮吉：《敕封承德郎翰林院待詔加三級徐君妻吳安人墓誌銘》，《更生齋文甲集》卷三，《洪亮吉集》，中華書局，二〇〇一年，第一〇一七頁。

隸、篆各體皆備，書藝高妙，刻工精絕，堪稱史料與藝術價值兼備的珍品。熊阪秀跋語云："其揮翰之工，或宗鍾王，或師歐褚，或祖米黃，或學趙董，紙滿龍蛇，行霏烟霧，中華文物之盛，不大可見乎？"對其給予了極高的評價。其史料價值即在於保存了一部分乾嘉名家的詩文書信，而這些作品基本均未見於其別集，爲我們輯佚補缺提供了豐富的資料。

《小哦近稿》應爲徐達源詩集名，今不傳。洪亮吉《更生齋詩集》卷六《贈徐達源待詔》云："居鄰水國號山民，校勘陳編事業新。官爵偶同文待詔，唱隨欣得管夫人。買書船好通支港，寫韵樓高絕點塵。屋後女桑三百樹，不妨來訪异時春。"①即跋中所云詩。文徵明（一四七〇—一五五九），初名壁，字徵明，後更字徵仲，號衡山、停雲，長洲（今江蘇吳縣）人。科場蹭蹬，直至五十四歲纔受薦以貢生進京，待詔翰林院，故稱"文待詔"。因徐達源曾官待詔，洪亮吉比之於文徵明。

此跋未署年月。由前文可知，洪、徐二人於嘉慶七年十二月始相識，徐妻吳瓊仙於嘉慶八年（一八〇三）二月二十三日辭世，此跋謂"閨中人又稱勁敵"，顯係吳瓊仙尚在世，應即作於這兩月間。

五、黎里志序

天地之氣，自西北日趨東南，何以見之？秦漢以來，西北郡縣倍於東南，今歸化城、嘉峪關以外，迄流沙、西海、河湟、朔漢諸地，皆秦漢以來郡縣也。今則有一郡并作一縣，又或有全郡皆荒弃者矣。東南則不然，即如漢會稽一郡，今分作五布政司；東冶一縣，今分作二布政司，甚至鄞縣、回浦一鄉，今亦分作大府六七。蓋天地之氣所趨，則人民戶口、城郭鎮堡之興替，視之有不期然而然者。黎里爲吳江縣一鎮，今其土壤之富庶、民居之稠密，於西北可比大縣，於東南則中下縣或有不及焉。民居戶籍既繁，則風氣亦日開，文采亦日盛，人物軒冕亦遂擅於東南。推之而園亭、祠宇、文藝、金石，皆可各立一門，此而不及今條記之，則後此者將何所考焉？吾友徐君山民以翰林待詔起家，不一歲即告歸，所著詩文皆有專集，又以其暇撰《黎里志》。書成，以示余，余嘆其搜采之博，用力之勤，以爲黎里不可無是書，吳江、震澤二縣，亦不可無是書。推之而府志、通志，亦不可無是書，以爲之先導矣。志凡若干卷，其義例皆見徐君所自撰序錄中，不贅。

---

① 洪亮吉：《贈徐達源待詔》，《更生齋文甲集》卷三，《洪亮吉集》，第一三四五頁。

嘉慶九年，歲在甲子長至前一日，陽湖洪亮吉撰

此文見蔡丙圻《黎里續志》（中國地方志集成本）卷十五"集文"。《黎里志》，徐達源編。

文作於嘉慶九年甲子（一八〇四）。

六、與徐達源書

頃到手言，始悉足下近又奉生母太夫人之憂，爲之惋愕。頻年足下連有骨肉之喪，可云遭家不造矣。然尚有老親在堂，幸節哀自愛爲屬。至一切日用酬應，足下讀禮之餘均當親自檢點，簡之又簡，則并儅舊業，或尚可爲善圖。亮吉幼孤，赤貧，是以頗知稼穡之艱難，人情之冷暖。知好有素心，願足下如此耳。館事羈身，不能即行吊唁，容俟之另日也。《黎里志序》製就寄正。

先此布問孝履，不盡欲言。

亮吉頓首啓山民先生待詔閣下
天中節後二日雨窗

此書見《紫藤花館藏帖》。徐達源妻吳瓊仙嘉慶八年病逝，洪亮吉爲作《墓志銘》。札中"骨肉之喪"或指此而言。《黎里志序》，作於嘉慶九年長至前一日，則此札亦應作於是年。

七、又席上贈吾園主人春渚曉吟圖

春渚多桃花，秋汀富楊柳。沿堤饒竹屋，已近浦江口。主人春曉即朗吟，野鶴與鵲皆知音。明年來喚吳淞渡，却看桃花隔坡住。

此詩見李筠嘉輯《春雪集》（清嘉慶刻本，上海圖書館藏）卷一。李筠嘉（一七六六——一八二八），字修林，號筠香，上海人。貢生，官光祿寺典簿。在上海城西南隅，李氏有別業"吾園"，有帶鋤山館、紅雨樓諸勝。常雅集名流宴飲賦詩，如洪亮吉、孫原湘、吳錫麒、改琦、趙懷玉等均嘗往焉，并有吟咏，李氏輯成《春雪集》六卷，

附詞一卷。此書共收錄洪亮吉詩四題五首，此首外，均見於《更生齋詩集》卷八及《更生齋詩續集》卷一。《春雪集》在《又席上贈吾園主人春渚曉吟圖》之前，另有《十二月四日消寒第三集筠香招同味莊觀察暨何春渚鮑竹圃儲香岩林雙樹褚文洲改七薌陸祁生徐二卯并鐵舟上人喆昆復軒吾園小集時余以明日旋里承諸君子皆作詩相餞醉中賦此留別》，此詩收入《更生齋詩集》卷八，題作《初四日消寒第五集李明經筠嘉招同李兵備廷敬何徵君琪陸孝廉繼輅林鎬儲桂榮楮華李學璜鮑熙改琦徐棠諸文學并鐵舟上人吾園小集時余以明日旋里諸公皆即席賦詩相餞醉後率答一篇即以留別》。另據《春雪集》卷一何淇《同人集吾園送洪北江先生旋里時癸亥十二月四日》，癸亥爲嘉慶八年。此詩即作於是年。

八、尊古齋詩鈔跋

丙寅秋仲，自武夷歸棹，適馮秋穀明經亦以游中吳諸山，遇於楓江舟次，話藝竟日。出示所著《尊古齋詩鈔》，取材煉句，溫厚純雅，皆能合古。其用意虛遠處，深得唐賢神理。又能沉靜好學，自見其詩之日進。予乃書贈《武夷九曲溪歌》及《道中》諸咏，濡墨未竟，覺羅浮烟霞之氣，飄渺紙上矣。匆促挂帆，未錄全稿，當俟來春天目之游，郵筒奉寄也。

嘉慶丙寅九月二十一日，上書房舊史洪亮吉跋，時在垂虹亭舟次

此文見馮珍《尊古齋詩鈔》（清嘉慶刻本，上海圖書館藏）。珍，字子耕，號秋穀。江蘇吳江人。洪亮吉《更生齋詩》卷六有《十二月十日同徐達源待詔陳焕理問唐在簡潘眉沈翿三秀才呂英馮珍兩上舍游故宫傅周元理宅後五畝園率賦》，時在嘉慶七年。可知，在作此跋之前數年，兩人已相識。

文作於嘉慶十一年丙寅（一八〇六）。

九、重修澗上草堂碑記

余每詣水木明瑟之園，必過澗上草堂，禮先生木主。見其窗牖零落，俎豆不虔，輒爲慨嘆久之。今歲得徐待詔達源書，與其徒趙筠復新先生之祠，并捐田以備祭掃。夫待詔於嘉慶建元已重修先生之祠矣，今越十二年，待詔家已中落，復能與其徒爲此義舉，《傳》所云"善不倦，見義必爲"者，待詔及上舍皆有焉。今試觀

萬物，向榮之時，凡培植百果，料量衆卉，人人皆能之矣；及夫歲序欲盡，冰霰載途，山不髡而若髡，水不涸而欲涸，誰復能滋宿莽之草，護松柏之根者？是則趨盛背衰，樂榮惡悴，物物之性盡然。天亦不能使雨露之澤盛於冬時，日月之華偏於枯木，則亦天人之理然也。今二君獨能惓惓於勝國之遺民、國初之耆舊若此，吾知君處文靖之時，必能爲文靖所欲爲；處俟齋之時，亦必能盡俟齋所欲盡，易地皆然，有不謀而合者矣。吾故樂爲之記，并繫以歌曰：

歲歷耄耋，心忘干支。草堂陰陰，此焉栖遲。青碧障天，紅無一絲。疑有精衛，巢於北枝。

先生之生，海水四飛。先生之卒，澄泓一溪。所天既沒，其誰與依。噫吁嘻！民之生，不如死之久兮。

父主東林，明之藎臣。兒居西澗，世之遺民。是父是子，求仁得仁。烏乎！下爲河嶽兮，上爲星辰，夫豈沾沾於澗水之濱！

文見蔡丙圻《黎里續志》（中國地方志集成本）卷十五"集文"。澗上草堂爲明末清初徐枋隱居之所。徐枋（一六二二——一六九四），字昭法，號俟齋、秦餘山人，吳縣（今江蘇蘇州）人。崇禎十五年（一六四二）舉人。入清，遵父遺命不仕異族，隱居於天平山麓"澗上草堂"。書擅行草，長於山水畫。其門人潘耒編其詩文爲《居易堂集》。其草堂至嘉慶時已零落，徐達源爲其修繕。

記中云"夫待詔於嘉慶建元已重修先生之祠矣，今越十二年，待詔家已中落，復能與其徒爲此義舉"，故此記作於嘉慶十二年（一八〇七）或十三年（一八〇八）。

十、徐山民修俟齋先生祠堂作

平望湖頭水，蘋花采尚新。松杉今佛屋，香火古遺民。師友淵源雅，鬚眉想像真。一家忠孝備，尤足勵宗人。

此詩見蔡丙圻《黎里續志》（中國地方志集成本）卷十三"集詩"。

十一、題邗江游草

何須十萬貫纏腰，方到揚州念四橋。祇覺古人清福好，花剛迎面柳垂條。

心香一瓣奉南豐，詩老仍推大阮工。樂煞隔江文待詔，文章太守値歐公。（賓谷、芸台、墨卿皆傾倒君才。）

此二詩見《紫藤花館藏帖》。《邗江游草》應爲徐達源游揚州時所作匯集成册，今不傳。第一首寫徐達源在春日游揚州，得享"清福"；第二首仍以文徵明相期，再輔以曾燠、阮元、伊秉綬等"文章太守"的器重，對徐達源可謂褒揚有加。

賓谷，曾燠（一七六〇——一八三一），字庶蕃，一字賓穀，南城（今屬江西）人。乾隆四十六年（一七八一）進士，選庶吉士。授户部主事。歷官兩淮鹽運使、湖南按察使、廣東布政使、貴州巡撫等，以貴州巡撫致仕。任兩淮鹽運使期間，在江蘇揚州城開闢題襟館，同賓客賦詩同樂。著《賞雨茅屋詩集》。芸台，阮元（一七六四——一八四九），字伯元，號芸台，江蘇儀徵人。乾隆五十四年（一七八九）進士，選爲翰林院庶吉士、編修，歷山東學政、浙江巡撫、湖廣總督、兩廣總督、雲貴總督等。道光十八年（一八三八）以體仁閣大學士致仕，卒謚文達。他擅長考證，精通經學，編纂《皇清經解》《十三經注疏》等，重修《浙江通志》《廣東通志》，著有《研經室集》；墨卿，伊秉綬（一七五四——一八一五），字組似，號墨卿、默庵，福建汀洲人。乾隆五十四年進士，歷任刑部主事、惠州知府、揚州知府等。善書，工詩文，著《留春草堂詩鈔》。僅從三人文集中，未見與徐達源交往之迹。《紫藤花館藏帖》收有阮元、伊秉綬書札，附此參考。阮元札云："渡江遠來，渴思晤語，徒以賤軀抱病，伏處墓廬，未能接教，悵歉之。蒙賜書件，謹已拜讀，兹呈書箋數件，伏乞檢收是幸。此上山民待詔翰林足下。弟制阮元頓首。"伊秉綬札云："昨見賓谷先生，言及足下之雅，彼一二日間尚欲邀泛平山。弟亦因大吏紛來，未得晤叙耳。山民待詔先生侍右。秉綬頓首。"可見，徐達源的揚州之行，最初祇與曾燠見面。阮元因抱病守制，伊秉綬則忙於接待"大吏"，皆"未得晤叙"。

詩作年不詳。

十二、歸氏四世鄉賢錄序

魯太史克有言曰：昔高陽氏有才子八人，高辛氏有才子八人，此十六族也，世濟其美。服子慎云：高陽氏才子八人，禹垂之屬也。然禹爲伯鯀子，而云世濟其美，即文命當有慚色焉。甚矣，世及之難也。余生平慕古賢人，踪迹所至，輒拜鄉賢名宦祠，以寄其嚮往。前曾至華陰，古弘農郡所屬也。道旁高冢，自漢太尉震以下，咸有次序、碑碣可考。及謁學宮之祠，則太尉震及子太尉秉、孫司空賜、曾孫録尚書事彪，四世咸祀於中焉，慨慕久之。又曾謁許州學宮，見漢太丘長陳寔、子鴻臚紀徵君諶、孫魏司空群，天下以爲公慚卿，卿慚長者也，然亦皆列於俎豆。竊謂海内望族如此二家者，殆難其繼矣，乃今復於常熟歸氏見之，今所編《四世鄉賢録》是也。盛矣哉！謂非本朝以來士大夫之家之僅事哉。其一世爲贈中允諱起先，次少詹事諱允肅，次贈右通政諱宗敬，次工部尚書謚號昭簡、諱宣光，或爲善於里閭，或立勛於朝。寧其接踵入鄉賢也，朝之士大夫以迄里中諸父老，咸以爲當此。真太史克所言"世濟其美"者乎？余與昭簡公季子、浙江布政使景照皆以事戍伊犁，過從尤密。閒中詢君先世事甚悉，今布政君蒙恩旋里，顧以弁首之文見委，遂不敢辭而序之。亦益以見我朝景運之隆，風俗之美，士大夫居鄉立朝，卓卓有所表見。至高曾祖考四世，而潛德淳行，不愧於俎豆，有如此者，洵可以風世矣。

文見《京兆歸氏世譜》（民國四年木活字本，上海圖書館藏）卷三。歸景照，號映藜。乾隆五十五年（一七九〇）九月由按察使遷任浙江布政使，五十七年（一七九二）六月因牽連於"浙江巡撫福崧等侵挪庫項案"，被革職遣戍伊犁。洪亮吉嘉慶五年（一八〇〇）二月遣戍伊犁，同年閏四月釋歸，兩人同在伊犁共處四個月。《更生齋詩集》卷八有《讀歸方伯景照猶女佩珊詩册率跋一首時聞方伯已從戍所旋里即以寄之》，此詩置於《初四日消寒第五集李明經筠嘉招同李兵備廷敬何徵君琪陸孝廉繼輅林鎬儲桂榮楮華李學璜鮑熙改琦徐棠諸文學并鐵舟上人吾園小集時余以明日旋里諸公皆即席賦詩相餞醉後率答一篇即以留別》《初七日消寒第六集瞿應謙別駕携酒招游虎丘久憩生公石時宿霧漫山飲畢不見一人悵然而返分賦得石字》《十七日消寒第七集楊上舍槐招同趙兵備翼莊宮允通敏劉宮贊種之金太守榘方明府寶昌早飯石竹山房復至秦園茶話始別分體得五古一首》之後，《臘月十九日消寒第八集王司馬周南招宋學博保曁令弟理問斗南文學簡可陪游獨鶴山莊看梅歸飲修竹精舍即席賦贈分韵得莊字》之前。據前文，諸消寒之集在嘉慶八年癸亥十二月，時歸景照已返里，此序文應作於此時或稍後。

十三、因樹山房詩鈔跋

氣如怒馬之奔，筆如牛弩之勁，蘊蓄深厚，美兼川長，而其獨往獨來之處，自抒胸臆，有不可籠絡之概。則又其天性然也，是爲可傳。

此文見張太復《因樹山房詩鈔》（嘉慶十六年，中國國家圖書館藏）。張太復，字静旃，號春岩，一號秋坪。直隸南皮（今屬河北）人。乾隆四十二年（一七七七）拔貢，授浙江太平知縣，改遷安（今屬河北）教諭。其集前有李昌琛序及自撰小引，除了洪跋，尚有吴省欽、張問陶等多人的跋語、題詞。

此文作年不詳。

十四、乃亨詩集跋

雨畊先生，桐鄉宿學，近始奉教於宣州。讀先生詩，如春之宜人，如冶之鑄物，自出機杼，一空依傍者也。

此文見馬春田《乃亨詩集》（鈔本，南京圖書館藏）。馬春田，字晴田，號雨耕。安徽桐城人。乾隆間廩貢生，仕宦不顯，客居江寧，與姚鼐、袁樹等唱和。洪亮吉《更生齋詩續集》卷五有《贈馬文學春田即柬姚比部鼐》云："叠嶂樓前識面時，擁書千卷出偏遲。言皆有物曾耽易，旁若無人秖諷詩。幾縷鬢絲江水濯，一生心事皖公知。何時又放秦淮棹，我欲因君寄所思。"《乃亨詩集》卷三《同日聞洪稚存凌仲子葛二林訃音作三哀詩·洪稚存》云："名者壽之賓，君曾著直名。一封書徑上，萬里馬孤行。身返故鄉健，心知破甑輕。史臣應有筆，無恨寫平生。"略可見二人往來之迹。

此文作年不詳。

十五、《羅敷媚·題寫韵樓遺集後并簡山民待詔》二首

人間奇福都曾占，郎是蘭成，妾是雙成。讀畫敲詩歲屢更。　　三生慧業終難昧，寫韵前生，用韵今生。尚剩靈根付再生。

當時分調吟花柳,花也精神,柳也精神。共向樓頭羨璧人。 如今七夕中秋節,星也含嗔,月也含嗔。拚得黃昏靜掩門。

此二詞見吳瓊仙《寫韻樓詩集》(清道光十二年刻本,中國國家圖書館藏)。吳瓊仙(一七六八——一八〇三),字子佩,一字珊珊。江蘇吳江(今屬蘇州)人。徐達源妻,袁枚女弟子。嗜吟咏,擅書畫。丁父母憂,哀毀過甚,患痢卒。洪亮吉爲撰墓志銘。

十六、《題阮梅叔明經珠湖漁隱圖》二首

珠湖湖畔我曾游,不結閑禽結野鷗。
一陣海濱飛雨至,拍波飛上白雲頭。

我交北阮兼南阮,雅識元方與季方。
他日晚凉來訪舊,不妨添個竹匡床。

此二詩見阮先《北湖續志補遺》(廣陵書社二〇〇三年版)卷二。阮梅叔,阮亨(一七八三——一八五九),字梅叔,號仲嘉。阮元從弟。著《珠湖草堂詩鈔》《瀛洲筆談》等。阮元《揚州北湖萬柳堂記》云:"余家揚州郡城北四十里僧道橋,橋東八里赤岸湖,有珠湖草堂,乃先祖釣游之地。"(《北湖續志》卷三)可知珠湖草堂乃阮氏祖父阮金堂"釣游之地",阮亨或爲表彰其先祖志業而繪《珠湖漁隱圖》。圖有陳文述、焦循、顧廣圻、伊秉綬、朱爲弼等多人題詩。

十七、殿試卷

臣對:臣聞法天由於主敬,鑒古所以知來。伊耆之世,民比户而可封;成湯以來,吏守官而不懈。《文子》曰:帝者體太乙,王者法陰陽,則建中之說也。《吕氏春秋》曰:黄帝之道在丹書,顓頊之師爲綠圖,則稽古之說也。《慎子》曰:聖王在上,四生無不遂,則民生之厚可知矣。《管子》曰:政令所及,百體無不從,則居官之績可見也。由斯而言,上有建中立極,稽古同天之實,下有安民察吏,同風一道之庥。上咸五,下登三。古哲王所謂滂仁廣惠而與時茂豫者,舉由此也。

欽惟皇帝陛下，統三才而立極，合七順以承庥。上則法天，次則法古。法天則所其無逸，稽古則日進無疆。近者悦，遠者來，小臣廉，大臣法，固已上紹九皇之治，遠超七制之君矣。乃聖德衝挹，猶以持敬宅心，鏡古出治，藏富於民，寓治於吏，進臣等於廷而策之。臣之檮昧，何足以知？然自維拜獻之義，幸逢曼壽之期，敢不舉平時之所誦，以效愚者之一得乎？

伏讀制策有曰：《洪範》九疇，五福驗之人，八徵驗之天，而總原於五事之敬。此則五三六經、萬世帝王心原之授受，在此矣。臣謹按：皇極者大中也，獲福由於建極。故漢儒劉向、許商等，皆以五福配皇極，而極之於八徵。向、商等皆有《洪範五行傳》，今皆不傳。惟《後漢書·郎顗傳》引《洪範傳》説曰：月行中道，移節應期，德厚獲福，重華留之。蓋即劉向等逸説乎？其言實足以發明五福、八徵之蘊，蓋非知天人之學者不及此矣。《莊子》曰：狶韋氏得之，以挈天地；伏羲氏得之，以襲氣母。墨子采堯舜盤盂之銘曰：君子福大而愈懼，爵隆而益恭。堯之戒曰：戰戰栗栗，日慎一日，人莫躓於山而躓於垤。又嘗得黃帝之所以教顓頊矣，爰有大圜在上，大矩在下，汝能法之爲民父母。夫曰挈天地，襲氣母，及大圜大矩者，皇極也。皇極即大中也。曰日慎一日，獲福而愈懼，得爵而益恭者，即主敬也。此之言主敬，不又在六體、十例之先乎？《易》之言曰：終日乾乾。《詩》之言曰：小心翼翼。《曲禮》一篇，儼若以弁其首；《春秋》三例，欽若以順乎時。推之《大戴禮·五帝德》《逸周書·作洛篇》，以及《管子》《晏子》《荀子·成相篇》《淮南子·主術訓》，其徵引古前哲王嘉謨懿訓，往往可與《洪範》相發明。蓋三代以下，君知主敬之説者，莫若唐太宗；臣知主敬之説者，莫若范祖禹。今《帝範》《帝學》等篇具在，書既有典謨訓誥之風，義不足佐精一危微之蘊乎？敬繹我皇上八徵耄念之章，而知《洪範》天人之學，又遠非前人所及矣。

制策又曰：編年之體，《通鑑》謙不敢繼《春秋》，而托於繼《左傳》。臣考：宋司馬光撰《資治通鑑》，起於戰國，其編年之例與《左傳》同。同撰者有劉攽、范祖禹諸人。二劉精於漢事，撰有《兩漢刊誤》等書，故以漢代屬之。祖禹熟於唐事，撰有《唐鑒》等書，故以唐代屬之。正史之外，采取者，如荀悦《漢紀》、魚豢《魏略》、王隱、臧榮緒之《晋書》、崔鴻《十六國春秋》等，不可悉數。外又別爲《目録》《釋例》，又爲《甲子紀年》，又爲《考異》等，則仿司馬遷大事等記而作也。《綱目》之作，出於朱子之門人，故其言天也，不知漢景之日食；其紀輿地也，不悉慕容氏方隅，前人常屢議之，然朱子固不任咎歟？《前紀》

溯及於三皇，微嫌不得其實。宋《五朝長編》《九朝長編》，皆爲續《資治通鑑》而作也。李燾《九朝長編》已缺徽、欽二朝，非全帙矣。《建炎以來繫年要録》及《朝野雜記》，其例亦如《長編》而少約。《宋元通鑑》兩家，則薛勝於王，然薛亦惟詳道學之源流。而《宋史》以外，如《長編》《北盟會編》《九朝編年》《三朝政要》等，皆未之見殊，有待於重創也。史之載符瑞，侈神奇，實自班固、沈約等啓之，然涑水亦不能盡洗其漏。信乎著述之難矣！

制策又曰：蠲貸之政，惠澤攸先，損上益下，惠心元吉。夫帝王因利利民，何代不然。《周官》荒政之外，有比閭族黨相恤之文。即春秋時而寬徭役、薄賦斂者，亦屢見於楚、鄭之國。自漢而口率出賦，民力始不能寬。於是有恩澤下逮者，必登之於帝紀。自漢文繼統，而始除田租矣。統而言之，高祖之復豐沛，光武之復南陽，明帝之復元氏，則以始生之地也。文帝之除代租，武帝之免汾陰，則以巡幸所至也。漢章過顯宗之舊宅，貞觀幸高祖之故居，則因王迹所基而復除也。他若登封告成，奉高脽上，則減租由於封禪；五原雲中，朔方上郡，則寬賦以優軍興。至若永元之蠲曲阜，祥符之復仙源，則又優禮聖哲之異數矣。唐貞元以後，加恩節鎮，則免本道逋稅。宋則凡郊祀行慶，則免酒課坊稅，猶漢時免所過民租十之一、十之三之類也。倚閣之名，昉於宋時，最爲弊政。建炎之後，帥川陝四路者，已知其弊而革之矣。至我朝而逮下之厚，遠過漢唐，本年復以大慶，普免天下錢糧，三年而遍。美哉！是又振古所未有之澤也。

制策又以安民必先察吏，夫《堯典》重乎允釐，《舜歌》戒其叢脞，《周官》著其期會，《國語》表其勤能。是以士會在晉，則盜迹已移；孫叔相荊，則惰民必斥。故漢文景之詔曰：與我共天下者，非良二千石乎！又曰：使民無歎息痛恨之聲者，非良有司乎？三代以來，漢之吏治最爲近古，刺史以六條察郡國，而不察黃綬以下矣。漢之刺史，即今督撫之職也。漢二千石，舉其大綱，不苛細微。漢二千石，即今監司、郡守之任也。其時謠曰：前有趙張，後有三王。又曰：桴鼓不鳴董少平。蓋若張敞、趙廣漢之爲京兆，董宣之令洛陽，真可謂盜賊屏息，人民安堵者矣。唐考流外官四等，宋考百官三等，皆以勤爲上能。邊境肅清，城隍修理，則唐二十七最之一也。爾俸爾禄，民脂民膏，則宋《戒石辭》之略也。他若遼之進治狀，金之停閣俸，元之備五事，莫非考績之良法。然則，今之爲百職事者，其何以矢公矢慎，無怠無荒，以佐我皇上熙皞之治乎。

若此者，統天人以建中，匯古今而成治，九服有飲和食德之樂，百官著奉令承教之誠。信乎，立敬則不忒，法古則不愆，孚惠則不屯其膏，力勤則不懈於位。我國家與天永久之慶，基於此矣。

臣草茅新進，罔識忌諱，干冒宸嚴，不勝戰慄隕越之至。臣謹對。

附策問：

奉天承運，皇帝制曰：朕祗承大寶命，仰荷燕翼貽謀，御宇久長，日慎一日，惟是納隍馭朽，廑於以養以教，以子惠兆民，上答昊穹恩德。今幸年躋八旬，康強勤恁，未敢高自頤養，抑非術致駐延。孜孜不息，久習而安，用致五代逢吉，四裔向風，保赤誠求，鮐倪愛戴。然猶仔肩罔怠，思欲持敬宅心，鑒古出治，千倉藏富，六計勵官。而集思廣益，貴乎周逮。乃詢爾多士，以佇昌言。

《洪範》九疇，五福驗之人，八徵驗之天，而總原於五事之敬。用故主敬者，天人之合也。《尚書》道政事，賅帝王五代心傳，萬世治要。其中深切著明，惟"曷其奈何弗敬"一語，足蔽全書。向曾於讀《召誥》篇，闡厥義宗矣。若夫耆、媯、子、姒之臨其下，禹、皋、伊、旦之貢其君，六體十例中，與斯言互爲發明者，可臚舉歟？《易》《詩》《禮》《春秋》可旁通歟？《大戴禮》《逸周書》《管子》《晏子》《荀卿·成相》《淮南·主術》，亦有綱繹斯語者歟？《帝範》《帝學》《大寶》《丹扆》二箴、《大學衍義》《養正圖説》，或言主敬，或不言主敬，而義相印、事相彰者，可指述歟？能以此揚明廷，抑用資宥密也。

以古爲鑒，可知治忽。編年之體，《通鑑》謙不敢繼《春秋》，而托於繼《左傳》。其平生精力，書局自隨，同撰者何人，分代者何屬，采取者正史外何書？略而爲目錄，析而爲《甲子紀年》，訂而爲《考異》，別而爲《稽古錄》，體例可陳歟？分而冠之以綱，爲《綱目》，盡出於朱子之意歟？遠而追之於古，曰《前紀》，徵引盡軌於正歟？續當代者《長編》《五朝》《九朝》有全帙歟？《建炎以來朝野雜記》，不少約歟？續後代者《宋元通鑑》，兩家之作，孰優歟？然且紀統紀年，不出至公，紀事紀辭，或嫌失實。炎興存宋，宣光黜元。黃帝國畫萬區，後啟鼎鑄九賦，釋兵權者詫奇怪謀，耽晏安者誇至孝，火牛燧象，虎渡蝗遷，昔備之《鑒評》，尚無怼於《春秋》之義乎？

蠲貸之政，惠澤攸先，損上益下，惠心元吉。《易》義可繹歟？昔人謂古者畫井授田，故無蠲政。然帝王因利利民，《周官》之職，《左傳》之文，其制亦有相近者歟？除民田租，史昉漢文，有蠲半者，有蠲十之三者，有免逋者，有優聖人林廟而躅，皆能指其年代，稽其事實歟？寬緩之令，宋人謂之倚閣，或且迫於衷私，累於破限，甚至有黃紙放白紙收者，當時章奏劘陳之，能言其弊歟？至於放民租，而以內庫撥還，非示人私歟？因免賦而及私債，不擾民歟？朕課晴問雨，爲民亟三時；布閭敷穰，爲民謀四補，自乾隆五十年以前，蠲貸已二千萬萬，積歲有加焉。本年以大慶，普蠲天下錢糧，三年而遍，冀裕盈寧而廣和樂，民力其有紓歟？奉行其盡善歟？多士自田間來，盡讜陳之。

善爲政者，安民必先察吏。《堯典》重乎允釐，《舜歌》戒其叢脞，其要在先事後食，勿欺而已。《周官》太宰受其會，正其治，聽其政事，歲月日皆有期會，能詳之歟？三載考績，三考黜陟幽明，又有十二年之巡狩，大明黜陟，立法之意，可徵諸說經家歟？唐考流外官四等，宋考百官三等，皆以勤爲上，能列其目歟？城隍修理，爲二十七最之一，竊盜十一而得十爲中考，能舉其故事歟？官口百，《官箴》之所規，《政經》之所尚，斷章可取歟？《戒石》本有全辭，節鐫公廷，何時所頒歟？

朕耄念殷求，出則秉燭待章，居則宵衣鮮寐，以盡負扆之職。盂水方圓之謂何，何猶有延玩庇飾者？率作興事，慎憲省成，法猶未盡良歟？凡法，立敬則不忒，法古則不愆，孚惠則不屯其膏，茇勤則不懈於位。書之簡策爲治譜，庀之朝夕爲躬行，予曷敢弗亶，其孰敢弗覆。上下交修予一人，藉報帝載鴻貺之隆爾。萬方更勝公堂兕觥之祝，家修廷獻，明道敷言，毋諱毋膚，朕將親遴焉。

文見畢沅編《狀元策》〔乾隆六十年（一七九五）刻本，中國國家圖書館藏〕。乾隆五十五年（一七九〇），爲乾隆八十壽而特設恩科。本科狀元爲石韞玉，榜眼爲洪亮吉，探花爲王宗誠。制策以經史要籍、減免賦稅及察吏肅政之旨爲問。今特附錄於洪氏殿試卷之後，爲讀洪氏策論之參照。

（作者單位：華東師範大學中文系）

《四庫全書總目》宋別集提要與《宋詩紀事》文本關係探析

梁 嘉

内容摘要：在《四庫全書總目》宋別集提要徵引的衆多文獻之中，《宋詩紀事》具有一定的特殊性。首先，其徵引包含明引和暗襲兩種方式，且明引時通常是進行辨誤。其次，通過文本對照和史源學的追溯，還可發現《總目》對《紀事》的暗襲遠多於明引，主要涉及人物小傳、佚詩采撷和詩歌本事與評論三種文本類型，采取了沿用《紀事》對原書之剪裁取捨、吸收《紀事》采輯佚詩之成果、承襲《紀事》之文獻徵引和對《紀事》進行增删改造等多種策略。通過分析《總目》對《紀事》的徵引情況，可以在很大程度上反映提要的撰寫策略和生成方式。

關鍵詞：《四庫全書總目》；宋集提要；《宋詩紀事》

《宋詩紀事》（以下簡稱《紀事》）成書於乾隆十一年（一七四六），全書共一百卷。厲鶚有感於"前明諸公翦擬唐人太甚，凡遇宋人集，概置不問，迄今流傳者，僅數百家。即名公鉅手，亦多散逸無存，江湖林藪之士，誰復發其幽光者"[①]，出於保存一代文獻的目的，歷二十年編成了這部宋代詩歌總集。由於秉承"苟片言之足采，雖隻字以兼收"[②]的宗旨，故凡宋人文集、詩話、筆記以至山經、地志等書，厲鶚無不詳加揀擇。書中録詩以人爲綱，凡三千八百一十二家，各家之下綴以小傳，傳後兼采史事，間附評語，又録其詩歌，各附本事。該書博綜詳明，體例完備，被四庫館臣評價爲"考

[①] 厲鶚：《宋詩紀事》"序"，上海古籍出版社，二〇一三年。
[②] 厲鶚：《徵刻宋詩紀事啓》，《厲鶚集》，浙江古籍出版社，二〇一六年，第五九七頁。

有宋一代之詩話者，終以是書爲淵海"①。故與當時已有的選詩標準相對嚴格的吳之振《宋詩鈔》等書相比，《紀事》乃是保存有宋一代詩歌的重要資料。②

《四庫全書總目》（以下簡稱《總目》）"別集"一類著錄自漢至清各家詩文集，凡二千五百餘部。其間宋代別集四百六十二部（著錄三百九十六部、存目六十六部），居各代之首。著錄之書均繫以提要，於作者生平、書籍著錄、刊刻流傳和詩文評議等項詳加論列，并多有辨證。這四百餘篇提要所徵引或涉及的文獻極爲複雜多樣，除了別集，還包括官修史書、藏書目錄、筆記雜著與詩文評等。由於書籍浩繁，且雜出衆手，又限於日程等原因，其中多有轉引他書、未及檢核之處。單就集部而言，余嘉錫先生就曾明確指出："觀以上所舉諸詩，及後所引《湘山野錄》，不能不服其閱覽之博，搜采之勤，洎細考之，乃無一條出於《宋詩紀事》卷四寇準名下所采之外者，但稍稍加以評論耳，然竟直稱某書某書而不言及厲氏，非掠美歟？凡宋人別集諸提要，似此者十之七八，今亦不暇逐條詳舉，姑發其凡於此。"③本文擬從余嘉錫先生在《四庫提要辨證》中的這段評論出發，將《總目》宋別集諸提要與《紀事》相關内容逐一進行對勘。同時運用史源學的方法，將《總目》徵引文獻與原書或他書比對，多方考證，儘可能深入地挖掘其與《紀事》的文本關係，以求系統性地考察其徵引《紀事》的具體方式和策略。

一、《總目》宋別集提要采擷《宋詩紀事》的具體方式

《總目》對《紀事》的引用可分爲明引和暗襲兩方面。所謂明引，即直接在提要中點明某段内容參考自《紀事》，此類情況相對較少。四庫館臣對《紀事》内容真正的大量引用，其實是隱去文獻來源的暗中襲用。

（一）明引

檢《總目》宋別集各提要，其中明確稱引《紀事》者達四十六處。明引大致可分爲三類情況：一是據《紀事》所錄，定其本之有無、詩之多寡。如《宋元憲集》提要："國朝厲鶚編《宋詩紀事》，僅采掇《西清詩話》《侯鯖錄》《合璧事類》《揚州府志》所載，

---

① 《四庫全書總目》卷一百九十六，中華書局，一九九七年，第二七六〇頁。
② 《宋詩鈔》成書於康熙十年（一六七一），規定入選作家必須有專集和五首以上的作品，僅錄入八十四位影響較大的作家。
③ 余嘉錫：《四庫提要辨證》卷二十一，中華書局，二〇〇七年，第一三三〇頁。

得詩八首，則海内絶無其本已三四百年矣。"①其他如黄公紹《在軒集》、胡宿《文恭集》、强至《祠部集》和華鎮《雲溪居士集》等提要皆是。二是據新輯《永樂大典》本，辨《紀事》之誤。如劉才邵《檆溪居士集》提要："厲鶚《宋詩紀事》從《詩話補遺》中録其《夜度娘歌》一首，今檢勘原集，乃《相思曲》中之四句，誤作全詩。"②情况相似的還有張擴《東窗集》、李流謙《澹齋集》等提要。三是根據所見舊本或他書，辨《紀事》之缺失。如陳洎《陳副使詩》提要："厲鶚《宋詩紀事》載洎詩十三篇，較此本多《過項羽廟》《過田文墓》二篇，惟此本所有之《黄鵠》詩，鶚失采耳。"③

三類之中，以辨《紀事》之誤者爲多。但另一方面，四庫館臣也會對其采輯廣博的特點予以肯定，如："厲鶚撰《宋詩紀事》，搜羅至博，所録宿詩亦祇從志乘掇拾，未窺全豹。"④"近時厲鶚撰《宋詩紀事》，搜羅極廣，所采逸詩亦止十餘首。"⑤這與四庫館臣在爲《紀事》所撰提要中表現的態度一脉相承。該提要先批評《紀事》"多收無事之詩，全如總集"等"名實相乖""失於斷限"的情况，繼而用大量篇幅羅列了十餘條"采摭既繁，抵牾不免"的失考之處，又在最末從正面肯定了其"網羅賅備"與用力之勤，將其推爲宋代詩話之淵海。⑥

（二）暗襲及其主要文本類型

一篇提要通常由作者小傳信息、别集的文本信息與相關本事、評論信息三部分組成，這三部分也恰好是《紀事》的主要内容。於四庫館臣而言，《紀事》極爲符合其撰寫需求，故其對《紀事》的徵引亦成爲常態，祇是這些徵引大都以隱蔽的方式呈現。若一篇提要中有三條及以上的引文信息與《紀事》相同，或在一些細節上呈現出明顯的沿襲痕迹，則將其定義爲暗襲。以此標準進行考證，可以確定有至少八十五篇提要存在暗襲現象。暗襲的對象主要可分爲三種文本類型：

其一，作者小傳類。四庫館臣撰寫小傳時，通常稱其出自《宋史》本傳。然而不同於提要的簡單勾勒，本傳對人物事迹的描寫通常更爲細緻，因此要將本傳濃縮爲《總目》所需的數十字小傳，必然要經歷一番剪裁。剪裁或許有某些固定程式，但重新組織

---

① 《四庫全書總目》卷一百五十二，第二〇三九頁。
② 《四庫全書總目》卷一百五十六，第二〇九八頁。
③ 《四庫全書總目》卷一百六十六，第二三六三頁。
④ 《四庫全書總目》卷一百五十二，第二〇四〇頁。
⑤ 《四庫全書總目》卷一百五十五，第二〇八二頁。
⑥ 《四庫全書總目》卷一百九十六，第二七六〇頁。

語言後亦難與他書雷同，若兩書小傳在剪裁、用語等方面相似度極高，便可説明問題。

　　經文本比照可知，并非所有小傳文字都單純直接由本傳裁剪而成，其中情況較爲複雜。首先，《總目》之小傳有時全部源自《紀事》。如周孚其人，《宋史》無傳，余嘉錫先生辨證"《提要》所叙周孚爵里，本之《宋詩紀事》卷五十三"①。又如林光朝小傳，文字與《紀事》全同，且"兼侍講"一事僅見於《紀事》而不見於本傳。其次，小傳有時由《宋史》本傳與《紀事》綜合而成。如李之儀小傳與《紀事》幾乎全同，僅"通判原州"與"御史石豫劾"二事乃據本傳補入。②再次，小傳有時與本傳相左而與《紀事》相合。如張方平之籍貫，《總目》所云"宋城人"與《紀事》相合，而與本傳所云"南京人"相左。③

　　其實，《紀事》在作者小傳方面爲《總目》提供的資料并不僅局限於别集内，更涉及宋代經部、史部類的書籍。由於《總目》以書爲綱，而《紀事》以作者爲綱，二書體例存在一定差异，故《總目》宋别集部分中有九十餘位作者的小傳在經部、史部的提要中就已出現，可以確定其中至少有十五篇小傳存在因襲《紀事》的成分。如《總目》卷一百六十五别集類下《騎省集》提要云："宋徐鉉撰。鉉有《稽神錄》，已著錄。"④經考，《稽神錄》提要在《總目》卷一百四十二子部小説家類存目下，其所錄徐鉉小傳，與《紀事》小傳之詳略、用語極爲相似，同時又與本傳所載相差較遠。而張耒在經部《詩説》和范成大在史部《驂鸞錄》提要下的小傳所云籍貫、仕履等用語更是幾乎與《紀事》一字不差。又如周必大小傳在史部《玉堂雜記》提要下，文字用語與《紀事》小傳幾乎全同，且提要所云中進士年份爲紹興二十一年（一一五一），與《紀事》相同，與本傳所載紹興二十年（一一五〇）相左，可見因襲自《紀事》。陸游小傳在史部《入蜀記》提要下，除了整體内容與《紀事》小傳相近，其所云"佃之孫，宰之子"⑤的語言細節也與《紀事》完全一致。經部《爾雅注》所附的鄭樵小傳、史部《歷代銓政要略》所附的楊億小傳等均有上述情況。

　　其二，佚詩采摭類。《總目》是編修《四庫全書》的副産品，故對編修時佚詩匯輯情況的説明也是一篇提要的重要組成部分，這些内容之中同樣存在對《紀事》的沿襲，如前文所舉余嘉錫先生對寇準《寇忠愍公詩集》提要的評論便是一例。此外，將趙湘

---

① 余嘉錫：《四庫提要辨證》卷二十三，第一四六七頁。
② 《宋史》卷三百四十四，中華書局，一九八五年，第一〇九四一頁。
③ 《宋史》卷三百一十八，第一〇三五三頁。
④ 《四庫全書總目》卷一百五十二，第二〇三二頁。
⑤ 《四庫全書總目》卷五十八，第八一九頁。

《南陽集》提要中匯輯的七首佚詩與《紀事》比對後可以發現，其詩題和出處與《紀事》所録完全一致，僅順序略有不同。而楊傑《無爲集》提要中所采四首詩的順序、來源均與《紀事》完全一致，參自《紀事》無疑。出現類似情況的還有陸佃《陶山集》、曹勛《松隱文集》、謝逸《溪堂集》和姜夔《白石詩集》等提要。其中陸佃《陶山集》提要徵引諸書中所存之詩其實多於《紀事》所舉，《總目》不檢原書，轉相稗販，同樣漏掉了這些佚詩，明顯是對《紀事》的直接繼承：該提要録有載於《瀛奎律髓》卷四十二的《贈別吳興太守中父學士》一詩①，但除了此首，書中另有《依韵和趙令時》一首，《總目》并未收録。已録《韓子華挽詩》見於吳曾《能改齋漫録》卷十一"桐木韓家"條②，然此書中陸佃詩亦不僅此一聯。卷八"陸農師取杜子美詩"條載其"潤色聖猷雙孔子，燮調元化兩周公"一聯③，又卷十一"四辰四亥生"條載其"非關庚子曾占鵩，自是辰年并值龍"挽章一聯④，《總目》皆漏而不載。

其三，詩歌本事、評論類。別集中各篇提要通常都會附上與該作品或作者相關的本事和評論，經考察，可以發現這部分內容常通過引用《紀事》所録詩評、詩話聯綴成文。如潘閬《逍遥集》提要所引七段本事，除了《事實類苑》所稱《苦吟》《貧居》詩、《瀛奎律髓》所稱《落葉》詩，全據《紀事》所録而成。王安中《初寮集》中則有連續出現的五段本事引文與《紀事》相同。又如戴復古《石屏集》提要，共有四段本事引文與《紀事》相同，且在以下片段明顯表現出剪裁上的因襲："姚鏞跋其詩，稱其'天然不費斧鑿處，大似高三十五輩，晚唐諸子當讓一面。'"⑤與《紀事》所録"式之詩天然不費斧鑿處，大似高三十五輩，晚唐諸子當讓一面"⑥頗爲相似。而考姚鏞題跋原文爲："式之詩天然不費斧鑿處，大似高三十五輩。使生遇少陵，必將有'佳句法如何'之問。晚唐諸子當讓一頭。"⑦兩相對照，可見《總目》之說明顯源自《紀事》。

經統計，在以上三種文本類型中，人物小傳類的暗襲占比最多，可以確定在宋別集部分便至少有六十二篇提要涉及對《紀事》小傳的沿用，另外還有在經、史部出現的至少十五則宋人小傳。此外，又有至少七篇提要明顯借用了《紀事》的輯佚成果，對詩歌

---

① 方回選評，李慶甲集評校點：《瀛奎律髓匯評》卷四十二，上海古籍出版社，二〇二〇年，第一六一三頁。
② 吳曾：《能改齋漫録》卷十一，上海古籍出版社，一九七九年，第三一五頁。
③ 吳曾：《能改齋漫録》卷八，第二四七頁。
④ 吳曾：《能改齋漫録》卷十一，第三一五頁。
⑤ 《四庫全書總目》卷一百六十一，第二一四八頁。
⑥ 厲鶚輯撰：《宋詩紀事》卷六十三，第一五八六頁。
⑦ 戴復古著，金芝山點校：《戴復古詩集》附録二，浙江古籍出版社，二〇一二年，第三二七頁。

本事、評論的暗襲則至少有三十八例。需要指出的是，在以上的考察中，僅有那些顯示出較爲明顯沿襲痕迹的提要，纔被確定爲暗襲《紀事》的篇目，而其他非連續大段出現的暗襲則暫時不被納入。但這并不意味着可以忽視這些可能存在的暗襲，以後若有新的證據可以證實其文獻來源，則涉及暗襲的篇目數量也可能繼續增加。

二、《總目》宋別集提要暗襲《宋詩紀事》的具體策略

四庫館臣對《紀事》的暗襲存在多種策略，既有在剪裁、文獻徵引等方面較爲機械地完全照搬，甚至沿襲錯誤、以訛傳訛，也有對《紀事》未及之處加以增補和辨誤，或根據《總目》自身體例特點和需求對原文加以删削，將其融入提要的書寫之中。這些暗襲既可能連續集中地出現在同一篇提要之内，使人較易察覺，也可能零散地穿插交錯於宋別集的四百餘篇提要之中，需要從蛛絲馬迹中尋找其與《紀事》的隱秘聯繫。

（一）沿用《紀事》對原書之剪裁取捨

首先，《總目》在小傳部分沿襲《紀事》對徵引典籍的剪裁取捨頗爲普遍，如《總目》陶弼小傳："歷官知邕州，四遷爲東上閤門使、康州團練使。"①經考，《宋史》本傳中詳細列舉了其官職"四遷"的過程，却從未直接出現"四遷"之語，此用語乃是承《紀事》對本傳的剪裁歸納而來。又如李若水《忠愍集》提要述及其"從欽宗如金營，以力爭廢立，不屈死"②的經歷時，用語與《紀事》小傳完全相同，而本傳對此事的描述則更爲詳備："二年，金人再邀帝出郊，帝殊有難色。……又罵不絶口，監軍者摑破其唇，噀血罵愈切，至以刃裂頸斷舌而死。"③同樣明顯繼承了《紀事》的剪裁。另有范純仁、劉一止、裴萬頃與歐陽澈等人的小傳亦情況類似。

其次，在本事、評論方面，繼承《紀事》對原書内容删節的情況也有很多。如徐鉉《騎省集》提要引翟耆年《籀史》云："太平興國中，李煜薨，詔侍臣撰神道碑，有欲中傷鉉者，奏曰'吳王事莫若徐鉉爲詳'，遂詔鉉撰。鉉請存故主之義，太宗許之。"④此事《紀事》亦有載録，二者用語極爲相似。然考《籀史》原書，其中"詔侍臣撰煜神道碑"一句，《總目》與《紀事》皆少"煜"字。"有與鉉争名欲中傷之者"，二書皆

---

① 《四庫全書總目》卷一百五十三，第二〇五〇頁。
② 《四庫全書總目》卷一百五十五，第二〇八八頁。
③ 《宋史》卷四百四十六，第一三一六一頁。
④ 《四庫全書總目》卷一百五十二，第二〇三二頁。

作"有欲中傷鉉者"。"知吴王事",二書皆作"吴王事"。"太宗始悟譖者之意,許之",二書皆作"太宗許之"。"又有偃王仁義之比"一句,二書皆不載。①大量語言細節的高度相似都指向提要對《紀事》的因襲。又如楊萬里《誠齋集》提要引周必大語:"誠齋大篇短章,七步而成,一字不改,皆掃千軍、倒三峽、穿天心、出月脅之語。至於狀物姿態,寫人情意,則鋪敘纖悉,曲盡其妙,筆端有口,句中有眼。"②與《紀事》文字全同。考《周文忠集》載《跋楊廷秀石人峰長篇》,"大篇短章"作"大篇鉅章","月脅"作"月窟",且"曲盡其妙"後有"遂謂天生辯才,得大自在,是固然矣。……然後大悟大徹"③一段文字,《紀事》略而不載,《總目》亦皆承之。

此外,若屬鶻剪裁刪節不當,四庫館臣亦不考原書而直接沿用其文字,可能會造成以訛傳訛。如王阮《義豐集》提要所云"劉克莊嘗跋其詩,謂高處逼陵陽、茶山"④,也是對《紀事》内容的直接轉引,却暴露了問題。余嘉錫先生對此有詳細説明:"其評王阮詩語見集中卷二十三,……乃《王南卿集序》,非跋也。……然則原集本五卷,文多於詩。……故克莊序亦以論文之處爲多,……《提要》憚於尋檢,衹從《宋詩紀事》引其一句,遂使人疑克莊所跋乃其詩集,亦太省氣力矣。"⑤可見其直接暗襲《紀事》的行爲不僅導致了原作信息的丟失,還易造成讀者誤會,不知劉克莊此評語實際出處爲文集序言,而非詩集跋文。

又如張擴《東窗集》提要中有"考王明清《揮麈餘話》稱,擴爲著作郎,其兄秘書少監楚材新婚"⑥之語,與《紀事》説法相同。余嘉錫先生對此亦有辨誤:"《宋詩紀事》卷三十七載此詩,題爲《約兄楚材西湖觀梅次韵》,其注中引《揮麈餘話》,於'其兄楚材'句上刪去'秦會之當軸'一句,於是秦檜之兄變爲張擴之兄矣。讀書不細,致成巨謬。《提要》蓋即從之轉引,而未考原書,遂又承其誤,皆可笑也。"⑦《揮麈餘話》原文爲"秦會之當軸,其兄楚材爲秘書少監"⑧,可見楚材乃秦檜之兄,而非張擴之兄,此乃四庫館臣失考。

---

① 瞿耆年:《籀史》卷上,中華書局,一九八五年,第九—一〇頁。
② 《四庫全書總目》卷一百六十,第二一四二—二一四三頁。
③ 周必大:《文忠集》卷四十九,載《景印文淵閣四庫全書》,第一千一百四十七册,臺灣商務印書館,一九八六年,第五二五頁。
④ 《四庫全書總目》卷一百五十九,第二一三四頁。
⑤ 余嘉錫:《四庫提要辨證》卷二十三,第一四六五頁。
⑥ 《四庫全書總目》卷一百五十六,第二〇九五頁。
⑦ 余嘉錫:《四庫提要辨證》卷二十二,第一四二二頁。
⑧ 王明清撰,田松青校點:《揮麈錄》卷二,上海古籍出版社,二〇一二年,第二一二頁。

（二）吸收《紀事》采輯佚詩之成果

《總目》在采輯佚詩時也會直接借用厲鶚的成果，并且有時會將《紀事》在輯佚時所做改造一并繼承。首先是承襲《紀事》所加題目。如寇準《寇忠愍公詩集》提要載："考《石林詩話》有《過襄州留題驛亭》詩一首。《侍兒小名錄·拾遺》有《和蒨桃》詩一首，《合璧事類》前集有《春恨》一首、《春晝》一首，皆集中所無。"①《總目》此段內容均由《紀事》所采之詩連綴而成。此外，葉夢得《石林詩話》所載原爲"寇萊公南遷，道過襄州，嘗留一絕句於驛亭，曰：……"②并無詩題，《過襄州留題驛亭》一名乃《紀事》據文義所加。而《侍兒小名錄·拾遺》所錄《和蒨桃》詩乃轉引自《翰府名談》，本亦無題，《總目》所云均爲承襲《紀事》所加題目而來。

其次是承襲《紀事》對詩歌排列形式的改造。如姜夔《白石詩集》提要："考《武林舊事》載夔詩四首，《咸淳臨安志》載夔詩三首，《硯北雜志》亦載夔詩一首。"③此三書均見於《紀事》。然考周密《武林舊事》卷二"元夕"載姜夔詩乃六首④，《紀事》同，《總目》未檢原書，因《紀事》分作四節，遂誤以爲四首。又《咸淳臨安志》卷七十八實有白石詩四首⑤，包括《贈師二首》與《齋後與全老話樸翁聰自聞酌龍井而歸賦詩二絕》，後者《紀事》改題爲《龍井》而僅錄其一，四庫館臣遂誤以爲三首。此皆《總目》承襲《紀事》之顯證。

（三）承襲《紀事》之文獻徵引

若《總目》所引文獻內容與原書明顯相左，而與《紀事》相同，亦可證明其沿用了《紀事》所徵文獻，而非采自原書。首先，作者小傳方面，除了前文所舉張方平小傳，又如范純仁小傳中所載"擢天章閣待制"一事，《總目》和《紀事》皆稱發生在神宗朝，而與本傳所云哲宗朝相左。⑥另有謝翱其人，《宋史》無傳，事迹詳見方鳳《謝君皋羽行狀》、鄧牧《謝皋父傳》等，《總目》小傳文字與《紀事》相同，却云"事迹具《宋史》本傳"，可謂欲蓋彌彰。其次，本事與評論方面，韓琦《安陽集》提要稱自江

---

① 《四庫全書總目》卷一百五十二，第二〇三四頁。
② 葉夢得撰，逯銘昕校注：《石林詩話校注》卷中，人民文學出版社，二〇一一年，第一〇二頁。
③ 《四庫全書總目》卷一百六十二，第二一六〇頁。
④ 周密著，錢之江校注：《武林舊事》卷二，浙江古籍出版社，二〇一一年，第三十八—四十頁。
⑤ 潛說友：《咸淳臨安志》卷七十八，浙江古籍出版社，二〇一二年，第二八〇八頁。
⑥ 《宋史》卷三百一十四，第一〇二八六頁。

少虞《事實類苑》卷三十六引用了"人謂其身在外而自任天下之重"等句①。然而原書"在外"作"在此"②,《總目》所作"在外"乃是沿襲《紀事》之載錄。且除了此段引文,該提要另有兩段引文與《紀事》相同,更證明其因襲。又如李壁《王荊公詩注》提要所引葉紹翁《四朝聞見錄》文字,與原書差異較大,而與《紀事》引文相似。且其中"階是進政府"③一句,與原書"階是遷政府"④相異,而與《紀事》相同。又如魏野《東觀集》提要:"《澠水燕談》載真宗西祀汾陰,至遣人圖畫所居。"⑤余嘉錫先生指出:"蓋《提要》此篇,所論數事,皆從《宋詩紀事》卷十所徵引得之,特嫌《澠水燕談》叙事不明,……遂兼用《紀事》所引《瀛奎律髓》。"⑥《紀事》"魏野"條目下有兩段引文提及此事,分别引自《澠水燕談錄》與《瀛奎律髓》,引文與原書無出入。兩書所載事件雖大致相同,"祀汾陰"這一細節却祇見於後者,可見四庫館臣引用的實爲《瀛奎律髓》,在參考《紀事》時將二者弄混,誤記爲《澠水燕談錄》。

《總目》中多有引用劉克莊《後村詩話》一書之處,如以下所列舉的三篇提要,但通過核對原書可以發現,這些引文其實另有出處。李彭《日涉園集》提要載:"劉克莊《後村詩話》亦稱其博覽強記,而獨惜其詩體拘狹少變化。"⑦這條材料也見於《紀事》"李彭"條目中:"商老,公擇尚書家子弟也。……頗博覽強記,然詩體拘狹少變化。"⑧并且同樣標舉出自《後村詩話》。然而經過考察,劉克莊此語不見於《後村詩話》,而是出自《後村居士集》文集卷二十四的《江西詩派總序》⑨。與之類似的,洪芻《老圃集》提要之"三洪與徐師川皆山谷之甥"⑩諸句和韓駒《陵陽集》提要之"駒學出蘇氏"⑪諸句均出自《江西詩派總序》,非出於《紀事》和《總目》所稱的《後村詩話》。這是由於厲鶚將《後村居士集》誤記爲了《後村詩話》,四庫館臣也就沿襲了其錯誤。同樣延續《紀事》錯誤的,還有李覯《旴江集》提要,其稱:"《湘山野錄》

---

① 《四庫全書總目》卷一百五十二,第二〇四一頁。
② 江少虞:《宋朝事實類苑》卷三十六,上海古籍出版社,一九八一年,第四五八頁。
③ 《四庫全書總目》卷一百五十三,第二〇六二頁。
④ 葉紹翁:《四朝聞見錄》卷五,上海古籍出版社,二〇一二年,第一二九頁。
⑤ 《四庫全書總目》卷一百五十二,第二〇三八頁。
⑥ 余嘉錫:《四庫提要辨證》卷二十一,第一三三三頁。
⑦ 《四庫全書總目》卷一百五十五,第二〇八二頁。
⑧ 厲鶚輯撰:《宋詩紀事》卷三十三,第八四五頁。
⑨ 劉克莊著,辛更儒箋校:《劉克莊集箋校》卷九十五,中華書局,二〇一一年,第四〇二二—四〇三一頁。
⑩ 《四庫全書總目》卷一百五十六,第二〇九二頁。
⑪ 《四庫全書總目》卷一百五十七,第二一〇四頁。

載覯《望海亭席上作》一首，集中不載。"①然經考察，《盱江集》卷三十七有《野意亭》一首，即《湘山野錄》所錄《望海亭席上作》詩，詩題相異，但文字幾乎全同。《總目》此說乃是承襲《紀事》而來，遂誤以爲本集不載。

若《總目》所引文獻在當時已失傳，則必然是從某處轉引而來。若《紀事》恰好載錄過該文獻，則《總目》所引文獻可能正源自《紀事》。經考察，《王直方詩話》和《詩林萬選》二書均屬於該情況。四庫館臣在陳師道撰、任淵注《後山詩注》提要中引用了《王直方詩話》一書，余嘉錫先生認爲其轉引自《紀事》："《王立之詩話》即《王直方詩話》，宋人書中引用甚多，當時必有刻本行世，然不見於明以來各家書目，《四庫總目》亦不著於錄，則其書亡佚已久，修《提要》者安得見之。考《宋詩紀事》卷三十三引《王直方詩話》云：……《提要》蓋從此販稗得之而没其所出。"②經考，黃虞稷《千頃堂書目》卷十五著錄有類書《廣說郛》八十卷，其中卷六十六收有《王直方詩話》③，厲鶚撰《紀事》時或許尚且可見。從目前材料來看，《總目》此處所引《王直方詩話》的内容僅見於《紀事》，當是對其暗襲無疑。

除了《後山詩注》，《總目》宋別集部分還有秦觀《淮海集》、賀鑄《慶湖遺老集》、洪朋《洪龜父集》和王珪《華陽集》四篇提要引用《王直方詩話》，其中前三篇提要所引内容與《紀事》完全相同。雖然這四篇提要中所引《王直方詩話》所載内容并非僅見於《紀事》，而是還見於胡仔《苕溪漁隱叢話》等書。但將每篇提要的全文均納入考察範圍後，可以發現，前兩篇均還有另外的連續三段引文與《紀事》相同。且第二篇提要所引《王直方詩話》内容中有兩句與別本均不同，而獨與《紀事》一致：《總目》所載"平淡不涉於流俗"一句，胡仔《苕溪漁隱叢話》、何溪汶《竹莊詩話》與魏慶之《詩人玉屑》均引作"平淡不流於淺俗"，謝維新《事類備要》、佚名《錦繡萬花谷》引作"平淡不流於澆俗"。"題咏不窘於物義"一句，以上諸書均作"題咏不窘於物象"。第三篇提要雖祇另有一段本事與《紀事》相同，却有明引《紀事》之處。第四篇中，雖然《紀事》"王珪"條目下并未引用《王直方詩話》，但《總目》所引《王直方詩話》的内容與《紀事》依然關係密切："《王直方詩話》載時人有'至寶丹'之目，以好用金玉錦綉字也。……正不獨葛立方、方回所稱《明堂慶成》《上元應制》諸篇爲工妙獨絶矣。"《紀事》在《上元應制》詩後引葛立方《韻語陽秋》云："神宗

---

① 《四庫全書總目》卷一百五十三，第二〇四八頁。
② 余嘉錫：《四庫提要辨證》卷二十二，第一四〇〇頁。
③ 黃虞稷撰，瞿鳳起、潘景鄭整理：《千頃堂書目》卷十五，上海古籍出版社，二〇〇一年，第四一〇頁。

獨賞禹玉詩,妙於使事。"①又在《大饗明堂慶成》詩後引方回《瀛奎律髓》云:"禹玉爲詞臣,……時號爲至寶丹,以多用金玉珠璣錦綉之類。"②可見,《總目》涉及的"至寶丹"一事和葛立方、方回的記載,均可以在《紀事》中找到對應之處。且除了這兩段本事,該提要在小傳部分對《紀事》亦多有藉鑒。

總而言之,以上四篇提要,均與《紀事》存在極强的聯繫。故可以推斷,《總目》宋别集中凡五處引用《王直方詩話》的内容很可能均轉引自《紀事》。與之情況類似的,還有何新之《詩林萬選》。《總目》中,該書僅在陸佃《陶山集》提要中出現一次。經考,《詩林萬選》十八卷,《千頃堂書目》卷三十一著録③,《總目》總集類之下已無其名,蓋修書時已經散佚,而厲鶚撰《紀事》之時尚可得見,於此書多有徵引。

(四)對《紀事》進行增删改造

除了完全照搬,四庫館臣也會在《紀事》内容的基礎上進行增補與删改,使其更符合《總目》撰寫之需要,以便將其融入各篇提要之中。首先,四庫館臣有時會在《紀事》已有内容的基礎上再參考他書,豐富提要的内容。小傳方面,四庫館臣會根據《宋史》等書豐富傳主生平事迹。如《總目》劉摯小傳大體襲用《紀事》,僅據本傳補"拜尚書右僕射"一事,據《直齋書録解題》或《文獻通考·經籍考》補舉進士年份。又如《總目》韓維小傳與《紀事》文字全同,僅據《名臣碑傳琬琰集》或《直齋書録解題》補其籍貫。又如道潛其人,《宋史》無傳,《總目》小傳大體襲用《紀事》,僅從《墨莊漫録》補改名道潛一事。又如賀鑄小傳大體襲自《紀事》,僅據《宋史》本傳補自號慶湖遺老一事。又如王安中小傳與《紀事》文字全同,僅據本傳補"累擢尚書左丞"與"紹興初復左中大夫"二事。本事部分,提要中涉及的各段本事與評論,一般不會祇從《紀事》所載選取,還會參考他書補充相關内容。如徐鉉《騎省集》中,除了同樣見於《紀事》的《臨漢隱居詩話》和《籀史》兩段本事,四庫館臣還加入了《郡齋讀書志》中的一段本事。又如宋庠《宋元憲集》提要中,除《紀事》所録之《瀛奎律髓》《侯鯖録》内容,還增補了蔡絛、陳振孫等人的評語。至於已見於《紀事》的本事,四庫館臣有時也會據原書呈現更豐富的内容。如林亦之其人,《宋史》無傳,《總目》小傳與《紀事》全同,故可以確定該篇提要存在對《紀事》的暗襲。該提要所引劉克莊語:

---

① 厲鶚輯撰:《宋詩紀事》卷十五,第三九〇頁。
② 厲鶚輯撰:《宋詩紀事》卷十五,第三九一頁。
③ 黄虞稷撰,瞿鳳起、潘景鄭整理:《千頃堂書目》卷三十一,第七六三頁。

"至於《網山》論著,句句字字足以明周公之志,得少陵之髓,其律詩高妙者絕類唐人。"①內容就多於《紀事》所錄之"《網山》律詩,高妙者絕類唐人"②,當是四庫館臣檢原書進行了補充的結果。

在增補、完善內容的同時,四庫館臣還常對《紀事》的文字進行刪改,使其更符合提要體例。首先,四庫館臣常通過刪節《紀事》的內容完成人物小傳的撰寫。如祖無擇小傳,與《宋史》本傳差異較大,而與《紀事》文本更爲相似,僅在其基礎上刪去了"累官直集賢院,出知袁州""權知開封府,進學士,知鄭、杭二州"和"知明州"③等細節。又如洪芻其人,《宋史》無傳,《總目》小傳乃承自《紀事》,僅刪去"崇寧中入黨籍""汴京失守,坐爲金人括財"④等細節。在采輯本事與評論時,《總目》也可能會根據需要濃縮《紀事》的引文,保證語言的高度精煉。如可以確定存在暗襲現象的戴復古《石屏集》提要錄有"趙與虤《娛書堂詩話》極賞其新意可喜"⑤一句,而《紀事》所引《娛書堂詩話》則爲:"嚴子陵釣臺,題咏尚矣。天台戴式之一絕,亦新意可喜。"⑥可見四庫館臣祇從中截取了片段來融入提要。與之類似的,裘萬頃《竹齋詩集》載有"趙與虤《娛書堂詩話》嘗稱其《歸興》一篇"⑦一句,而《紀事》在錄《歸興》詩後所引《娛書堂詩話》原文爲:"裘元量性恬退,不樂仕,以薦者召爲司直,在朝嘗賦《歸興》云云。"⑧四庫館臣同樣對《紀事》的語言進行了提煉濃縮。

以上四種策略中,沿用《紀事》文本剪裁和對其加以增刪改造是最普遍存在的兩種,這是由於每篇提要在暗襲、照搬《紀事》內容的同時,也會繼承其一些特徵,而這些特徵中最爲常見的就是對原文進行的剪裁。此外,由於四庫館臣采摭《紀事》的最終目的是將其內容納入到每篇提要之中,所以爲了適應《總目》的體例,對其進行增補刪改也是必不可少的。

---

① 《四庫全書總目》卷一百五十九,第二一二八頁。
② 厲鶚輯撰:《宋詩紀事》卷五十八,第一四七一頁。
③ 厲鶚輯撰:《宋詩紀事》卷十八,第四四三頁。
④ 厲鶚輯撰:《宋詩紀事》卷三十三,第八三一頁。
⑤ 《四庫全書總目》卷一百六十一,第二一四八頁。
⑥ 厲鶚輯撰:《宋詩紀事》卷六十三,第一五八七頁。
⑦ 《四庫全書總目》卷一百六十一,第二一五二頁。
⑧ 厲鶚輯撰:《宋詩紀事》卷五十六,第一四一三頁。

餘論：從《紀事》看《總目》宋別集提要的生成

　　《紀事》的身影在《總目》中出現的頻次極高，宋別集部分的四百六十二篇提要中僅明引就有四十六處，可以確定暗襲的篇目更是多達八十五例，可見《總目》宋別集部分對《紀事》的徵引具有引用量大和暗襲多於明引兩個特點。值得一提的是，在四庫館臣編纂《總目》時所利用的衆多文獻之中，具備以上兩個特點的書籍并非祇有《紀事》。何宗美、張曉芝《〈四庫全書總目〉的官學約束與學術缺失》一書的"《總目》明人別集提要徵引文獻研究"一章分析了四庫館臣對錢謙益《列朝詩集小傳》和朱彝尊《静志居詩話》兩種文獻的徵引情況：前者是當時禁書，故四庫館臣多藉鑒其内容而始終對書名隻字不提，後者并非禁書，《總目》對其的暗襲亦不在少數。此外，該書還提到《總目》明代別集的作者小傳與唐、宋代別集的作者小傳有着這樣的差別："明代的情況不同，除《明史》外還有錢謙益《小傳》可資采用，特別是該書語言精粹簡練，且數字之内即將作者一生介紹清楚，最適合《總目》提要之體例要求。《總目》中的明人別集提要作者介紹部分顯得十分從容，不類宋人別集那樣'模糊化''固定化''格式化'。"①

　　其實，"明代的情況"并没有那麼特殊，雖然明代別集的作者小傳除了《明史》還有《列朝詩集小傳》可資采用，但由前文論述可知，宋代別集的作者小傳除了《宋史》還有厲鶚《紀事》中的作者小傳可供參考，可以證實明確沿用了《紀事》小傳的提要就有六十餘篇，而一些零散的、難以考察的暗襲也不在少數。更重要的是，《紀事》中不僅有作者小傳，還有《静志居詩話》中所含的本事與評價類信息。甚至，除了兼有二書的信息類型，還有二書較少涉及的別集文本信息。所以從生成過程來説，《紀事》對《總目》的影響比《列朝詩集小傳》和《静志居詩話》更爲深入。

　　《紀事》之所以能對《總目》産生如此深入的影響，是因爲兩書都具有模塊化的特點，并且擁有相似的模塊組成。所謂模塊，即各自具有獨立性，可以拼接組合、反復出現的文本單元。運用模塊進行寫作，可以分解步驟，讓寫作過程變得簡單、統一，從而形成模塊化書寫。

　　《總目》的模塊化特徵主要體現在兩個方面：一是體例上，一篇宋別集提要最基本的撰寫體例包含作者生平信息、別集文本信息、本事與評價信息三個模塊。雖然每部別集情況不同，但其組成依然有規律可循，如順序上通常是小傳在前，別集文本信息在

---

① 何宗美、張曉芝:《〈四庫全書總目〉的官學約束與學術缺失》，人民文學出版社，二〇一七年，第二一三—二一四頁。

中，相關本事與評價在末，篇幅上往往也是小傳最短，另外兩者較長等。二是具體內容上，將上述三大模塊進行拆解，又可以細分出更多小模塊。在作者生平信息，或曰小傳部分，有三種基本的表現模式：一是略去不寫或僅簡單提供參考資料。二是簡單勾勒其籍貫、字號和仕履等基本信息，這也是最常規的書寫模式。少部分提要會對傳主生平詳加考證，如吳則禮小傳中一半篇幅都用於考證生平。這三種模式的背後，是數個小模塊的排列組合。最基本的包括籍貫、字號、仕履和諡號等，另外其家世人品、應舉情況、文集是否著錄、詩文風格如何，也常被調出用以構成一篇小傳。小傳後通常附上別集文本的相關信息，這部分最常見的模塊有卷數、版本及流傳情況等。若別集已散佚，則需記錄重編情況，這部分的書寫方式和語言選擇都相對固定，如一般都提到《永樂大典》一書，"裒輯"一詞等。一篇提要的末尾通常是別集的本事與評價信息，其間連綴各家詩話成文的情況較多，也會偶爾穿插一些四庫館臣的評語。

《紀事》的模塊組成和《總目》極爲類似，這使得其在很大程度上可以適應和填補《總目》的需要。上述《列朝詩集小傳》和《静志居詩話》祇分别對應了《總目》作者生平信息和本事與評價信息兩個模塊，而《紀事》却在三個模塊上都與《總目》達成了完美的契合，爲其提供了海量的文獻支撐。這既是兩書能够產生如此密切的交集的基礎，也是四庫館臣選擇如此大範圍地參考和引用《紀事》的根本原因。

從《總目》對《紀事》大量的明引與暗襲中可以看出《總目》宋別集提要的一種重要生成方式：無論是爲宋別集撰寫作者小傳、收集佚詩，還是提供本事、進行評價，都需要廣博的閱覽和細緻的考證，這是編修《總目》短時間内難以做到的。四庫館臣在主觀上看重《紀事》收錄相關信息的全備，且客觀上二書的組成模塊又十分相符，故其常常直接借用厲鶚的成果。這在一定程度上避免了工作的重複，提高了效率。但不考原書而直接轉引他書，會不可避免地產生一些失考之處。同時，有意或無意地隱去文獻來源，也會使今人誤以爲如此大量的工作均由四庫館臣完成，而抹去了厲鶚的功勞。

（作者單位：華東師範大學中文系）

黄裳的文集、政見與其人形象的建構

鮑睿涵

内容摘要：本文從黄裳形象建構的角度出發，探討了北宋人物黄裳的多重身份與形象塑造。本文首先分析了黄裳文集的編撰與傳播過程，指出後人通過序跋書寫、重新詮釋其思想内涵等方式形塑了他在思想史中的複雜形象。接著，文章考察了黄裳在新舊黨爭中的政治立場，結合其與新黨核心成員的密切關係和對新法的態度，表明其思想與政治立場更傾嚮於新黨。隨後，文章討論了黄裳思想體系中的多元化特點，"自得"的學術取嚮使其能夠靈活地汲取儒道兩家的思想資源，將其整合入自己的學術體系，這也爲後世對他進行多樣化的解讀奠定了基礎。最後，文章分析了黄裳形象在後世的神仙化，指出這種"道教"色彩的附加不僅映射了其隱逸情懷，更通過層層叠加的傳說賦予其超越歷史的"神性"，構建出一個既有歷史依據又帶神秘色彩的"仙人"形象。

關鍵詞：黄裳；北宋思想史；新黨；形象建構

黄裳（一〇四三——一一二九），字冕仲，一字道夫，自號紫元翁、演山居士，南劍州延平（今屬福建省南平市）人。宋神宗元豐五年（一〇八二）進士第一，歷官越州簽判、兵部侍郎、禮部尚書等職，并於宋高宗建炎二年（一一二八）歸鄉延平，次年卒於里第，終年八十七歲。

今存黄裳文集中大量關涉道、釋的内容掩蓋了他的政治人物成色，加之北宋晚期相關史料的匱乏，又讓我們探明這一内容變得難上加難。因而黄裳究竟屬於哪種政治派别，在今天的學者看來仍顯撲朔。[①]黄裳自身的混雜性既呈現出了北宋中晚期特有的多元氛圍，也給黄裳研究增添了疑難。有鑒於此，本文將以黄裳的著述、政見和其人形象

---

① 馬里揚認爲黄裳是游離於新舊黨之外的"第三種人"。參馬里揚：《演山詞研究》，碩士學位論文，南京師範大學，二〇〇八年。

的建構爲綫索探賾索隱,以期爲深陷於不確定性中的黄裳勾勒出一幅更爲接近歷史真實的肖像。

一、文集與文人:《演山先生文集》的成書與思想史上的黄裳

日本學者淺見洋二認爲:"文學作品的文本不能單靠自身而存在,其生成、接受、傳播離不開人類社會及由之構成的社會圈域,它存在於紛繁複雜的社會關係網中。"[1] 藉由這一思路去衡析《演山先生文集》的文本生成過程,不難發現《文集》的編撰經過與刊刻歷程既體現了黄裳本人的文學與學術思想主張,同時亦見證了後代編定者的意識形態和政治訴求,不僅如此,後世之人還通過序文寫作,解讀黄裳的思想特點,其中不乏發揮與想象的地方,從而實現對黄裳之形象的再建構。本節首先梳理《演山先生文集》的文本生成經過,探討黄裳思想在傳播過程中間的變形,力求還原其在北宋思想史中的位置。

黄裳的作品有較多的傳播與保存形式,它們共同構成了編次黄裳文集的來源。首先,黄裳自己就有編撰文集的習慣。除了收録黄裳釋褐前作品的《演山集》,他親自選編的還有自己元豐二年(一〇七九)的作品集《書意集》、爲官長樂時的詩歌集《長樂詩集》以及他的詞集《演山居士新詞》。其次,黄裳的作品因其卓著的文名而流傳甚廣,不僅"其留傳於世者,人競以抄録"[2],就連神宗皇帝讀到黄裳的文章之後,"因記其數句,至唱名令尋裳卷"[3],後又欽定黄裳爲狀元。此外,黄裳子孫亦將黄裳"布衣時所爲文章,相繼編次爲家集,聚幾三十萬言"[4]。以上三種因素也是後來黄玠等人"歷年求訪"還能尋得"二十余萬言"[5]的基礎。黄裳文集從初編到最終刊刻歷時久遠,在其形成過程中間又經多人之手,它在各個階段所擔負的意義也不盡相同。

今見《演山先生文集》諸抄本中都收録了黄裳所撰的文集《自序》:

---

[1] 淺見洋二著,李貴、趙蕊蕊等譯,李貴校譯:《文本的密碼:社會語境中的宋代文學》"序言",復旦大學出版社,二〇一七年,第一頁。
[2] 黄玠:《演山先生文集跋》,見《演山先生文集》,明謝肇淛影宋鈔本,今見於日本静嘉堂文庫。
[3] 李燾:《續資治通鑑長編》卷三百二十四元豐五年三月戊申,中華書局,二〇〇四年,第七八〇九—七八一〇頁。
[4] 黄玠:《演山先生文集跋》,見《演山先生文集》,明謝肇淛影宋鈔本。
[5] 黄玠:《演山先生文集跋》,見《演山先生文集》,明謝肇淛影宋鈔本。

演峰，延平之北山，晋人演客寓焉。傳者以爲演客避晋，煉丹於其上，丹成飛舉而去，莫知其所自。其峰之勢，下爲三支，中一支，州宅之所據，奔驟而南嚮，至乎劍潭之濱而後已。予宅在焉……鸞鶴之踪，烟霞之景，牛斗之光，風雷之信，有時變現，南北相照。而予常以自適，獨游乎其間。或曳杖以穿雲，或橈舟而泛月。對景無繫，觸類有感。道德之鄉，義理之境，乘興而言，惟意所在。爲布衣時，置鄉士之列，所爲文，收拾遺稿，得四十卷。自古善言陰陽者，及今日事，皆如其說，故以"演山"名其集。山之下，予以長養成就，不忘其所自焉，因叙其事，以見於世云。①

黄裳的自序以"演客"的傳説開篇，避世隱居、服丹成仙的傳説映射出了黄裳的出世情懷。等到南宋黄裳文集編成之後，王悦爲其作序時稱："演峰英偉之氣，鍾乎公之身，著爲公之文，若不發不休者。公所爲文集，命曰'演山'，蓋有取焉爾。"②王序中的"演峰"所蘊含之意象已從隱者得道飛升的仙境變成了孕育黄裳氣度文章的英偉逸峰。如果説黄裳的自序表現出了黄裳乘興隨意、超然物外的思想特徵，而王悦之序則更側重於黄裳儒家學者的一面：

　　在章布初，收拾遺稿，已四十卷。嘗自爲之序，道其梗概。既而歷華要，階常伯，不倦著述，所積愈多，類而析之，爲卷凡六十焉。其淵源六經，栽培教化，要之，議論一出於正而後已。其他所作，時得方外之致，飄飄然出塵物表……東坡先生方童稚，游鄉校，睹徂徠所爲《慶曆聖德詩》，則知敬愛范文正公，及來京師，竟以不及見爲恨。既而得公之文而爲之序，且自喜獲挂名文字間，以自托於門下士之末。士之好古慕道者志意不衰如此。公生平行事當與文正相伯仲，而悦欽慕之誠，竊自托於東坡。③

在王悦看來，黄裳之文總體上根本於儒家六經，其文所表達的思想也合乎儒家正統，那些"飄飄然出塵物表"之作衹能歸入黄裳文章的邊緣角落。而《演山先生文集》南宋刊本的校勘者廖挺則認爲黄裳"平時所著，則已慨然有經世之意。及志得位顯，一篇一

---

① 黄裳：《演山先生文集自序》，《演山先生文集》，明謝肇淛影宋鈔本。
② 王悦：《演山先生文集序》，見《演山先生文集》，明謝肇淛影宋鈔本。
③ 王悦：《演山先生文集序》，見《演山先生文集》，明謝肇淛影宋鈔本。

咏，反如山林逸士之語"①，與王悦的看法有所不同。

王悦、廖挺二人都試圖利用文集的序跋來形塑一個自己想讓後世認識的黄裳。王悦先是重新定義了"演山"的含義，之後在指明黄裳之文"淵源六經"的同時，還要特别説明他"得方外之致"的作品屬於"其他"的品類之中。不僅如此，他還用蘇軾與范仲淹來比附自己與黄裳的關係，從而將黄裳定格在具有經世濟民理想的士大夫形象上。廖挺則稱黄裳做官以後便不留心於世俗之事，這顯然有悖於事實，此論或許有撇清黄裳與新黨政要之間關係的意圖。②

事實上，王、廖二人之論都有失之偏頗的地方。不論黄裳作品中的思想資源是什麼，在序文中，其根本作用都是用來爲自己的學術主張服務。從上文所引的《自序》可以看出，黄裳在寫作時注重自己的情感投入，對道德義理的挖掘也是"乘興而言，惟意所在"。而黄裳之子黄玠也評價其父之文"皆自得於胸襟"③。黄裳"自得之學"的取嚮也被程瑀寫進了他的《神道碑》之中：

> 惟漢儒據於傳注，或不見聖人指歸，而隋唐以來窘束詞章，文律益下。神宗皇帝始以經術造士，公以自得之學，溢爲文詞，超然獨步，而遇合如此，非偶然也。④

程瑀對黄裳的這段評價可謂切中肯綮。宋學的一大特點就是對漢唐以來注疏之學的反動。宋儒爲抒己見，對傳統經傳進行了創造性的徵用。"溺於傳注之説，形數之中，不自奮發"⑤就是黄裳對沉溺傳注、抑制自得的漢唐之學的批評。而黄裳也在自己的寫作實踐中積極貫徹"自得"的原則。這段評價充分凸顯了黄裳"自得"的學術精神，并在側面肯定了"神宗皇帝始以經術造士"，即王安石新學對於黄裳學術思想的形塑作用。

黄裳雖無學術專著傳世，但從其存世的文章來看，其學術宗派的界限并不十分明顯。黄裳在《知予爲取政之寶》中書：

---

① 廖挺：《題演山先生文集後》，見《演山先生文集》，明謝肇淛影宋鈔本。
② 鮑睿涵：《黄裳生平及學術思想考論》，碩士學位論文，華東師範大學，二〇一九年。
③ 黄玠：《演山先生文集跋》，見《演山先生文集》，明謝肇淛影宋鈔本。
④ 程瑀：《宋端明殿學士正議大夫贈少傅黄公神道碑》，見《演山先生文集》，明謝肇淛影宋鈔本。
⑤ 黄裳：《順興講莊子序》，《演山先生文集》卷十九，明謝肇淛影宋鈔本。

> 知孟子所謂寶，故其國有政；知老子所謂寶，故其政有德；知管子所謂寶，故其政有術。孟子曰："諸侯之寶三，土地、人民、政事。"土地，吾與生財；人民，吾與守邦。苟廢政事，則夫土地不闢，人民弗聚，雖有三寶亦烏用哉。老子曰："吾有三寶，一曰慈，二曰儉，三曰不敢爲天下先。"慈，故能順民；儉，故能愛民；不敢爲天下先，故能因其所欲而予之，因其所惡而去之。政事，國之寶也。予之之取，又其政事之所寶者。知孟用孟子所謂寶以爲國，而不知用管子所謂寶以爲術，而不知用老子所謂寶以爲德，豈能盡政之善哉？①

在這裏，黃裳旨在説明治國爲政時孟、老存在相應的互補性。王安石在批評老、莊時説道："某以謂期於正己而不期於正物，而使萬物自正焉，是無治人之道也。無治人之道者，是老莊之爲也。所謂大人者，豈老莊之爲哉？"②黃裳則不然，他認爲老子在治國層面上的"慈""儉""不敢爲天下先"都可以歸爲愛民之德，繼之施政也就能夠做到順民愛民，進而有利於孟子所説的"聚民"。相比於以匡扶宋室爲己任的王安石，黃裳對老子在爲政領域的作用顯然并不持那麼消極的態度，他把老子思想中的"慈""儉"等精神移用到施政之中，以此作爲完善孔孟政治學説的補充。黃裳也曾有過"老、莊之矯，絶仁棄義爲太甚者"③的感嘆，但他還是肯定了老、莊在治世領域的作用。

黃裳一别於韓愈以降的排老傳統，在《順興講莊子序》中書："楊、墨之於道，其迹近，其心遠；老、莊之於道，其體同，其用异。"④黃裳在這裏引入"體用"觀，將"道"當作一種本體。這一本體是儒道共有的哲學根基，儒道的區别祇體現在"用"這一方面。黃裳進一步指出：

> 然則莊子之高其言，與時盈虚，與數損益，以矯一時之不及耳，豈私意哉？嘗謂孟子之約言者，荀子詳之；孔子之罕言者，莊子詳之。荀子之于聖人其充贅歟？莊子之詳則异於是。雖然，老、莊之矯，絶仁棄義爲太甚者，豈以矯其天下者必以過高之言而後可救歟？孔子以質之過者救文之極弊，固其意也。然而老、莊之言不可非也，亦不可以爲典要。⑤

---

① 黃裳：《知予爲取政之寶》，《演山先生文集》卷四十二，明謝肇淛影宋鈔本。
② 王安石：《王安石文集》卷七十二，中華書局，二〇二一年，第一二六一頁。
③ 黃裳：《順興講莊子序》，《演山先生文集》卷十九，明謝肇淛影宋鈔本。
④ 黃裳：《順興講莊子序》，《演山先生文集》卷十九，明謝肇淛影宋鈔本。
⑤ 黃裳：《順興講莊子序》，《演山先生文集》卷十九，明謝肇淛影宋鈔本。

黄裳這裏想用《周易》去調和儒道思想。"與時盈虛，與道損益"實則是從損卦卦辭"損益盈虛，與時偕行"①化用而來，但它也體現了莊子"一虛一滿，不位乎其形"②的變動思想。黄裳選擇了莊子哲學中與儒家思想相通的地方，然後將二者整合進了自己的思想體系當中。黄裳認爲："孔子之罕言者，莊子詳之。"是莊子補充了孔子所不曾言及的性與天道。黄裳針對六經之書"立禮也詳，論道也略"③的特點，提出老莊之言"不可非也"的結論，他認爲一般的讀者無法通過閱讀六經而直接領會聖人之意，因爲六經對於"道"的闡釋是簡略的。這時候就需要依靠《老子》和《莊子》二書來對道進行補充説明。

黄裳的"自得"和其內在思想的多元源於他的道論和心性觀念。他認爲，"萬物之理不同也，其本同出於道；聖賢愚衆之情不同也，其本同出於性"④。順應這一思路，他進而指出了不同學派之間所奉行的宗旨皆本於一個道之大體：

> 道家所謂還丹，釋氏所謂道果，皆明大道之所寓。道且強名，而丹與果亦假以明道……天下始知三教皆本於一道，衝虛真空，丹果之全體，豈有异邪？⑤

黄裳認爲各家之道祗是名實异同而已。再如他在《答總長老書》中説："嘗謂佛生中國，必不強俗以西方。聖人易地皆然，何則？道本之一故也。"⑥如此説來佛、儒二道之間的差異祗是由不同地域間的風俗相殊所致，而其道之本則是一致的。而他在《講齊物論序》中説"天下之人均有一性，其性均有一道"⑦，在闡述佛學時亦稱"天下之人，皆有是心，心皆有是性"⑧，在黄裳看來，人之性與道一樣，祗會有外在形態的差異，而不會有本質上的不同。

劉成國指出："王安石所謂的'道'則是'道之大全'、'大體'、'一'，它不是某一家一派之'道'，而是宇宙之全體，相當於《莊子·天下篇》中'道術爲天下

---

① 王弼注，孔穎達正義：《周易正義》卷四，十三經注疏本，中華書局，一九八〇年，第五二頁。
② 郭慶藩：《莊子集釋》卷六下，中華書局，一九六一年，第五八四—五八五頁。
③ 黄裳：《順興講莊子序》，《演山先生文集》卷十九，明謝肇淛影宋鈔本。
④ 黄裳：《送劉子甫序》，《演山先生文集》卷十九，静嘉堂文庫本。
⑤ 黄裳：《答大覺道果詩序》，《演山先生文集》卷十九，静嘉堂文庫本。
⑥ 黄裳：《答總長老書》，《演山先生文集》卷二十三，静嘉堂文庫本。
⑦ 黄裳：《講齊物論序》，《演山先生文集》卷二十，静嘉堂文庫本。
⑧ 黄裳：《選佛圖序》，演山先生文集》卷二十一，静嘉堂文庫本。

裂'的'道術'。"①黄裳的性説與道論正是新學學者普遍認識，其目的也是反正"道術爲天下裂"的現狀。也正因如此，黄裳的思想取嚮并無明顯的宗派特點，呈現出了"自得"的一面，也給後世之人創造了任意解讀的空間。

二、"新""舊"之辨：黄裳的政治立場

元豐五年（一〇八二），黄裳以狀元登進士第，後被授越州簽判一職。次年入京，任太學博士，開啓了自己長達近二十年的京官生涯。黄裳在京爲官的這些年，正處在北宋新舊黨爭最爲激烈的時期。黄裳身處其中，亦難以置身事外。然而學界對黄裳的政治傾嚮還没有一個明確的定論。筆者認爲，黄裳在不同的歷史階段具有不同的政治態度，但總體上傾嚮於新黨，理由如下：

首先是黄裳對王安石的態度。熙寧時期，黄裳進入太學，在這裏，他系統地學習了王氏新學。這時的他在情感上自然傾嚮於王安石一派的政論與學説，黄裳曾書：

> 蓋自周而後，天下之士流落於末學……天意未喪斯文，以付閣下，能以身與國存亡，而更立天下之法，能以德與神出入，而講明聖人之道。天下之士久隨老宿而流落，俄聞新美而亨奮。得其統序而學之，其偕天下之士受其賜者也。②

這段話出自黄裳的《代上時相書》，從黄裳"更立天下之法"的表述不難看出，文章中"時相"所指的就是王安石。王安石曾提出"聖人治世有本末""今天下困弊不革"的看法。③黄裳所説的"天下之士流落於末學"則是對王安石此番意見的回應，而"天意未喪斯文，以付閣下"更是黄裳對王安石的至高評價。誇贊王安石本人之餘，黄裳還不忘提及士人"俄聞新美而亨奮"，表示他們備受新法的鼓舞。"新美"一詞無疑表明了黄裳本人對於新法的贊許態度。

其次是黄裳的姻親關係。黄裳共有四子。長子黄瑜，娶方壽之女爲妻，壽字祖仁，睦州桐廬人。次子黄玘無考。三子黄琚，在福州通判任內校正過《道藏經》，其姻親無考。季子黄玠姻親關係無考。黄裳有女七人，其中一人或出家爲尼。《五燈會元》卷第

---

① 劉成國：《荆公新學研究》，上海古籍出版社，二〇〇六年，第一〇五頁。
② 黄裳：《代上時相書》，《演山先生文集》卷二十四，明謝肇淛影宋鈔本。
③ 王安石：《王安石文集》卷七十，第一二二二頁。

二十載：

> 溫州淨居尼妙道禪師，延平尚書黃公之女。①

《五燈會元》將妙道禪師列入"徑山杲禪師法嗣"，可知她是著名禪師大慧宗杲的弟子。在宋代，士大夫家庭時有女子出家之事。《神道碑》在解釋黃裳七女六婿的原因時稱："（陳）詳蓋兩娶。"②陳詳再娶的原因或與前任妻子出家有關，而她可能就是妙道禪師。

《神道碑》中列舉黃裳女婿六人：

> 奉直大夫、直秘閣知單州蔡脩。承議郎、河州通判陳詳。承奉郎曾綖。左朝請郎、中書舍人張擴。左承議郎、監察御史陳積中。朝請郎、坊州簽判李悱。③

馬里揚認定蔡脩爲蔡卞之子，④其所據《東都事略》卷一百零一："（卞）子脩、仍，當京用事時夤緣僥幸，致身侍從。靖康元年悉竄湖南。"⑤然細檢史料，很難再發現其他佐證。王明清《揮麈餘話》卷二中稱："蔡元度公娶荊公之女，封福國夫人。止一子，子因仍是也。"⑥王氏在此明確指出蔡卞祇有一子蔡仍。《宋宰輔編年錄》則將蔡脩列入蔡京諸子之中。⑦由是，可得知蔡脩應是蔡京之子。然程瑀所著《神道碑》中提到的蔡脩職官名稱爲"奉直大夫、直秘閣、知單州"⑧，史載蔡京之子脩有過外舉宮觀、提舉秘書省并左右街道籙院等經歷，但尚未見《神道碑》所提及的履歷。筆者猜測，在程瑀撰寫《神道碑》時，蔡氏兄弟早已倒臺，并被看作是北宋亡國的罪魁禍首，加之程瑀本人對蔡氏同黨堅持嚴厲懲處的態度，不排除他爲迴護黃裳，在此有意設遁詞來掩蓋黃、蔡二人的關係。

---

① 普濟：《五燈會元》卷二十，中華書局，一九八四年，第一三四七頁。
② 程瑀：《宋端明殿學士正議大夫贈少傅黃公神道碑》，見《演山先生文集》，明謝肇淛影宋鈔本。
③ 程瑀：《宋端明殿學士正議大夫贈少傅黃公神道碑》，見《演山先生文集》，明謝肇淛影宋鈔本。
④ 馬里揚：《演山詞研究》，碩士學位論文，南京師範大學，二〇〇八年，第一〇五頁。
⑤ 王稱：《東都事略》卷一百零一，景印文淵閣《四庫全書》本，第三百八十二冊，第六五九頁。
⑥ 王明清：《揮麈錄》卷二，上海書店出版社，二〇〇九年，第二五三頁。
⑦ 徐自明撰，王瑞來校補：《宋宰輔編年錄》卷十三，中華書局，一九八六年，第八三九頁。
⑧ 程瑀：《宋端明殿學士正議大夫贈少傅黃公神道碑》，見《演山先生文集》，明謝肇淛影宋鈔本。

陳詳其人不見於史乘。《八閩通志》載宋政和年間興化軍通判有陳詳一人。①同時有"何昌言榜"進士陳詳一人②，由於所處時間相近，兩者有爲一人的可能。黃裳在《承事陳君墓志銘》中寫到，晋江陳士傑有子六人，其中一人爲陳詳，詳"果擢第，察人情，曉吏事……予有子歸焉"③。綜合來看，陳詳很有可能是紹聖四年（一〇九七）進士，做過濠州、河州、興化軍等地的通判。

曾緻當爲曾布之子。《宋會要輯稿》職官六三存有黃裳奏章云："臣之女與右僕射曾布之子爲親，法當迴避。"④因曾布受蔡京黨的打壓和排擠，其死後没有神道碑、墓志銘傳世，關於曾布子嗣的記載也鮮有涉及曾緻。

張擴，《四庫全書總目提要》稱其字彥實，一字子微，鄱陽郡德興人，崇寧五年（一一〇六）進士，著有《冬窗集》，歷任秘書省校書郎、中書舍人等職。⑤據《宋宰輔編年録》："（楊）畏先托（章）惇之妻侄張擴者。"⑥可知張擴爲章惇的妻侄。

陳積中，福州人，字彥載。其父陳暘，《宋史》卷四百三十二載："徽宗初，（陳暘）進《迓衡集》以勸導紹述，得太學博士、秘書省正字。"⑦可知陳暘主張新黨之政。其伯父陳祥道，爲王安石門人，荆公新學代表人物。

李悱，其人不可考。

黃裳有女七人，除了一人出家爲尼，其餘六人分别嫁於蔡修（蔡京之子）、陳詳、曾緻（曾布之子）、張擴（章惇的妻侄）、陳積中（陳暘之子）和李悱，其中除了陳詳和不可考的李悱，黃裳其餘的女婿皆出自新黨家庭，從中不難看出他與新黨成員間的密切過從。

再次是黃裳本人的政治行爲和政治見解。元符元年（一〇九八），黃裳上章提出恢復元豐官制：

己未，吏部侍郎黃裳言："元豐官制，凡入品者皆給告身，其無品者給黃牒，故雖小使臣皆給告身。後來時務從簡，遂行宣札指揮，于理未安。請自借、奉職而

---

① 黃仲昭修纂：《八閩通志（上）》卷三十五，福建人民出版社，一九九〇年，第七五一頁。
② 黃仲昭修纂：《八閩通志（下）》卷五十，福建人民出版社，一九九〇年，第一一五頁。
③ 黃裳：《承事陳君墓志銘》，《演山先生文集》卷三十三，明謝肇淛影宋鈔本。
④ 徐松輯，劉琳等校點：《宋會要輯稿》職官六三，上海古籍出版社，二〇一六年，第四七五八頁。
⑤ 永瑢等：《四庫全書總目提要》卷一百五十六，中華書局，一九六五年，第一三四八頁。
⑥ 徐自明撰，王瑞來校補：《宋宰輔編年録》卷十，第六一九頁。
⑦ 《宋史》卷四百三十二，中華書局，一九八五年，第一二八四八頁。

上，皆給告身，復循元豐官制。"從之。（舊云復先帝給告之制，新削。）①

隨着哲宗親政之後，以反對變法爲目標的元祐政治路綫被迅速掃蕩殆盡，黄裳上書重新要求恢復元豐舊制的行爲顯然迎合了當前朝廷的政治路綫，但仍可在一定程度上反映出黄裳本人對於元豐朝政的態度。

在程瑀所撰黄裳的《神道碑》中記録了這樣一段史事：

> 在禮部，會朝廷議推太學三舍法於天下。公謂："宜近不宜遠，宜少不宜老，宜富不宜貧，不如遵祖宗科舉之制。"是後，公私煩費，人不以爲便，卒采公言，復科舉。而方臘、虜人之變，悉符公所論。②

從《神道碑》中所反映的内容來看，黄裳似應對蔡京推行的太學三舍法持批評態度。然而黄裳在崇寧元年（一一〇二）外任青州之後，却在《青州學記》中寫道："宜書其説以示多士，使知朝廷崇尚學校、樂育人才之所歸，而志於學。"③這裏透露的絶不是反對新立法度的傾嚮。再看黄裳《太平州蕪湖學記》：

> 方今朝廷權行三舍考察之制，凡目甚悉，必得爲宰者運量乎其中，在士有累於貧者有所資，有累於事者有所代，積漸涵養，視成論升，出於優游而不迫，庶幾成人有德、小子有造，其源存乎鄉里而已。此正天子有望于郡邑者也。④

其中"在士有累於貧者有所資"與"宜富不宜貧"的觀點大有出入，黄裳明顯是説學子在三舍法下能够優游不迫地學習，最終能够讓國家成就"成人有德、小子有造"的功德。從上述兩篇文章來看，黄裳本人更傾嚮擁護蔡京所推行的太學三舍法。程瑀將這條批評意見放置在他的神道碑中，顯然是有意爲之的書法。

綜上可知，黄裳在熙豐時期和哲宗紹述之後，是支持新黨與新政的。

學者多注意到黄裳元祐元年的《諸公紀贈子鎮詩序》一文，其中有"朝廷方去浮薄

---

① 李燾：《續資治通鑑長編》卷五百十七元符元年十一月己未，中華書局，二〇〇四，第一二〇〇一頁。
② 程瑀：《宋端明殿學士正議大夫贈少傅黄公神道碑》，見《演山先生文集》，明謝肇淛影宋鈔本。
③ 黄裳：《青州學記》，《演山先生文集》卷十八，明謝肇淛影宋鈔本。
④ 黄裳：《太平州蕪湖學記》，《演山先生文集》卷十八，明謝肇淛影宋鈔本。

小人"的説法,以證明黄裳對新法有所不滿。①但細觀此文,亦有不少值得發覆之處:

  元豐元年春,予自京師還,聞閭里間長老道群囚之得子鎮,涕零而言曰:"吾屬墮陷阱中,安所告語? 今幸而佛出,我得見天日,無報德之地。"嗚呼子鎮! 會或者不學道,乘一路之權,爲顯要計,猶慮煮海無窮之利,雖空八州有限之資,不足以遨其欲也,輒用屬爲貨。胥徒臧獲聽得以訴其主,少不如意,束芻爲人,謗書夾道,發織下吏,便以爲據。邏者虎伺,捕者鷹攫,獲其屬十有三,幹逮者以千數,乃有劍獄。環顧有才之士赴我顧指,刺骨刻意,弗集,則必羅事而織之,有辨必溺,誤用子鎮。然而是時咸削并行,廢奪立至,柔者惴惴,智者悄悄,恐不足以自全。子鎮用才見知,毅然彼己不顧,引囚覽按,論情之過故,觀事之要緩,紛紛釋去,留者三四十人耳。彼知其才可任,而不知非義不可以撓正。子鎮知其違忤風旨,必至於廢奪,而亦知人情不可枉以就法,志節辭氣,厄窮以死,不少爲暴吏屈,是可賦也……朝廷方去浮薄小人,思得君子矯俗以歸厚,然而子鎮往矣,可謂真不幸也。②

《詩序》講述的是范子鎮不畏上級權威、堅持正義并寬以治獄的故事。文中的"元豐"和"劍獄"分别交待了事件發生的時間和地點。黄裳在《送范子鎮》一詩中亦云:

  相逢鷹犬顔何厚,劍水閩山公不朽。有恩流到墓中魂,無累乞尋林下友。諸枉既直,公請致仕,不允。③

所謂"諸枉""劍獄"當指以蹇周輔、賈青爲主導,以地方酷吏爲執行者的福建鹽法。④黄裳或出於對鄉民的同情,反對由蹇、賈二人所領導和主持的鹽法改革。故黄裳認可司馬光和元祐政治路綫對此法的撥亂反正。

  元祐二年,時任太學博士的黄裳與黄庭堅、晁補之等人於武成宫負責本年國子監發

---

① 參見張弛:《北宋中期新黨士大夫文學研究》,博士學位論文,復旦大學,二〇二一年;馬里揚:《演山詞研究》,碩士學位論文,南京師範大學,二〇〇八年。
② 黄裳:《諸公紀贈子鎮詩序》,《演山先生文集》卷十九,明謝肇淛影宋鈔本。
③ 黄裳:《送范子鎮》,《演山先生文集》卷一,明謝肇淛影宋鈔本。
④ 鮑睿涵:《北宋晚期詩歌研究——以新黨詩人、宫廷詩人爲中心》,博士學位論文,華東師範大學,二〇二四年。

解試的相關事宜，他們在此期間唱和頗多。這次銓試之後，黃庭堅、黃裳和晁補之時有交游、唱和的活動，并都曾以"臥陶"爲題賦詩。哲宗元祐六年"詔校書郎黃裳供職及二年，爲集賢校理"①，秦觀當時恰好與之同館，故相與唱酬。②筆者認爲，在元祐的政治更迭之後，黃裳因職任之故，與蘇軾一黨往來較多。

隨着元祐路綫的垮塌和哲宗對新黨反對派的清算，黃裳與蘇軾一黨日漸疏遠，并積極參與對元祐政治的撥亂反正活動。特別是針對吕大防主修《神宗實錄》一案，聲稱"史院一事，乃吕大防倡爲之，罪不當在祖禹、庭堅之下，豈可輕恕"③，從中我們能夠看到黃裳和元祐文人的切割。

上文説過，黃裳與新黨重臣蔡京、曾布、章惇都有姻親關係。筆者以爲，他們之間姻親網路的建立恰好處於元祐、紹述路綫交替之後不久，黃裳也在這一時期步入了升遷的快車道，短短幾年時間，從起居舍人，經數次轉官，在元符三年居"試尚書兵部侍郎兼權禮部侍郎"之位。從黃裳在元祐時期的交游來看，他在哲宗一朝的經歷帶有鮮明的"騎墻"特點，最終也因新黨的重新得勢而最終倒嚮了變法派的懷抱。

三、黃裳的"神性"

正如前文所述，黃裳一生中對佛、老的鑽研并不低於他在儒學上的建樹，佛、老思想可以説已經完全融入黃裳的思想體系當中。特別是黃裳的道家道教思想，幾乎成爲他獨特的文化身份象徵，黃裳的"神性"也在後世的書寫中不斷地加深。在宋代，黃裳就已經成爲人們口耳相傳的傳説對象。在宋人筆記中，我們見到如下三條記載：

> 元豐間，汶上梁述，一夕，夢奏事殿上，御座前一牌，落金大書"黃裳"二字，意必貴兆也，因改名黃裳。明年，御前賜進士第，南劍黃裳爲天下第一。④
>
> 蔡忠懷公確少年日，夢當爲執政。仍有人告之曰："候汝父作狀元時，斯其證也。"覺而失笑，謂人曰："鬼神乃相戲乎？吾父老矣，方致仕自佚，豈有復作狀元之理？"確以元豐二年五月自御史中丞拜參知政事，時其父已没。五年三月，確

---

① 李燾：《續資治通鑑長編》卷四百五十八元祐六年五月庚午，中華書局，二〇〇四，第一〇九六〇頁。
② 徐培均著：《秦少游年譜長編》卷五，中華書局，二〇〇二年，第五〇四頁。
③ 彭百川：《太平治迹統類》卷二十四，江蘇廣陵古籍刻印社，一九八一年，第十六册，第十六頁。
④ 王闢之：《澠水燕談録》卷六，中華書局，一九八一年，第七八頁。

侍殿上，聽唱進士舉人名，南劍州黃裳居首選，確不覺大驚訝，蓋父名黃裳也。①

黃冕仲未第時，嘗有魁天下之意。元豐四年，南劍州譙門一柱忽爲迅雷所擊，冕仲聞之，口占絕句云："風雷昨夜破枯株，借問天公有意無？莫是臥龍踪迹困，放開頭角入亨衢。"次年，冕仲遂膺首薦。又次年，對策爲天下第一。②

三則材料都與黃裳的科舉考試經歷相關。黃裳爲元豐五年（一〇八二）宋神宗欽點的狀元，而其被欽點狀元的過程又是一波三折。《續資治通鑑長編》卷三百二十四載："考官本考裳置第五甲，神宗嘗見其文，因記其數句。至唱名，令尋裳卷。須臾尋獲進呈，神宗曰：'此乃狀元也。'乃唱名。"③宋代君主歷來重視殿試，并往往親歷主持殿試的各個環節，這是宋代的祖宗之法。④黃裳被神宗皇帝親擢爲狀元的事件反映了宋代君主權力的強化，同時事情本身的波折又爲後人留下了可以渲染、加工的空間。發生在梁遜和蔡確身上的故事都屬於宋代較爲流行的讖言，讖言的編造者均利用重名的巧合來書寫黃裳奪魁一事的神異色彩。同樣，吳曾在《能改齋漫錄》中也將黃裳的經歷歸在《祥瑞讖應》的標題下。⑤這三條讖言并不包含民情民意，也不涉及某一勢力的政治目的，但都在流傳的過程中強化了黃裳的神異形象。

相關記載最終促成了兩則傳說的產生：一、黃裳爲紫薇真人下凡；二、黃裳相會張伯端。據《四庫全書總目提要》記載："同時，莊念祖《方外志》乃謂裳爲紫薇天官九真人之一，因誤校籍墮人間云云。説殊誕妄。蓋以裳素喜道家玄秘之書，又自稱紫元翁，往往愛作塵外語，故從而附會之耳。"⑥莊念祖爲莊綽之子，《方外志》應成書於南宋之時，在静嘉堂文庫本《演山先生文集》後附有《紫元翁塑像記》，這篇文章引用了《方外志》的記載：

張伯端，政和中通名謁黃冕仲于延平，繼使人寓書于吳伸云："平叔自謂與黃冕仲本紫微天官，號九皇真人，因誤校籍，墮人間。今垣中可見者，六星耳。潛耀

---

① 洪邁：《夷堅志》癸志卷第十，中華書局，一九八一年，第二九五頁。
② 吳曾：《能改齋漫錄》卷十一，《全宋筆記》第五編第四本下，大象出版社，二〇一二年，第五三頁。
③ 李燾：《續資治通鑑長編》卷三百二十四元豐五年三月戊申，中華書局，二〇〇四年，第七八〇九—七八一〇頁。
④ 王瑞來：《趙抃〈御試官日記〉考釋——兼論北宋殿試制度的演變》，《東北師大學報（哲學社會科學版）》一九八六年第四期，第四一—四八頁。
⑤ 吳曾：《能改齋漫錄》卷十一，第五三頁。
⑥ 《演山集》，《文淵閣四庫全書》本，第一千一百二十册，第二六頁。

者三，則平叔、冕仲、睢陽于先生。冕仲曰紫元真人，平叔曰紫陽真人，于公曰紫華真人。"①

黄裳在《桐廬縣仙人洞十題》的題記中自稱是"紫元翁"②，同時他在創作詩歌時也多以"紫元"自道。在他的詩中，我們常常能夠看到"紫元名在廣寒宫，但恐銀蟾與此同""仙家手植無人會，誰信靈根石上盤"等充滿神仙色彩的内容，這些反映的都是黄裳自我神仙化的想象。同時，因張伯端號紫陽山人，而與《方外志》中提到的"紫元真人""紫陽真人""紫華真人"可能并無直接的關聯，衹是後人將名號湊巧相近的三人拼接到了一起。再到後來，《張真人本末》又進一步形塑張伯端、黄裳的神仙形象，其云：

（張伯端）政和中通姓名以謁黄冕仲尚書于延平。黄公素傳容成之道且酷嗜爐火，年加耄矣。語不契而去，繼而使人寓書于黄，叙述甚异。其孫銓見其書秘不盡言，獨告予，大略云：平叔自謂與黄皆紫薇天官，號九皇真人。因校劫運之籍，遂謫於人間。今垣中可見者，六星而已。潜耀者三：平叔、冕仲、洎睢揚于先生也。平叔曰紫陽真人，冕仲曰紫元真人，于公曰紫華真人。一時被譴者，官吏皆以復於清都矣。今平叔又登仙品，獨冕沉淪宦海。凡當爲人者十世，今九世矣，來世苟復迷妄合塵，則淪墜异趣，無復升遷之期。平叔明序仙契，力欲振拔，而黄公竟不契而没，惟自號紫元翁而已。九皇不載於天官，蓋微星也。非常名而可名者，在萬二千五百之間耶！③

《張真人本末》一文最早收録在元代戴起宗的《悟真篇注疏》中，文章最晚應從元代便開始流行。作者宣稱是從張伯端之孫張銓處打探得來的消息，這一點無從考證，但其文義則與方念祖《方外志》的記載大致相當。《張真人本末》在《方外志》的基礎上豐富了傳說的情節和細節，如《本末》將"誤校籍"之事擴展成"校劫運之籍"，并指出貶謫到人間的仙官皆"復於清都"，同時也說明了九皇因是"微星"而不載於天官。此時黄裳的下凡神仙形象更爲豐滿。《本末》的作者認爲黄裳最終没有像張伯端一樣重返仙

---

① 黄裳：《紫玄翁塑像記》，見《演山先生文集》，明謝肇淛影宋鈔本。
② 黄裳：《桐廬縣仙人洞十題》，《演山先生文集》卷十，明謝肇淛影宋鈔本。
③ 《道藏》，第二册，天津古籍出版社、上海書店、文物出版社，一九八八年，第一〇二四頁。

籍，是因爲黄裳和張伯端"語不契"，没有抓住被張伯端"力欲振拔"的機遇。張伯端謁見黄裳一事在日後成爲學界争論的焦點，後人圍繞着張伯端的生卒年月對事件的真僞展開了廣泛的討論，結果衆説紛紜、莫衷一是。但是，從《本末》一文中的張伯端"又登仙品""明序仙契"不難發現，故事發生的時候張伯端可能已經登仙，因而《本末》所載的内容祇是神仙傳説而已。

　　無論如何，後人將黄裳與在成仙的張伯端聯繫在一起，足以體現黄裳近似仙道的形象。《張真人本末》稱其"素傳容成之道且酷嗜爐火"，也符合黄裳的生平行實。因個人的崇道背景而被後人演繹成神仙形象的黄裳本人也曾把道士比作神仙，如《貽李道士》一詩就反映出黄裳對道士的神仙化想象，其詩云："道士無來鶴衣白，無事倡狂走南北。偶得秘訣烟霞間，鬼谷先生眼睛碧。謂我當接王公談，且與天庭二分析。儻來已感仙翁靈，占夢夢中宜自驚。妙光照物乃是道，結廬歸去南山青。"①張振謙認爲："從心態層面來説，文人多把道士當作神仙來交往，從中獲得超越世俗的精神滿足和心理安慰。"②同時，那些與道教過從甚密的文人也被後人逐漸神化。

　　抛開時代風氣的影響，黄裳本人時常爲自己的神性加注。在《闓仙洞記》裏面，黄裳和惠文説道："頃有异人，道予自紫元洞游人間世，可於橋之西爲予作紫元庵，他日於此栖養以度生。"③通過"异人"之口，黄裳賦予了紫元洞神异的色彩，在此建紫元庵的黄裳也有意地把自己和神仙傳説聯繫到一起。黄裳之詩又多次提及落入凡間的神仙，如寫李白"紫薇所拱皆仙官，開元無事長庚閑。偶緣一念來人間，詩才到白誠無難"④；如寫武夷十三仙"頃向上筵何事醉，一時謫在人間世。八百年後還升真，武夷真君真主人"⑤；如寫演客"自嗟本是仙霞翁，一念人間已知錯"⑥，其中無論是歷史上真實存在的李白，還是傳説中的武夷十三仙、演客，在黄裳看來都是因一念之差而落入凡間的仙官，這些都接近於後人對黄裳形象的建構。同時，詩歌中每每出現的"謫仙"形象也體現出了黄裳自己的神仙追求，"謫仙"不啻爲他内心對自我形象的一種投影。

　　南宋時，明教又曾假藉黄裳之名來爲本教的文獻與圖像背書：

---

① 黄裳：《貽李道士》，《演山先生文集》卷四，明謝肇淛影宋鈔本。
② 張振謙：《道教文化與宋代詩歌》，人民出版社，二〇一五年，第一五八頁。
③ 嚴正身修，金嘉琰纂：《桐廬縣志》卷二，清抄本。
④ 黄裳：《和張仲時次歐陽文公覽李白集之韵》，《演山先生文集》卷三，明謝肇淛影宋鈔本。
⑤ 黄裳：《覽武夷記》，《演山先生文集》卷三，明謝肇淛影宋鈔。
⑥ 黄裳：《仙會樓》，《演山先生文集》卷四，明謝肇淛影宋鈔本。

> 江東謂之四果,江西謂之金剛禪,福建謂之明教、揭諦齋之類,名號不一。明教尤甚,至有秀才吏人軍兵亦相傳習,其神號曰明使。又有肉佛、骨佛、血佛等號,白衣烏帽,所在成社。僞經妖像,至於刻板流布,假藉政和中道官程若清等爲校勘,福州知州黄裳爲監雕。①

據《(淳熙)三山志》:"政和四年,黄尚書裳奏請建飛天法藏,藏天下道書,總五百四十函。"②黄裳曾在知福州任上監雕過《萬壽道藏》的經歷竟直接被明教徒嫁接成本教傳説。這段史料或許就是金庸在創造黄裳與九陰真經的傳説時所依據的文獻資料,黄裳的"神性"也因爲金庸的小説而流傳更達。

結　語

黄裳進身仕路之時,正是北宋新舊黨争最爲激烈與膠着的一個階段。作爲王安石新學和改革後的貢舉制度所培養出來的士大夫,黄裳的思想深受新學一派的影響。但正是這種思想特點使黄裳的成色變得頗爲複雜,也讓參與其文集編撰的後人對其得出了相異的判斷。雖然黄裳半數"奏議表章"散佚給我們瞭解他的政治傾嚮造成了麻煩,但通過對其存世的文章和家族網絡的探尋,我們還是基本可以得知他的政治立場與學術取嚮是同構的。值得注意的是,黄裳在元祐時期和哲宗親政以後,表現出了不同的政治取嚮,即在新舊兩黨之間"騎墻"。黄裳身上體現了北宋晚期士大夫身上複雜與矛盾的一面。文本中的黄裳并非其真實形象的複刻,後人所書寫的黄裳事迹也往往傳遞出玄幻之特徵、神異之色彩,并且通過不斷地纍積,終成今日那個創寫《九陰真經》的傳奇人物。道士和仙人界限的模糊使得黄裳的形象浸染了玄妙的神仙色彩,也通過這種形象的確立讓黄裳的形象與奇聞异事的勾連更加頻繁。

(作者單位:蚌埠學院文學與教育學院)

---

① 陸游著,錢仲聯、馬亞中主編,途小馬校注:《陸游全集校注·渭南文集校注》卷五,浙江古籍出版社,二〇一五年,第一四九頁。
② 梁克家:《(淳熙)三山志》卷三十八,《宋元稀見地方志叢刊》甲編,第七册,四川大學出版社,二〇〇七年,第一五九九頁。

張翥《蛻庵集》版本源流考①

張昀東

内容摘要：《蛻庵集》是元人張翥的詩歌别集，其版本流傳情況複雜。本文梳理了張翥别集早期流傳概況，并在廣泛搜集各種版本的基礎上，通過對文本面貌、書内題識與鈐印、明清以來相關書目題跋以及藏家校語等諸多内容進行綜合分析，繪出了包含静嘉堂文庫所藏四卷抄本外所有版本的《蛻庵集》版本源流圖。在此過程中，着重對洪武刻本以及與知不足齋相關聯的幾種抄本進行了考辨。

關鍵詞：《蛻庵集》；版本源流；洪武刻本；知不足齋

張翥（一二八七——一三六八），字仲舉，號蛻庵，晋寧人。元代著名文學家。《元史》有傳，②致仕時官至河南行省平章政事、③翰林學士承旨，封潞國公④。

張翥雅好詩詞，《蛻庵集》和《蛻巖詞》分别爲其詩、詞别集。張翥一生幾乎與元代同始終，他的詩詞作品在擁有較高史料價值的同時，也因其個人才華擁有出彩的文學價值，清代王士禛十分推崇張翥，曾評價其詩曰："蛻庵，元末大家，古今詩皆有法

---

① 張翥《蛻庵集》不同版本有《蛻庵詩》《蜕庵詩》《蛻庵詩集》等多種名稱，"庵"字也有不同寫法，即使同一版本亦有名稱上的差别，考慮到行文方便，本文全部使用"庵"字，除了引用時遵照原文表述，本文皆稱其爲《蛻庵集》。
② 《元史》卷一百八十六《張翥傳》，中華書局，一九七六年，第四二八四—四二八五頁。
③ 陶宗儀《書史會要》與蘇伯衡《張潞國詩集序》皆稱張翥官至嶺北行省平章政事，而非河南行省平章政事，二説當有一誤。見陶宗儀著，徐永明、楊光輝整理《書史會要》卷七《大元》，浙江古籍出版社，二〇一四年，第九一二頁；蘇伯衡《蘇平仲文集》卷五《張潞國詩集序》，國家圖書館藏明正統七年（一四四二）黎諒刊本，第二册，第二B葉。
④ 張翥封潞國公事，《元史》未載，釋來復在《澹游集》中已記載張翥封潞國公，其時在至正癸卯，則張翥封潞國公事至遲在元順帝至正二十三年（一三六三）。見釋來復輯《澹游集》卷上，國家圖書館藏清抄本（藏書號〇三六二九）。元明時人陶宗儀、張昱、蘇伯衡、釋大杼、釋宗泐等皆稱其爲潞國公。

度,無論子昂、伯庸輩,即范德機、揭曼碩,未知伯仲何如耳。"①

二十一世紀以來,學界對於張翥的關注日漸增多,②但是目前有關《蛻庵集》的研究情況并不如人意。關於《蛻庵集》的版本研究,筆者將所見者列出如下:王兆鵬在其所著《詞學史料學》一書中曾列出數種版本并簡要介紹;③柯貞金與盧漢宜的《〈蛻庵詩集〉版本考》一文在王兆鵬的基礎上梳理出了《蛻庵集》的版本源流示意圖,④然此文舛誤實多;耿珊珊在其碩士論文《張翥詩詞版本與交游考論》中以一節的體量作了《蛻庵集》的文本研究,然其關注重點在於各種總集所收錄的蛻庵詩歌;⑤韓璐的博士論文《張翥研究》以一章的體量作了《蛻庵集》的版本研究,并在附錄中對其經眼善本作了述評,對本文的寫作具有藉鑒意義,然而作者并未能夠將《蛻庵集》的衆多版本搜集齊備。⑥總之,目前對《蛻庵集》版本的已有研究仍然有較大提升空間。

一、張翥別集早期流傳概況

《蛻庵集》雖刊刻於明初,但張翥的作品在元代已經進行了結集。劉岳申在《張仲舉集叙》中云:"至順壬申,余再之江浙校藝……今又八年矣……獨求予序其集端。"⑦由此可知,早在順帝後至元六年(一三四〇),張翥已有一部別集,并請劉岳申作序,這也是關於張翥別集可見的最早記載。後張翥又將其詩集示以顧瑛,顧氏在《草堂雅集》中載曰:"寓吴,過草堂,以《蛻庵詩》三卷出示,故所錄特多云。"⑧另外,張翥的方外友人,後爲其四卷刻本《蛻庵集》作序的釋來復在其成書於至正後期的《澹游集》中也記載了張翥的別集信息,云"有《蛻餘集》行于世"⑨。這是有關張翥別集確切名稱的最早記載。通過以上三則材料,可以看到,張翥在其在世之時,便已有意將自己的作品匯編成集,劉岳申與顧瑛所見的本子時間較早,此後張翥當有新的詩

---

① 王士禛撰,張鼎三點校:《居易錄》卷四,齊魯書社,二〇〇七年,第三七四三—三七四四頁。
② 可參見王碩:《張翥研究綜述》,《唐山師範學院學報》二〇二〇年第一期,第三六—四一頁。
③ 王兆鵬:《詞學史料學》,中華書局,二〇〇四年,第二五七—二五八頁。
④ 柯貞金、盧漢宜:《〈蛻庵詩集〉版本考》,《南陽師範學院學報》二〇〇八年第十一期,第五六—六〇頁。
⑤ 耿珊珊:《張翥詩詞版本與交游考論》,碩士學位論文,山西大學,二〇一三年。
⑥ 韓璐:《張翥研究》,博士學位論文,北京師範大學,二〇一一年。
⑦ 劉岳申:《申齋劉先生文集》卷二《張仲舉集叙》,國家圖書館藏三間草堂抄本,第一册,第一〇B——一一A葉。
⑧ 顧瑛輯,楊鐮、祁學明、張頤青整理:《草堂雅集》卷六《張翥》,中華書局,二〇〇八年,第四八一頁。值得注意的是,此處文本面貌爲陶湘的涉園刻本,景元刊本此處則并未記載集名與卷數。
⑨ 釋來復輯:《澹游集》卷上,國家圖書館藏清抄本。

歌創作陸續編入，此兩種版本當已不傳。而釋來復所記的《蛻餘集》則在明代仍有流傳，詳見下文考述。

楊士奇等人於明英宗正統六年（一四四一）整理文淵閣藏書而成的《文淵閣書目》即著錄了《蛻餘集》："張仲舉《蛻餘集》，一部一冊。"另外還著錄有："《張仲舉詩》，一部一冊。"①後者情況已不可考，前者當即爲釋來復《澹游集》中所記之《蛻餘集》，但楊氏編目失之簡略，未言書籍卷數，後錢溥《秘閣書目》雖亦著錄，②然其乃據《文淵閣書目》轉抄，參考價值有限。筆者所見最早提及《蛻餘集》卷數的是成化《杭州府志》，該志在《書籍目》中載："《蛻庵集》四卷《蛻餘集》二卷，翰林承旨張翥著。"③此處所言之《蛻庵集》當爲洪武刻本，《蛻餘集》即楊氏所著錄者，體量爲兩卷，後焦竑《國史經籍志》中亦載曰："張翥《蛻餘集》，二卷。"④該書雖非實藏書目，但不失爲記載《蛻餘集》體量的一則材料。由此可見，《蛻餘集》確非後世廣爲流傳之《蛻庵集》，且體量要比《蛻庵集》更小。

張萱等人對文淵閣藏書進行校理編目，於萬曆三十三年（一六〇五）編成《内閣藏書目錄》，但該書中并沒有對張翥別集進行著錄，此後清代、民國的衆多官私目錄中也未見有著錄《蛻餘集》者。由此可見，明代内廷所藏的張翥別集至遲在萬曆年間已經佚散，成書於張翥生前的《蛻餘集》就此亡佚。但是通過《澹游集》，我們仍可略窺張翥這部早期別集的面貌。《澹游集》共載張翥詩九題十三首，其中十首見於洪武刻本《蛻庵集》，詩題與《澹游集》中所存皆異（見文末附表一），早期的《蛻餘集》與後來的《蛻庵集》面貌差異之大，由此可見。另外，《永樂大典》中亦收錄了張翥的詩歌，其中九首爲他處不載，這一點韓璐已經在其博士論文中分析清楚，但韓文并未將之與《蛻餘集》聯繫起來。從時間關係上來看，《永樂大典》裹收錄的極有可能是《蛻餘集》中的作品。

---

① 楊士奇：《文淵閣書目》卷十"月字號"，載中華書局編輯部編《宋元明清書目題跋叢刊》，第四冊，中華書局，二〇〇六年，第一一〇頁。
② 錢溥：《秘閣書目》，載中華書局編輯部編《宋元明清書目題跋叢刊》，第四冊，第二四八頁。
③ 陳讓等修纂：（成化）《杭州府志》卷五十七《書籍目》，載中華書局編輯部編《宋元明清書目題跋叢刊》，第六冊，第一四五頁。
④ 焦竑：《國史經籍志》卷五"別集類"，載中華書局編輯部編《宋元明清書目題跋叢刊》，第五冊，第九〇一頁。

二、《蜕庵集》刻本流傳情況

二〇一七年，中華書局將國家圖書館藏洪武刻本《蜕庵集》影印出版，并在《出版説明》中介紹該本乃"孤帙僅存"①。本節即以刻本《蜕庵集》爲主要考察對象，梳理其流傳情況。

第一種爲國圖藏洪武刻本（以下簡稱"洪武甲本"）。該本四卷兩册，半葉十三行二十四字，黑口，雙魚尾，四周雙邊（部分葉面左右雙邊），有釋來復序與釋宗泐跋。全書除了詩序部分的"見心""沙門來復"和跋語部分的"季潭""全室"爲墨色印記，②另有瞿鏞的"鐵琴銅劍樓"白文長方印，金檀的"文瑞樓"白文方印、"家在黄山白岳之間"白文方印和"金星軺藏書記"朱文長方印，顧廣圻的"顧廣圻印"白文方印和"千里"朱文方印以及"北京圖書館藏"朱文方印。檢視三人的書目題跋，顧廣圻的三種書目題跋均無涉及《蜕庵集》者，金檀在《文瑞樓藏書目録》中的著録極爲簡略，祇有作者、書名、卷數以及作者本籍和簡要仕宦情況，③其在《文瑞樓藏書志》中對該書的記載稍詳，將《元史·張翥傳》、釋來復序和釋宗泐跋的部分內容匯總在一起，却將該本判斷爲元刻本，④實謬。瞿鏞在《鐵琴銅劍樓藏書目録》著録該書曰：

> 《蜕庵詩》四卷，明刊本，元張翥撰。釋大杼、北山編集。有釋來復、宗泐二《序》。是書分卷與王新城所見本合。《元史》本傳謂其遺稿不傳，其時刻本猶未出也。卷末有"顧印廣圻""千里"二朱記。⑤

瞿氏所言與實物相合。另外，張金吾在《愛日精廬藏書志》中亦曾著録文瑞樓所藏的這部洪武本，⑥説明該本亦曾經張金吾之手。後上海涵芬樓即以此本爲底本影印，成《四部叢刊續編》本（以下簡稱"《四部》本"），"中華再造善本"亦取此本爲底本。據釋來復爲《蜕庵集》所作序"至正丙午春，其方外友廬陵北山杼禪師以公手稿選次而刊

---

① 中華書局編輯部：《出版説明》，《國家圖書館藏明初刻僑吴集蜕庵詩》，中華書局，二〇一七年，第三頁。
② 這四方墨印分屬釋來復與釋宗泐，應當是製書版時即隨文字一道將其印刻上，與其他朱色藏書印性質不同。
③ 金檀：《文瑞樓藏書目録》卷七戊集，《叢書集成初編》據《讀畫齋叢書》本排印，商務印書館，一九三五年，第六八頁。
④ 金檀：《文瑞樓藏書志》，第五册，國家圖書館藏清抄本（善本書號一二〇七五）。
⑤ 瞿鏞：《鐵琴銅劍樓藏書目録》卷二十二，天津圖書館藏光緒刻本，第二一葉。
⑥ 張金吾著，馮惠民整理：《愛日精廬藏書志》卷三十四《別集類》，中華書局，二〇一二年，第五五二頁。

行之"①可知,在張翥去世的前兩年,釋大杼便在整理張翥手稿,準備刊行。又據釋宗泐跋語:"先是,潞公於元季多故之際薨於燕都,由其無後,北山爲之經紀葬事,未幾天兵北伐,燕都不守,北山取其遺稿歸江南。"②張翥去世後,釋大杼携其遺稿南下,洪武刻本《蜕庵集》最早刊刻於洪武十年(一三七七)。

第二種爲臺灣"國家"圖書館藏洪武刻本(以下簡稱"洪武乙本")。該本除了跋語最後一葉,其餘部分的行款版式與洪武甲本一模一樣,可以確定是同一版本,由此可見,洪武甲本"孤帙僅存"之說言過其實。洪武乙本的藏書印有張乃熊的"芷圃收藏"陽文長方印、盛昱的"宗室盛昱收藏圖書印"陰文方印、陶湘的"陽湖陶氏涉園所有書籍之記"陽文長方印、"國立中央圖書館收藏"陽文長方印諸印,另有一陽文方印與陽文長方印識讀不清。研究該本的流傳情況,除了這些藏書印,還有兩條關鍵綫索,即傅增湘在《藏園群書經眼錄》與《藏園群書題記》中對其所見《蜕庵集》的著錄。傅氏所見《蜕庵集》共有兩種版本,其一爲洪武乙本,其二爲洪武刻本的影寫本。兹將傅氏所言轉錄如下:

潞國公張蜕庵詩集四卷……筆迹工雅,紙墨明湛,蓋就洪武刊版摹出……癸丑、甲寅間,盛意園祭酒遺書散出,余從景樸孫都護許得舊刊數十部,其中蜕庵、蒲庵二詩,皆在焉……時同年董綬金大理酷嗜元人集部,見而好之,堅欲割讓,誼不容已,因與《陳剛中集》、《蒲庵集》輟以歸之,然私衷殊耿耿耳。其後綬金不能終守,遂以歸涉園陶君蘭泉。今世上流傳影刊本,即蘭泉從意園本精鈔鋟梓者也。頃迫歲闌,藻玉堂主人王芷艙,持此帙相視……卷中有黄丕烈印、海源閣、宋存書室、以增私印、楊子伯子、臣紹和印、彦合珍玩諸印,知爲海源閣舊物。然檢《楹書隅錄》,載舊鈔本,經蕘圃手校,有跋,此帙廑鈐菀翁一印,而無校語題跋,知楊氏入目,爲别一本也。此影寫本,審其紙墨古淡,神氣静穆,當屬清初席、錢諸家所爲。雖卷首毛氏一印,爲市估所加,第其時代,要相去不遠。疑此亦黄氏所藏之複本,因無校筆,遂未著錄……正不必以不見於書錄而致疑也。壬申元日,書於藏園之長春室。③

《蜕庵詩集》四卷,元張翥撰。清影寫明洪武刊本,十三行二十四字……鈐有

---

① 釋來復:《潞國公張蜕庵詩集序》,載張翥《蜕庵集》,國家圖書館藏洪武刻本。
② 釋宗泐:《蜕庵詩跋》,載張翥《蜕庵集》,國家圖書館藏洪武刻本。
③ 傅增湘:《藏園群書題記》卷十六《影洪武本蜕庵詩跋》,上海古籍出版社,一九八九年,第八一二—八一三頁。按:傅氏跋語原載於此影寫本卷首,此影寫本現藏北京大學圖書館,跋語原文與此處引文存在細微差别。

黄丕烈及海源閣楊氏印。又毛氏一印，僞。（余藏。）

　　《蜕庵詩集》四卷，元張翥撰。明洪武刊本……按：此書及《蒲庵集》皆得之盛意園昱家……繆荃孫氏爲鈔補序一篇，詩二十三首。又據勞氏丹鉛精舍輯本補文一篇，詩十一首，共爲一册，附此集後。（丙辰）①

將洪武乙本所鈐藏書印和傅氏的以上記載結合，可以看到，該本最初收藏在盛昱府中，後經傅增湘之手短暫保存即歸董康所有，後又從董康流至陶湘手中，終爲張乃熊收藏，張乃熊後將書售與重慶中央圖書館，因而該本現存臺灣。

　　第三種爲董康誦芬室覆刻本。由前引傅氏所言，該本或爲洪武乙本經由董康之手時覆刻而成，體量由原來的二册合爲一册，原宗泐跋語後的兩陰文墨色印迹覆刻時被改爲陽文墨色印迹。此外，覆刻過程中還存在文字校改的情況，如卷一的《送泐季潭游天台并送淵侍者歸天台二首》，洪武刻本原作"詩許絞然能"②，而誦芬室覆刻本此處作"詩許皎然能"③。

　　第四種爲陶湘刻本。與誦芬室本類似，該本或爲洪武乙本經由陶湘之手時摹刻而成。該本一册，今藏北京大學圖書館，前有李滂手書題識，交代了該本的流傳過程，有"晋卿"朱文長方印以及兩枚仿漢印——"廣威將軍章"白文方印和"安夷將軍章"白文方印。但需指出的是，《陶涉園藏明板書目録》中著録陶湘所藏《蜕庵集》曰："《蜕庵集》五卷，明初刻本，二册。"④卷數著録顯然有誤。

　　第五種爲弘治、正德間刻本，今已不得見。據王國維爲蔣汝藻所編撰的《傳書堂藏善本書志》載："《蜕庵詩》三卷，明刊本。衡山釋大杼北山編集。釋來復序，每半葉十行，行十九字。明弘、正間刊本，視五卷本有删節，又前後共闕八葉，無別本可補。天一閣藏書。"⑤

　　王氏言天一閣藏有正德、弘治間的另一種明刻本。民國三年（一九一四），天一閣失竊，大量書籍流入上海市場，其中又有許多爲蔣汝藻所得，這部弘、正間刊刻的三卷本《蜕庵集》即在其中。韓璐在其博士論文中提到過這一點，却言上海古籍出版社

---

① 傅增湘：《藏園群書經眼録》卷十五《元別集類》，第一一三〇——一一三一頁。
② 張翥：《蜕庵集》卷一《送泐季潭游天台并送淵侍者歸天台二首》，國家圖書館藏洪武刻本，第二五A葉。
③ 張翥：《蜕庵集》卷一《送泐季潭游天台并送淵侍者歸天台二首》，南京圖書館藏誦芬室覆刻本，第二五A葉。
④ 陶湘：《陶涉園藏明板書目録》，北京師範大學藏排印本，第四八頁。
⑤ 王國維：《傳書堂藏善本書志》下"金元別集"，載謝維揚、房鑫亮主編，鄔國義分卷主編《王國維全集》第十卷，浙江教育出版社，二〇〇九年，第三四五頁。

二〇一〇年版的范邦甸《天一閣書目》未著録此本，筆者則在阮氏文選樓刊本的《天一閣書目》中看到了對《蜕庵集》的著録："《張蜕庵詩》一册，刊本。"①後薛福成所編《天一閣見存書目》中著録曰："《張蜕庵詩集》，三卷全……洪武年刊本案原帙五卷，此乃梓禪師選定重編者。"②但光緒十五年（一八八九）刊本《天一閣見存書目》中删去了薛氏按語。③天一閣藏書失竊後，繆荃孫曾爲天一閣編過一部《天一閣失竊書目》，其中著録《蜕庵集》曰："《蜕庵詩集》，三卷。"④另外，國家圖書館藏的兩部清抄本《天一閣書目》也都著録有《蜕庵集》，書名爲《張蜕庵詩集》，册數爲一。⑤將以上數種天一閣藏書目録綜合起來看，天一閣確曾藏有一部一册三卷本的《蜕庵集》刻本，該本刊刻於明弘治、正德年間，薛福成在稿本中對該本的判斷當有誤，因爲洪武刻本《蜕庵集》并非五卷，且王國維的判斷應當是有所根據的。可惜蔣汝藻收藏的這部明代中期刻本《蜕庵集》下落不明，或已於一九三二年在東方圖書館中爲日軍所毁，因此難以作進一步考察。

前述洪武甲、乙兩本僅最後一葉面貌不同，現將洪武甲本、《四部》本以及洪武乙本最後一頁書影自左至右列次如下（見圖一）：

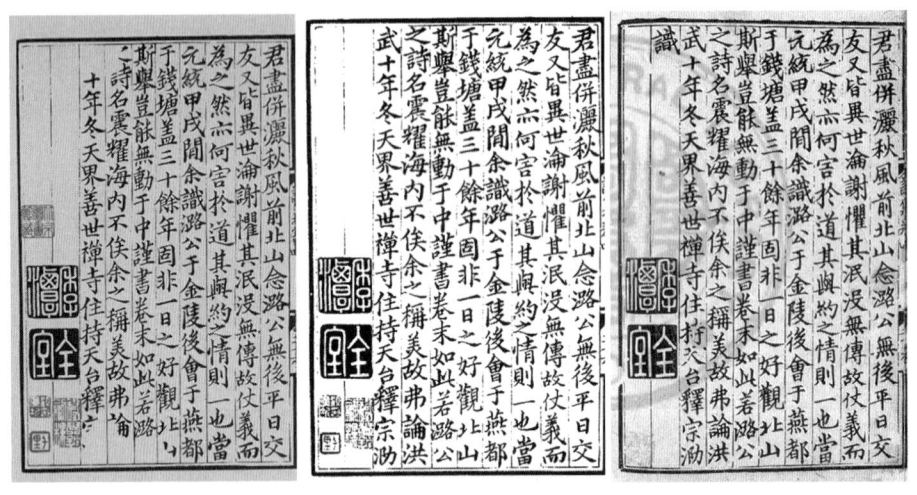

圖一　《蜕庵集》三種版本最後一葉對比圖

---

① 范邦甸等編：《天一閣書目》卷四，國家圖書館藏阮氏文選樓刊本，第三〇B葉。
② 薛福成編：《天一閣見存書目》卷四，國家圖書館藏稿本，第一三A葉。
③ 薛福成編：《天一閣見存書目》卷四，國家圖書館藏光緒十五年（一八八九）刻本，第七A葉。
④ 繆荃孫：《天一閣失竊書目》，《清代私家藏書目録題跋叢刊》影印民國抄本，第十三册，國家圖書館出版社，二〇一〇年，第六〇九頁。
⑤ 分别爲漫堂抄本《天一閣書目》和林佶跋抄本《天一閣書目》。

可以看到，以上三葉面貌各異，《四部》本相比於其所影印的洪武甲本，字迹是完整的，洪武乙本雖亦完整，却與《四部》本不同，且其字體書法與前二者存在明顯差異。那麽，洪武甲本的這些字迹漶滅是發生在《四部》本影印之前還是之後，即《四部》本所呈現的面貌到底是洪武刻本的原貌還是在影印時自行修補後的面貌？對此，筆者以爲當是後者，理由有二。

第一，黄丕烈曾言："嘉慶丁卯秋七月，從碧鳳坊顧氏借得刻本《蜕庵集》二册，後跋年號適破損處，以此鈔本證之，蓋洪武刻本也。"①可見當時顧氏所藏的洪武刻本在跋語處亦是漶滅不清，要説洪武甲本百年之後在同樣的位置產生破損，實在過於巧合。第二，洪武乙本的最後一葉面貌與洪武甲本原貌迥異，説明此葉乃替换原葉而成，而原葉之所以被替换，就是因爲存在字迹不清的情況，這一點將會在下文進行詳細叙述。由此可見，洪武甲、乙本與顧氏藏本均存在跋語最後一葉字迹漶滅的情況，這説明漶滅并非在流通過程中發生的，而應是刻本的書版存在缺陷，即印刷時就存在此種不足。

基於以上認識，可以明確洪武甲本最後一葉爲洪武刻本原貌，《四部》本在影印時對字迹漶滅處進行了描潤，而洪武乙本的面貌則是另外一次配補所成。前文已述董康曾在洪武乙本經其手時作過覆刻，其《誦芬室叢刊》所刻之一即爲張翥《蜕庵集》，下圖即誦芬室覆刻本的書影（見圖二）：

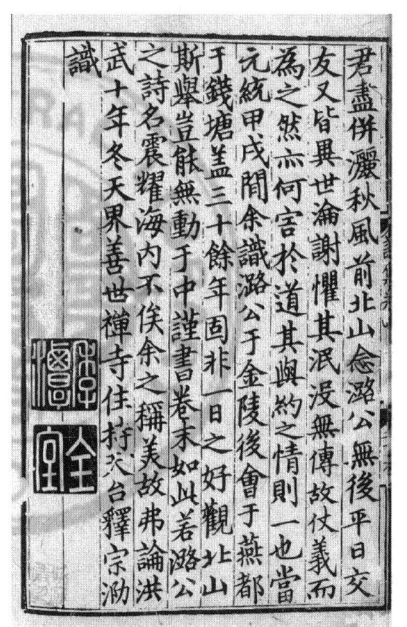

圖二　誦芬室覆刻本《蜕庵集》最後一葉

---

① 黄丕烈：《蕘圃藏書題識》，載中華書局編輯部編《宋元明清書目題跋叢刊》，第十三册，第二一二頁。

比較此本與洪武乙本不難發現，二者許多字形都十分接近，如"泯""元"兩字，即明顯區別於洪武甲本，且相比於《四部》本，誦芬室本與洪武乙本最後一句均衍一"識"字，可見洪武乙本跋語最後一葉現在所呈現出的面貌，就是誦芬室覆刻《蛻庵集》時將原本漫漶不清的最後一葉替換而成。

三、《蛻庵集》抄本流傳情況

除了刻本，《蛻庵集》還有大量的抄本流傳，現分述如下。

第一種爲郎成抄本，今不存。王士禎《居易錄》曰："元張翥《蛻庵集》四卷，衡山釋大杼北山編集，洪武三年錫山郎成鈔本。"①王氏所說的郎成抄本當爲最早的《蛻庵集》抄本，此本出現於洪武三年（一三七〇），早於洪武刻本，後爲朱彝尊所得，《潛采堂宋元人集目錄》載曰："張翥《蛻庵集》四卷，無序。洪武三年錫山郎成鈔。二册。"②從卷數和册數來看，這部郎成抄本與洪武刻本相去不遠，當是直接源自釋大杼的整理本。

第二種爲葉盛抄本，今不存。黃丕烈曰："余案成化時，退庵小序曾云得刻本，尋失去而別得善本楷錄。"③"退庵"即葉盛。

第三種爲臺灣"國家"圖書館藏二卷殘本。該本現存一册，二卷，十三行二十四字，書中有貼籤形式的校語，來復序後附葉盛小序，內容可與黃氏按語相合。從行款以及篇目順序看，此抄本屬四卷本系統，且與葉盛抄本存在關聯。

第四種爲國圖藏陸澂抄本。該本四卷一册，十二行二十四字。有葉盛、許心扆、王聞遠、黃丕烈和黃美鏐題識。前述葉盛抄本一直在葉氏後人中流傳，清初由葉豹文傳至其婿許心扆，許氏與王聞遠爲友，王氏從許氏處借閱葉盛抄本用以校對自己所藏的陸澂抄本，陸澂抄本後爲黃丕烈所得：

歲辛卯之秋，余以……與其清易鈔白《張蛻庵詩集》四卷計九十二番……知丹臣許子架有蛻庵舊本……乞丹臣書雛校，得鈔增蒲庵序一首，退庵小序一首，宗泐跋一首……并錄入關詩一十八篇，又前後錯亂者一十八處，用朱筆標識於書頭，以

---

① 王士禎撰，張鼎三點校：《居易錄》卷四，第三七四三頁。
② 朱彝尊撰，杜澤遜、崔曉新點校：《潛采堂宋元人集目錄》，《中國歷代書目題跋叢書》第三輯，上海古籍出版社，二〇一〇年，第三六〇頁。
③ 黃丕烈：《蕘圃藏書題識》，載中華書局編輯部編《宋元明清書目題跋叢刊》，第十三册，第二一二頁。

仍其舊……丹臣舊本……乃葉文莊之書……康熙壬辰端午後八日采蓮涇王聞遠叔子識于孝慈堂。

　　嘉慶丁卯秋七月，從碧鳳坊顧氏借得刻本《蛻庵集》二册……以此鈔本證之……八月一日往訪周漪塘……漪塘云余亦有舊鈔本，蓋葉文莊藏本而甫里許丹臣所收者也……索書觀之，即王蓮涇所據葉本……覆取以校此本，覺蓮涇所注尚有脫略，重爲補之如右。七月七日以周漪塘所藏刻本覆校……《蛻庵集》刻本，顧氏仍以歸余，余復借漪塘所藏，屬顧澗蘋鈔補缺葉……七月二十一日雨窗蕘圃識。辛巳仲夏展讀一過，因取洪武刻本重爲對勘，尚有數處异同之字，今特一一籤出，美鏐校畢因記。①

這部先後經多人多次校對的陸澪抄本，共收詩四百九十四題五百九十三首，比洪武刻本少一題一首——《乙酉□月二十七日大雪寒甚有旨賜宴史局》，具體每卷所用版本與校對葉數，見於《蕘圃藏書題識再續錄》。②由此可見，葉盛抄本與陸澪抄本未有超出洪武刻本的内容。

　　第五種爲國圖藏曹秋岳先生看本。該本一册，詩四卷詞二卷，十二行二十四字，無序跋，前有佚名題識："《居易錄》載《蛻庵集》四卷，明洪武三年錫山郎成鈔本，與此本卷數不同，此册乃明初釋大杼編集本，秋岳曹氏所藏，當從朱竹垞本過錄，失載來復宗泐前後二序。"③然曹氏看本詩集部分與郎成抄本均爲四卷，可見題識撰寫者對卷數判斷有誤。前述陸澪抄本所缺詩，該本亦缺，且另缺十題十七首，又《送鄭喧宣伯赴赤那思山大斡爾朵儒學教授四首》一題缺第三首的後十六字，與王聞遠所言"錄入闕詩一十八篇"的數目恰好相符。且陸澪抄本在詩歌篇目順序上與洪武刻本和其餘抄本均有較大的不同，却與這部曹氏看本一致。另外，曹氏看本的《次韵莫景行夏夜望雨》一詩，詩題後四字是在原"次韵莫景行春雨喜晴"的基礎上更改，《北山以著色蘭贈西昌堯如淵求題》一詩，詩題是在圈去原"大風時送友南城"的基礎上更改，《大風》一詩，詩題是將原題"鑒堂上人招予適慧山舟行不成往因寄"更改而來，陸澪抄本在這些地方均從校改後的詩題，因此可確定曹氏看本爲陸澪抄本的底本，而曹氏看本既從朱竹垞本過錄，此朱竹垞本或爲郎成抄本。

---

① 黄丕烈：《蕘圃藏書題識》，載中華書局編輯部編《宋元明清書目題跋叢刊》，第十三册，第二一二—二一三頁。
② 黄丕烈：《蕘圃藏書題識再續錄》卷三，載中華書局編輯部編《宋元明清書目題跋叢刊》，第十三册，第三七九頁。
③ 佚名：《蛻庵集題識》，國家圖書館藏曹氏看本《蛻庵集》卷前。

第六種爲釋大杼抄本，今不存。四庫館臣爲五卷本《蛻庵集》所寫《提要》曰："王士禎則稱蛻庵集四卷、明洪武三年錫山郎成鈔本。此本乃朱彝尊所藏、明初釋大杼手鈔本、前後有來復宗泐二人序跋。"①《四庫采進書目》共著録兩種《蛻庵集》，一種來自鮑氏的知不足齋，該本見於《浙江采集遺書總録》；②另外一種爲兩淮商人馬裕家藏本，③此本當爲《提要》言朱彝尊所藏釋大杼抄本。④《兩淮商人馬裕家呈送書目》載曰："《蛻庵集》七卷，元張翥，二本。"可知釋大杼抄本原爲二册，《詩》五卷《詞》二卷。從《提要》看，四庫館臣雖判斷手頭的底本爲朱彝尊所藏的釋大杼抄本，但不知郎成抄本亦爲朱彝尊所藏。而曹氏看本的題識撰寫者對此同樣不知，祗知朱氏藏有釋大杼抄本，且誤以爲釋大杼抄本爲四卷。如此，則曹氏看本或源於朱彝尊所藏郎成抄本。書中的校改當是曹溶據洪武刻本所爲。

第七種爲國圖藏劉燕庭所藏曹秋岳先生評定本。該本一册，《詩》四卷《詞》二卷，十二行二十四字。從内容上看，該本當爲曹氏看本的整理本。

第八種爲國圖藏金侃抄本。該本兩册，《詩》五卷《詞》二卷附《補遺》一卷，十一行二十一字，無序跋，有吳昌綬轉録厲鶚題識，吳昌綬自識及鄭文焯跋，是現今可見的最早五卷本抄本。

第九種爲南京圖書館藏嘉慶八年（一八〇三）鮑正言抄本。該本一册四卷，九行二十一字，有序跋，另有蘇伯衡序，序後有鮑廷博題識。書前有丁丙夾條題識，内容見於《善本書室藏書志》。⑤該本在卷一之前還編有《蛻庵詩集總目》，統計各卷各體裁的詩歌數量，⑥并言此本爲"傳明虞山梅林潘京倩藏本"。經核，該本共四百八十三題五百八十一首，與洪武刻本相比，⑦該本卷一缺《除夕》一首，多《陪東泉學士泛湖》一首，卷四缺《中秋樂陵驛玩月》及以下共十一題十一首七律，缺《送林崇高還武夷山》一題二首絶句，《總目》統計數量除了第四卷七言律詩一百三十三首當爲

---

① 《四庫全書總目》卷一百六十七《蛻庵集五卷》，中華書局，一九六五年，第一四四九頁。
② 沈初等撰，杜澤遜、何燦點校：《浙江采集遺書總録》，上海古籍出版社，二〇一〇年，第六一四頁。
③ 吳慰祖：《四庫采進書目》，商務印書館，一九六〇年，第六八頁。
④ 關於《四庫采進書目》中著録《蛻庵集》的版本問題，可參見韓璐博士論文的相關論述部分。
⑤ 丁丙著，曹海花點校：《善本書室藏書志》卷三十四《別集類十二》，浙江古籍出版社，二〇一六年，第一四一五頁。
⑥ 該《總目》載："第一卷五言古詩二十六首，五言長律五首，五言律詩一百九十六首；第二卷七言古詩三十一首；第三卷七言律詩一百六十三首；第四卷七言律詩一百三十三首，七言絶句二十八首。"
⑦ 據筆者統計，洪武刻本各體裁詩歌數量爲：第一卷五言古詩二十六首，五言長律五首，五言律詩一百九十六首；第二卷七言古詩三十一首；第三卷七言律詩一百六十三首；第四卷七言律詩一百四十三首，七言絶句三十首。

"一百三十二首",其餘數量均正確。另外,該本與洪武刻本還有其他不同點,如卷二《題昌化陳孝子傳》下比洪武刻本多一段序言,卷三《元日》洪武刻本作《病疽》,卷三《重寄水西新公道場渭公三塔寬公》中缺字而洪武刻本不缺。韓璐認爲,鮑廷博言該本共五百九十三篇,與著録和實收情況不符,遂推斷卷四缺詩爲潘京倩本缺葉所致,又因部分詩題下多小序以及卷一多出詩篇,即判定這部鮑正言抄本爲鮑氏整理本。對此,筆者有不同看法:鮑廷博題識爲其七十九歲時所記,則該題識撰寫時間爲嘉慶十二年(一八〇七)或十一年(一八〇六)。但鮑正言自潘京倩本抄録出該本的時間是嘉慶八年,所以鮑廷博不可能在該本抄録完成數年後且《總目》統計清楚的情況下言該本共收詩五百九十三篇。若按韓文所言,潘京倩本有缺葉,那麼鮑廷博如何得知潘本原有篇數?因此筆者以爲,鮑廷博在題識中所言的"今集"實五百九十三篇是就洪武刻本的五百九十四篇而言,一篇的差距或爲誤數。這部鮑正言抄本的整體面貌直接承襲自潘京倩藏本。

第十種爲復旦圖書館藏沈復粲鳴野山房校抄本。該本六册五卷,八行二十一字,無序跋,開篇録有四庫館臣爲《蛻庵集》撰寫的提要。與洪武刻本比,該本第一卷無《除夕》而多《陪東泉學士泛湖》,第二卷卷末多《送黃中玉之慶元市舶》《王貞婦》《送成禮部誼叔蔡訪守令河南山東》和《送彭大年真人祀東海東嶽東鎮》四首,第三卷末多《瓜洲與成居竹王克純登江風山月亭》等詩共十二首,第四卷末多《寄別陳渭叟》等詩七首并缺少《中秋樂陵驛玩月》等詩十一首,第五卷開頭缺少《送林崇高還武夷山》。

第十一種爲上海圖書館藏鮑廷博批校本。該本一册五卷,八行二十一字,書前有來復序、蘇伯衡序和宗泐跋,又有鮑廷博録趙孟頫的《藏書法》與劉岳申的《張仲舉集叙》。比之鮑正言抄本,該本五言古詩、五言長律和五言律詩數量相同,卷一同樣少《除夕》一首并多《陪東泉學士泛湖》一首,但五言律詩一百九十六首後多《送黃中玉之慶元市舶》《送成禮部誼叔蔡訪守令河南山東》和《送彭大年真人祀東海東嶽東鎮》三首,七言古詩三十一首後多《王貞婦》一首,第三卷七言律詩一百六十三首後多《瓜洲與成居竹王克純登江風山月亭》等詩共十二首,第四卷七言絕句二十八首後多《寄別陳渭叟》等詩七首。該本第五卷實際是將第四卷的二十八首七言絕句重録一遍。在次序不同於鮑正言抄本的地方,多有鮑廷博以夾條形式的校語。① 從以上鮑氏的批語看,其

---

① 第一卷中,鮑氏根據洪武刊本的對應位置補入《除夕》一詩;第三卷中,鮑氏在《瓜洲與成居竹王克純登江風山月亭》前夾條言洪武刻本第三卷最後一首爲《感興》;第四卷中,鮑氏夾條言《雷火焚故宮白塔》後原有《中秋樂陵驛玩月》等詩十一首,二十八首七絕之前原有《送林崇高還武夷山》,并在天頭批注:"按元本七言律詩止於此,下接七言絕句二十八首,無五卷也。此本絕句後七律七首蓋從別本增入,當標補遺名目,不必重鈔七絕作第五卷也。"在後面的七首七律處,鮑氏在天頭批注:"七言律詩七首宜接《雷火焚故宮》下。"在重鈔二十八首七絕作爲卷五的首葉,鮑氏批注:"此卷去之。"

所謂的"元本"當即爲前述鮑正言抄本。該本與鮑正言抄本共同的地方在於：卷一《馬通薪》下有小字標注"馬糞"，缺《除夕》一首，多《陪東泉學士泛湖》一首；卷二《題昌化陳孝子傳》下序言完全一致；洪武刻本卷三中的《郡樓晚望》和《病疽》，此二本均分別題爲《郡樓晚望覽臨武堂故基》和《元日》。因此可以判定，鮑正言抄本是鮑廷博校本的來源之一，鮑廷博在校對的過程中又以洪武刻本爲參校。

而該本相比鮑正言抄本多出的二十三首鳴野山房本均存，且鳴野山房本中空字的地方，該本在相同位置多以朱筆補入。另外，沈復粲在《送黃中玉之慶元市舶》一詩處有批語："粲按：此首當入上卷五言古詩。"在《送成禮部誼叔蔡訪守令河南山東》一詩處記曰："以下二首當入上卷五言長律內，誤編於此，宜移正。"該本在相同位置恰是按照這兩處批語將這三首詩重排次序的。因此鳴野山房本亦爲鮑廷博校本參校對象。

第十二種爲北大藏吳昌綬審定本。該本一册五卷，八行二十一字，書前有吳昌綬在宣統二年（一九一〇）的題識，書後有徐時棟題記。該本原在日本"大倉文庫"中，後由北大購回國內。將該本與鳴野山房本對比發現，二者面貌基本一致，前者用朱筆校改的部分，後者均依照其校改抄定，因此可以判定鳴野山房本源出吳昌綬審定本。

第十三種爲上圖藏知不足齋正本。該本四册，《詩》五卷《補遺》一卷《附錄》一卷，十行二十一字，有來復序與宗泐跋。補遺部分有鮑廷博及奚岡前後共補詩一百零七篇。①正文部分五百五十九題六百七十首，有奚岡和鮑廷博的校語。

第十四種爲臺灣"國家"圖書館所藏知不足齋正本。該本一册，《詩》五卷《補遺》一卷《附錄》一卷，十行二十一字，有來復序與宗泐跋。封面有"雲合樓收藏四庫所收知不足齋鈔本戊午中秋蒼茫齋主人爲之縹裝題衣"題識，書前有有不爲齋蔭軒在光緒壬午（一八八二）孟夏的題識。與上圖藏知不足齋正本相比，該本無奚岡補遺詩與校語，上圖本增補、修改痕迹之處，該本均依照改定。由此可以斷定，該本是上圖本的定本。王國維《傳書堂藏善本書志》曾著錄一部知不足齋正本《蛻庵集》，詳細記載了分卷、詩篇補遺情況與書中的藏書印，②均與臺本吻合。阮元《文選樓藏書記》亦曾著錄，③但無法判斷具體爲上圖藏本還是臺本。將臺本所鈐"翰林院印"、四庫館自浙江徵集到的知不足齋本與王國維著錄結合來看，臺藏知不足齋正本爲鮑氏進呈四庫館的本子。

---

① 其中奚岡補入三首，兩首在正文位置，一首書在天頭，當是就鮑氏原書補遺部分最後所空半葉而成。
② 王國維：《傳書堂藏善本書志》下"金元别集"，載謝維揚、房鑫亮主編，鄔國義分卷主編《王國維全集》第十卷，第三四五—三四六頁。
③ 阮元：《文選樓藏書記》卷六，上海古籍出版社，二〇一九年，第五〇五頁。

第十五種爲國圖藏題爲"四庫底本"的清抄本。該本五册五卷，十行二十字，有來復序。該本存詩與前述知不足齋正本相同，但無補遺，且將一題多首的詩篇分開，標以序號，天頭有大量校語，爲四庫館臣所寫，從校勘内容看，該本并未參照鮑氏進呈的臺藏本，可見此"四庫底本"應源自前文所述的兩淮商人馬裕家藏本，即《四庫提要》中所言的"朱彝尊所藏的釋大杼鈔本"，又由於該本是兩册，且附有《蜕巖詞》，因此該四庫底本當是四庫館臣據釋大杼抄本謄抄而成。

　　第十六種爲南圖藏清抄本。該本兩册，《詩》五卷《詞》二卷《附録》一卷，十行二十一字，有來復序。

　　第十七種爲南圖藏丁丙跋清抄本。該本一册，《詩》五卷《詞》二卷《附録》一卷，十一行二十一字。前有丁丙貼籤題識。① 韓璐判斷該本與前述清抄本均與金侃抄本屬同一系統，當是。

　　第十八種爲南圖藏知不足齋正本。該本兩册，《詩》五卷《詞》二卷，另有《附録》，九行二十一字。書前有來復和蘇伯衡序以及《蜕庵詩集總目》，《總目》按照分卷統計各體裁的詩篇數量，② 言集外詩而不言詞及附録，但正文無集外詩而有詞及附録。《中國古籍善本書目》指出該本卷四至五及《蜕巖詞》配清抄本，③ 韓璐進一步指出，從字體上看，或是配南京圖書館藏清抄本。④ 除了《總目》與内容不匹配，鮑氏的校改痕迹僅見於前三卷，且前後兩部分字迹存在明顯差別。可見該本自第四卷之後的内容已非原貌，經筆迹對比發現，該本所配的清抄本當爲前述第十六種抄本。

　　將南圖藏知不足齋正本與上圖藏知不足齋正本實際詩篇數目比對，發現第一卷數量吻合，第二卷上圖本爲一百九十九首，南圖本在《賞靜軒四咏寄題武林朱氏》題下注："按以下五首從舊本增入。"因此也能相合，⑤ 第三卷上圖本爲一百五十三首，南圖本《重寄水西新公道場渭公三塔寬公》題下多出一首。由於南圖本自第四卷之後的内容非原貌，因此對於自第四卷之後的内容，祇能將南圖本《總目》所載數量與上圖本進行對

---

① 見丁丙著，曹海花點校：《善本書室藏書志》卷三十四《別集類十二》，第一四一五——一四一六頁。
② 第一卷五言古詩三十四首，七言古詩四十三首；第二卷五言律詩二百零四首；第三卷七言律詩一百五十四首；第四卷七言律詩一百三十二首；第五卷七言律詩七十三首，五言長律七首，七言絶句四十首，集外詩各體詩一百零四首。
③ 中國古籍善本書目編輯委員會編：《中國古籍善本書目》集部上《元別集類》，上海古籍出版社，一九九六年，第四八六頁。
④ 韓璐：《張翥研究》，第二四一頁。
⑤ 見於四卷本而不見於五卷本的五言律詩共六首，但南圖本祇從"舊本"補入五首，當是"舊本"無其他四卷本有的《除夕》一首。

比：第四卷、第五卷的五言長律和七絕是吻合的，①上圖本第五卷七言律詩爲六十首，由於見於四卷本而五卷本不載的共有十三首七律，因此南圖本《總目》所載相比上圖本多出的十三首亦當爲從"舊本"增入所致。南圖本前三卷正文中有大量的校語，多與"舊本"進行比對，由於"舊本"多與四卷本同，且該本無《除夕》一詩，因此可以判斷出"舊本"所指應爲前述鮑正言抄本。

至此可以簡單梳理以上與知不足齋相關聯的五種抄本之間的關係：知不足齋從五卷本系統中抄出上圖所藏知不足齋正本，并從其他文獻中輯錄詩篇一百零四首作補遺一卷，後以該本爲底本另抄出今臺灣所藏知不足齋正本進呈四庫。嘉慶八年鮑正言以潘京倩藏本抄錄一部四卷本。後鮑廷博得到一部抄本，該抄本源出鳴野山房校抄本和潘京倩藏本，鮑氏得到該書後以洪武刻本和鮑正言抄本進行校對，即成上圖藏鮑廷博校本。南圖藏知不足齋正本，則是鮑氏將今上圖藏知不足齋正本統計篇目重新抄錄，并校以鮑正言抄本和其他文獻而成，該本在流傳過程中自卷四及之後的部分佚散，被配以南圖藏清抄本。

第十九種爲臺灣"國家"圖書館藏清震無咎齋朱絲欄鈔本。該本兩冊五卷，十行二十一字，有來復序與宗泐跋。該本將一題多首的詩歌分開標識，對前述四庫底本部分校改的地方，該本同其校改意見。但該本與四庫底本也存在許多差異，如人名處理，該本將四庫底本中的三處"述律"均改爲"舒嚕"，可見該本并非抄錄自四庫底本。再將該本與文淵閣本和文津閣本對比後，發現均不完全相同。可見這部震無咎齋本當是以文淵閣本和文津閣本之外的《四庫全書》作爲底本。

第二十種爲上圖藏張蓉鏡藏本。該本五卷五冊，十一行二十一字，無序跋，由李兆洛抄錄，書前有李兆洛題識。據其題識，該本源出愛日精廬，《愛日精廬藏書志》確曾著錄一部五卷本的抄本《蛻庵集》："抄本。從子謙侄藏舊抄本影寫。"②李氏在題識中言："《四庫提要》標朱竹垞藏本止四卷，云明初釋大杼所鈔前有來復、宗泐二序，當與此本异。"這顯然對《四庫提要》存在誤讀，《四庫提要》未言朱彝尊藏本爲四卷，該本爲五卷，源頭即釋大杼抄本，沒有序跋，當是張承煥所藏舊抄本未錄。

第二十一種爲國圖藏汪氏摛藻堂本。該本二冊，《詩》四卷《詞》二卷，另有《附錄》與《集外詩》各一卷，無序跋。韓璐對該本進行了詳盡分析，并與金侃抄本做了細緻對比。該本具體來源不詳，當同時參考四卷本與五卷本兩個系統，其與洪武刻本差別較大，與曹氏看本經曹溶校改之前的面貌相近，則該本詩集四卷部分或與曹氏看本一樣

---

① 集外詩部分不計奚岡補入的兩首。
② 張金吾著，馮惠民整理：《愛日精廬藏書志》卷三十四《別集類》，第五五四頁。

源自郎成抄本。①

第二十二種爲國圖藏勞權校補本。該本兩册,《詩》二卷《補遺》一卷,八行二十一字。書前錄《四庫提要》和蘇伯衡、來復兩序。該書兩卷所收詩篇與五卷本前二卷同,有勞權的大量校改,從校改看,該本以洪武刻本爲參照,從原本內容看,該本與震無咎齋本同源。

第二十三種爲國圖藏不分卷本。該本一册,有《詩》《詞》和《附錄》三部分,九行二十字,無序跋。從內容上看,該本與五卷本相同,源出釋大杼抄本,具體抄錄對象不明。

第二十四種爲北大藏傅增湘跋影寫本。該本一册四卷,十三行二十四字。由前引傅氏跋語知,該本爲影寫洪武刻本而來。

另有兩部抄本筆者未經眼,一部是山西省圖書館藏二册五卷本道光琴川張氏琅嬛清閟抄本,該本或源自前述張蓉鏡藏本。一部爲《皕宋樓藏書志》著錄的二册四卷抄本《蜕庵詩》,②該本現藏靜嘉堂文庫。

在分析以上版本情況的基礎上,可總結出如下所示的版本源流圖(實綫框表示現存可見版本,虛綫框表示不存版本,實綫箭頭表示關聯明確,虛綫箭頭表示具有傳承關係,但具體情況不明)(見圖三):

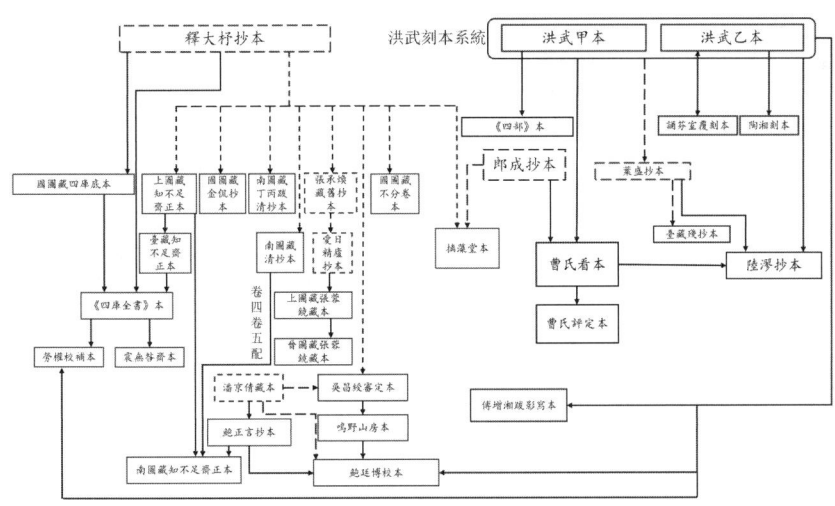

圖三 《蜕庵集》版本源流圖

---

① 搞藻堂本與曹氏看本經曹溶校改之前的面貌亦有不同之處,經筆者判斷,這部分當是參考郎成抄本原有注文與五卷本改動而成。
② 陸心源編,許靜波點校;《皕宋樓藏書志》,浙江古籍出版社,二〇一六年,第一八四一頁。

附表一　《澹游集》所載張翥詩作（《蛻餘集》）與洪武刻本《蛻庵集》差异對比

《澹游集》所載詩題	洪武刻本《蛻庵集》所載詩題	備註
《豫章山房爲見心上人賦》	《豫章山房爲見心復公賦》	
《上竺北峰行香賦簡見心上人》	《天竺北峰行香泛舟湖山堂》	
《奉題見心禪師天香室》	《天香室爲四明定水復見心禪師賦》	
《奉寄定水見心禪師方丈》	《寄四明定水見心復禪師》	
《教墨至辱示以佳製五章展玩欽挹輒次高韵首章以僕元韵而置之其四章録似印可》	《寄答定水見心禪師三首》	《寄答定水見心禪師三首》爲《教墨……》前三首
	《答覆見心見寄》	《答覆見心見寄》爲《教墨……》第四首
《詩四韵寄簡定水見心禪師寶林別峰法師》	《寄寶林同別峰定水復見心》	
《寄題寬雲海愛松軒二首》	《愛松亭爲嘉禾三塔寺寬雲海賦》	《愛松亭爲嘉禾三塔寺寬雲海賦》爲《寄題寬雲海愛松軒二首》第二首
《詩二十韵奉寄行中禪師并東仲銘雲海寶林天衣定水諸公同一印可》		
《野望》		

附表二　《蛻庵集》在明清書目題跋中的著録情況[①]

序號	作者	書目名稱	位置	出處	著録內容	備註
一	楊士奇等	《文淵閣書目》	卷十月字號	《叢刊》第四冊，第一一〇頁	《張仲舉詩》，一部，一冊；張仲舉《蛻餘集》，一部，一冊	
二	錢溥	《秘閣書目》		《叢刊》第四冊，第二四八頁	張仲舉《蛻餘集》	
三	李廷相	《濮陽蒲汀李先生家藏目録》		《叢刊》第四冊，第五〇五頁	《張潞公集》	
四	李鶚翀	《江陰李氏得月樓書目摘録》		《叢刊》第五冊，第一三四頁	《張翥詩集》四卷	
五	祁承㸁	《澹生堂藏書目》	卷一三	《叢刊》第五冊，第二六三頁	《張蛻庵詩集》一卷	
六	焦竑	《國史經籍志》	卷五	《叢刊》第五冊，第九〇一頁	張翥《蛻餘集》二卷	

---

① 《宋元明清書目題跋叢刊》簡稱《叢刊》

續表

序號	作者	書目名稱	位置	出處	著錄內容	備註
七	陳讓等	（成化）《杭州府志》	卷五七	《叢刊》第六册，第一四五頁	《蜕庵集》四卷，《蜕餘集》二卷	
八	錢謙益	《絳雲樓書目》	卷三	《叢書集成初編》，商務印書館，一九三五年，第八五頁	張翥《蜕庵集》二卷	
九	曹溶	《静惕堂宋元人集目》		國圖藏清抄本，第一三A葉	張翥《蜕庵集》	當爲曹氏看本或其評定本
一〇	朱彝尊	《潛采堂宋元人集目録》		上海古籍出版社，二〇一三年，第三六〇頁	張翥《蜕庵集》四卷	郎成抄本
一一	汪森	《裘杼樓書目》		劉氏味經書屋抄本	張翥《蜕庵詩》四卷，一册	
一二	黄虞稷	《千頃堂書目》	卷二九	國圖藏清抄本，第五册，第二一A葉	張翥《蜕庵集》四卷	
一三	毛扆	《汲古閣珍藏秘本書目》		黄氏士禮居刻本，第二三A葉	《張蜕庵集》，二本	
一四	陸漻	《佳趣堂書目》		《清代私家藏書目録題跋叢刊》第一册，國家圖書館出版社，第四二九頁	張翥《蜕庵詩集》四卷	陸漻抄本
一五	王聞遠	《孝慈堂書目》		國圖藏清抄本，下册	《蜕庵集》	
一六	趙昱	《小山堂藏書目録》		巴陵方氏碧琳琅館緑格精鈔本，第三八A葉	《蜕庵集》	
一七	盧址	《抱經樓盧氏書目》		國圖藏清抄本	《蜕庵集》詩、詞六卷	摛藻堂本
一八	沈初	《浙江采集遺書總録》	壬集	下册，上海古籍出版社，二〇一九年，第六一四頁	《蜕庵集》五卷《補遺》一卷，知不足齋寫本	臺藏知不足齋正本
附一八		《兩淮商人馬裕家呈送目》		《四庫采進書目》，商務印書館，一九六〇年，第六八頁	《蜕庵集》七卷，二本	詩集五卷，詞集二卷，詩集五卷爲朱彝尊藏釋大杼鈔本
一九	馬瀛	《馬氏吟香館藏書目》		海寧費寅抄本，第二五B葉	《張蜕庵集》，三本	
二〇	王宗炎	《十萬卷樓書目》	第十五號	《清代私家藏書目録題跋叢刊》第二册，第二七〇頁	《蜕庵詩》，抄本，二本	

續表

序號	作者	書目名稱	位置	出處	著錄內容	備注
二一	黃丕烈	《蕘圃藏書題識》	卷九	《叢刊》第十三册，第二一二—二一三頁	《蜕庵詩集》四卷，校舊鈔本	陸漻抄本
		《蕘圃藏書題識再續録》	卷三	《叢刊》第十三册，第三七九頁		
二二	阮元	《文選樓藏書記》	卷六	上海古籍出版社，二〇一九年，第五〇五頁	《蜕庵集》五卷《補遺》一卷	上圖藏或臺藏知不足齋正本
二三	金檀	《文瑞樓藏書目録》	卷七戊集	《叢書集成初編》，商務印書館，一九三五年，第六八頁	《張蕭蜕庵》集四卷	國圖藏洪武刻本
		《文瑞樓藏書志》		國圖藏清抄本，第五册	《蜕庵詩集》四卷	
二四	范邦甸等	《天一閣書目》		阮氏文選樓刊本，第七册，第三〇B—31A葉	《張蜕庵詩》，一册	弘治、正德間刊本
二五	薛福成	《天一閣見存書目》	卷四	稿本，第六册，第一三A葉	《張蜕庵詩集》三卷全	
				光緒十五年（一八八九）刻本，第三册，第七A葉	《蜕庵詩集》三卷全	
二六	繆荃孫	《天一閣失竊書目》		《清代私家藏書目録題跋叢刊》第十二册，第六〇九頁	《蜕庵詩集》三卷全	
二七		《天一閣書目》		漫堂抄本	《張蜕庵詩集》，一本	
				林佶跋清初抄本	《張蜕庵詩集》，一本	
二八	汪士鐘	《藝芸書舍書目》		國圖藏清抄本	《張蜕庵詩》，二本	
二九	楊以增藏；楊紹和編	《宋存書室目録》	卷四	孫傳鳳光緒九年（一八八三）抄本	校舊鈔《蜕庵詩集》四卷，一册	陸漻抄本
三〇	楊紹和	《海源閣藏書目》		《清代私家藏書目録題跋叢刊》第九册，第四一頁		
		《楹書隅録續編》	卷四	《叢刊》第十册，第六六三—六六四頁	《蜕庵詩集》四卷，校舊鈔本	
三一	張金吾	《愛日精廬藏書志》	卷三四	中華書局，二〇一二年，第五五二—五五四頁	《蜕庵詩》四卷，明洪武刊本，文瑞樓藏書	國圖藏洪武刻本
					《蜕庵詩》五卷，抄本，從子謙侄藏舊抄本影寫	上圖藏張蓉鏡藏本底本

續表

序號	作者	書目名稱	位置	出處	著錄內容	備注
三二	汪遠孫	《振綺堂書目》		國圖藏清抄本，第二冊	《張蜕庵集》，二冊鈔本	
三三	瞿鏞	《鐵琴銅劍樓藏書目錄》	卷二二	《叢刊》第十冊，第三四六頁	《蜕庵詩》四卷，明刊本	國圖藏洪武刻本
三四	陳徵芝藏；陳樹杓編	《帶經堂書目》	卷四	順德鄧氏風雨樓叢書鉛印本，第一〇B——一一A葉	《張蜕庵集》五卷，鈔本，建安鄭山公重藏書	
三五	莫友芝	《邵亭知見傳本書目》	卷一四	中華書局，二〇〇九年，第八七七頁	《蜕庵集》五卷	
三六	瞿世瑛	《清吟閣書目》	卷二	秉衡宣統二年（一九一〇）抄本，第八A葉	《蜕庵集》十卷，鮑氏手校補抄本	"十卷"當誤
三七	朱學勤	《結一廬書目》	卷四	晨風閣刻本，第一六B葉	《蜕庵詩》五卷《詞》三卷，石倉吳氏校鈔本	
三八	方功惠	《碧琳琅館珍藏書目》	卷四	《廣州大典》第三百五十冊，廣州出版社，二〇一五年，第三三九頁	明本《蜕庵詩集》四卷，一冊附函	
三九	丁丙	《善本書室藏書志》	卷三四	《叢刊》第九冊，第八一四—八一五頁	《蜕庵詩》四卷，知不足齋寫本	嘉慶八年鮑正言抄本
					《蜕庵詩》五卷《蜕巖詞》二卷，舊鈔本	南圖藏
四〇	丁立中	《八千卷樓書目》	卷一六	浙江古籍出版社，二〇一六年，第二六〇八頁	《蜕庵集》五卷，精抄本，抄本，抄本	其中三種爲藏南圖
					《蜕庵集》四卷，知不足齋抄本	嘉慶八年鮑正言抄本
四一	周星詒藏并編；羅振常重輯	《周氏傳忠堂藏書目》	卷四	第二冊，民國二十五年（一九三六）上海蟬隱廬石印本，第二四B—二五A葉	《蜕庵詩集》四卷，四冊，鈔本	

續表

序號	作者	書目名稱	位置	出處	著錄内容	備注
四二	陸心源	《吴郡陸氏藏書目録》	集部第十五號	《清代私家藏書目録題跋叢刊》第十一册，第一九六頁	《抄蜕庵詩》，二本	現藏日本静嘉堂文庫
		《皕宋樓藏書志》	卷一〇四	浙江古籍出版社，二〇一六年，第一四八一頁	《蜕庵詩》四卷，舊抄本	
四三	繆荃孫	《藝風藏書記》	卷七	《叢刊》第十四册，第二三〇頁	《蜕庵集》二卷《附録》一卷	勞權校補本
		《藝風藏書再續記》	傳鈔本第七	《叢刊》第十四册，第三八一頁	《蜕庵集》四卷，傳鈔明洪武刊本	
四四	蔣鳳藻	《鐵華館藏集部善本書目》	宇字箱	《清代私家藏書目録題跋叢刊》第八册，第六六六頁	《蜕庵詩集》五卷，四册，鈔本	
		《秦漢十印齋書目》	國圖藏稿本		《蜕庵詩集》，四本，抄本	
四五	陶湘	《陶涉園藏明板書目録》		北師大圖書館藏排印本，第四八頁	《蜕庵集》五卷，明初刻本	"五卷"誤，爲四卷，即臺藏明初刻本
四六	傅增湘	《藏園群書經眼録》	卷一五	中華書局，二〇〇九年，第一一三〇—一一三一頁	《蜕庵詩集》四卷	臺藏洪武刻本
					《蜕庵詩集》四卷	北大圖書館藏傅增湘跋影洪武刻本
		《藏園群書題記》	卷一六	上海古籍出版社，一九八九年，第八一二—八一三頁	洪武本《蜕庵詩》跋	
四七	莫伯驥	《五十萬卷樓藏書目録初編》	卷一八	中華書局，二〇一六年，第九二二—九二三頁	潞國公《張蜕庵詩集》四卷，寫本	
四八	王國維	《傳書堂藏善本書志》		浙江教育出版社，二〇〇九年，《王國維全集》第十册，第三四五—三四六頁。	《蜕庵詩》三卷，明刊本	弘治、正德間刊本
					《蜕庵詩》五卷《補遺》一卷《附録》一卷，鈔本	臺藏知不足齋正本

附表三　《蛻庵集》現存版本情況總匯

序號	館藏地	版本	分卷 詩	詞	附錄	集外	補遺	行款	册數	索書號
一	南京圖書館	鮑正言抄本	四					九行二十一字	一	KB1185
二		知不足齋正本	五	二	一			九行二十一字	二	KB1758
三		丁丙跋清抄本	五	二	一			十一行二十一字	一	111571
四		清抄本	五	二	一			十行二十一字	二	113542
五	國家圖書館	洪武刻本	四					十三行二十四字	二	07117
六		摛藻堂本	四	二	一	一		十行二十一字	二	A00654
七		不分卷本	不分卷	不分卷				九行二十字	一	10673
八		曹溶評定本	四	二				十二行二十四字	一	11198
九		四庫底本	五					十行二十字	五	11566
一〇		曹溶看本	四	二				十二行二十四字	一	03949
一一		金侃抄本	五	二	一			十一行二十一字	二	08531
一二		陸漻抄本	四					十二行二十四字	一	08532
一三		勞權校補本	二				一	八行二十一字	二	11199
一四	上海圖書館	鮑廷博批校本	五					八行二十一字	一	T03402
一五		知不足齋正本	五		一			十行二十一字	四	756644-47
一六		張蓉鏡藏本	五					十一行二十一字	五	780875-79
一七	臺灣圖書館	洪武刻本	四					十三行二十四字	二	10982
一八		舊鈔本	存二卷					十三行二十四字	一	10983
一九		知不足齋正本	五		一		一	十行二十一字	一	10984
二〇		震無咎齋本	五					十行二十一字	二	10985
二一	復旦大學圖書館	鳴野山房抄本	五					八行二十一字	六	rb1293
二二	山西省圖書館	琴川張氏琅嬛清閟抄本	五					未經眼	二	125786-87
二三		誦芬室刊本	四					十三行二十四字	一	
二四		《四部叢刊續編》本	四					十三行二十四字	一	
二五	北京大學圖書館	吳昌綬審定本	五					八行二十一字	一	《大倉文庫粹編：名家鈔校本》，第五十一册
二六		陶湘刻本	四					十三行二十四字	一	SB/811.159/1144.1
二七		傅增湘跋影寫本	四					十三行二十四字	一	SB/811.159/1144
二八	靜嘉堂文庫	舊抄本	四					未經眼	二	

（作者單位：復旦大學中國歷史地理研究所）

藝術文獻整理與研究專題

《公私藏印譜綜録》序

沈 津

内容摘要：林章松先生的《公私藏印譜綜録》一書爲中國印譜文獻方面的重要著作，該書系統性地匯集了國内外印譜的藏存信息，深入揭示了印譜在公私藏書中的獨特地位與歷史意義，在印譜研究領域展現出顯著的學術價值。同時通過對印譜的分類與流傳情況的全面分析，强調了資源分享與知識傳播在文化遺産保護中的關鍵作用。此外，《綜録》的出版不僅填補了印譜研究的空白，還爲未來的學術探索提供了重要的參考資料，從而有效促進了印學研究的進一步發展。

關鍵詞：印譜；林章松；公私藏書

林章松先生的《松蔭軒藏印譜提要》《印譜所見人物小傳》《公私藏印譜綜録》同時由北京、上海的兩個出版社付梓，這是值得慶幸之事，也是林先生爲學界奉獻的重要成果。林先生常説自己不善著述，這當然是極其自謙的話，實際上他在此三種數百萬字的巨著結集出版前，就已於二〇一〇—二〇一七年整整八年的時間，在"天舒的博客"裏連續登載過"莫愁前路無知己""誰人曾與評説"兩個系列的藏譜故事和資料叢匯近三百篇，享譽學界，傳播甚廣。津以爲這是林先生在這熙來攘往、車馬喧闐的香港鬧市裏，不受侵擾攪亂，全力投入艱難竭蹶、勞瘁困坷的寫作裏，去享受他人不能有的快意和舒緩。

林先生是謙謙君子，耿介之士，中年之後沒有其他癖好，唯有印譜念兹在兹，銘諸肺腑，我在他公司的辦公室以及藏書處，祇見印譜及有關圖録、工具書。十多年前，他曾告訴我，爲整理印譜、查核印人，修復殘帙，撰寫提要，每天都要工作至晚上十時半，然後開車返回鰂魚涌寓所。可以知道的是，在香港這個一隅之地，竟然有着這麽一位低調的藏書家，爲了搜集那三千種印譜，耗費了大半輩子的心血。

印譜之所以流傳不多，蓋多爲手鈐操作，慢郎中的活兒，故篆刻家和收藏家的印譜大多非售賣牟利，鈐數部、十數部乃至百部而已。數百年來，各種天灾人禍，兵燹、人爲的因素，導致書籍毁亡甚多，印譜本身傳世就少，故留存至今，則多爲稀有之本。

《公私藏印譜綜録》（以下簡稱《綜録》）是《松蔭軒藏印譜提要》的姊妹篇，兩者相輔相成、互得益彰。大凡各種目録，以綜合性的知見目録爲最難編。蓋知見者，有見識、見解意，也有看見、知道意。然此亦佛教用語，知爲意識，見爲眼識，意謂識别事理，判斷疑難。近些年來，一些知見書目不斷推出，《文字音韵訓詁知見書目》《中國彈詞書目知見綜録》《民國版本知見録》《天禄琳琅知見書録》等，而知見書目的作用就在於提供給研究者信息和擴大他們的眼界，不然誰會知道梵蒂岡教廷、西班牙修道院、日本文庫、韓國寺院等處會出現什麽中土佚存之本呢？如今，林先生的大著又將問世，也填補了印譜這個小類專題的空白。

在我看來，印譜和其他書籍一樣，無論收藏在何處，都是"公器"的局部。或許受傳統的典藏思維影響，加上印譜本身具有的藝術特徵，藏家多奇貨可居，視若枕秘，私密金鑰入閣，很少外傳，故外界難以知曉底細。然資源的共建共用，實際上就是"公器"的持續發展。在中國古籍書目的四部分類中，印譜排在史部金石類之璽印或子部藝術類之篆刻。各種印譜本身就是小衆學科，昔日王敦化有《印譜知見傳本書目》，後有《廣東印譜知見補略》等。隨着近年"中華古籍保護計劃"的開展，經過多年的普查工作，國内各大博物館（院）、公共圖書館、高校圖書館的古籍存藏情况不斷完善遞增。然國内各館的印譜聯合目録尚未面世，遑論世界公藏、私藏。

毫無疑問，《綜録》的編撰，是極有價值的。和一般"知見書目"不同的是，林先生是以收藏家兼研究者的身份去投入的。林先生是印譜鑒藏家，國内的公藏及私家所藏，他多有瞭解，也有所目睹。此外，國内及海外出版的各種目録、提要、訪書志中所涉印譜，也向學求知，熟記譜名、作者、版本等著録，再通過廣闊的交游和檢索手段，獲取海内外各公私機構印譜典藏信息，從而每見一譜，即知淵源流變、殘佚存亡。每有新譜入藏，必以先賢遺老所言、目録志書所載、公私機構所藏加以鑒核，因此對這類印存有着清晰澄湛的瞭解，實現了無有複帙、補漏充缺的理念和初衷。

《綜録》的特點在於：一、收藏的公私藏家數量多，有極大的廣度，國内重要圖書館的典藏，如京津滬寧館，并中國香港、臺北各館，囊括殆盡，乃至扶桑之國、歐美重鎮也概莫能外。至於戴叢潔秋水齋、童衍方寶甓齋、楊廣泰文雅堂、韓天衡百樂齋、林霄近墨堂及日本太田孝太郎等海内外各大私家印譜典藏大半記録在案；二、所收印譜種數繁多，竟達一萬餘種，在初讀之後，即感知林先生對待每條款目的條分縷析、擘肌分理，而審慎條酌就是他編纂《綜錄》的宗旨；三、《綜錄》七十餘萬字，研究者手持一編，即知某一印譜某一版本在世界各地的存藏情況，或就近取閱，或托朋探告，爲學人專研印學提供了極大便利，省去諸多舟車翻檢之勞。故而此書之出版，也爲學界摸清印譜家底提供了重要綫索，這無疑是印學研究者之福音。

林先生《綜錄》的編撰，爲世界公、私所藏印譜提供了一席之地，下面即以三例證之：

吳大澂輯《十六金符齋印存》。《印存》乃吳氏蓄印十六年，積纍至二千，後輯爲譜。我過去僅知上海圖書館藏有清光緒十四年（一八八八）鈐印本一種，没想到的是《綜錄》中竟然著錄了《印存》的三十四種版本，分别是《十二金符齋印存》六種、《十六金符齋印存》二十二種、《十六金符齋官印》一種、《十六金符齋漢金玉印譜》一種、《十六金符齋古玉印存》一種、《十六金符齋古印存》一種、《十六金符齋古玉印選》一種、《十六金符齋古玉印影》一種。而《十六金符齋印存》中又有一册、二册、三册、四册、五册、六册、八册、十册、十二册之别。

陳介祺輯《十鐘山房印舉》。《印舉》爲陳氏古璽印研究之集大成之作。其以所藏古代璽印，又匯集吳雲、吳式芬、吳大澂、李佐賢、鮑康等藏印鈐拓而成，并舉類分别各種印式，故名"印舉"，收印萬餘方，考訂繁複，數易其稿。《綜錄》著錄之本，竟達三十五種之多，以册數計，有一册、二册、三册、四册、八册、十册、十二册、十四册、十六册、十八册、二十册、二十二册、二十八册、二十九册、四十册、五十册、六十册、六十三册、六十四册、七十二册、八十一册、一百册、一百零四册、一百零八册、一百十册、一百二十册、一百二十五册、一百三十六册、一百八十二册、一百九十册、一百九十一册、一百九十二册之别，聞見可謂賅博。

汪啓淑輯《飛鴻堂印譜》。此譜鈐錄汪氏所藏明清時期篆刻作品四千餘方，閑章居多，乃名家奏刀最多的一部印譜，可以概見當時篆刻藝術風格及其源流、演變，風行一時，影響至今。《綜錄》著錄二十三種，以册數計，有一册、三册、四册、五册、八册、十册、十二册、十四册、十六册、十八册、二十册、三十二册等。研究者和篆刻愛好者據此當可瞭解版本及收藏處。

還是老話説得好，"世上無難事，祇怕有心人"。做這樣的"大工程"，必然是難度大、進度慢，面對紛然雜陳、層出不窮的條目及著錄，林先生選擇了知難而進，鍥而不捨。我以爲，如若没有數十年豐富的鑒藏實踐，加上始終不渝的意志，誰又敢去碰這塊硬骨頭、鐵山芋！然而林先生做到了。

《綜録》實乃古今印譜之集大成者，林先生功莫大焉。作爲特種文獻的印譜，如果家底不清，小則使其藏之名山，供極少數人賞玩，隱没不顯；大則佳譜毁佚，無法挽回。

畢竟是知見書目的性質，《綜録》也偶見信息不確之處，當然任何一部工具書都不可能做到盡善盡美、白璧無瑕。即以私家印譜藏書處來說，就存在着一定的變數，和雕版古籍一樣，隨着時間的推移，這些都屬於商品，是流通的。例如中國嘉德二〇一四秋季拍賣會"印藪大觀"，即嘉德公司從日本徵集回來的金山鑄齋藏中國集古及流派印譜專場。該專場共有印譜一百七十六部參拍，其中《銅鼓書堂印譜》爲童衍方寶甓齋所得，《秋室印剩》爲韋力芷蘭齋所得。又如隨着"中華古籍保護計劃"的開展，古籍典藏信息仍有些微顯現，像乾隆四十六年（一七八一）成譜的《抱經樓日課編》鈐印本，湖南省圖書館亦有入藏。而此譜另有嘉慶四年（一七九九）盧氏抱經樓鈐印本，天一閣博物館、浙江省博物館有藏；再有乾隆四十四年（一七九九）盧氏抱經樓刻本，國家圖書館藏。另一咸豐二年（一八五二）成譜的《華黍齋集印》四卷本，河北省圖書館亦有藏。而此譜另有二卷本，於道光三十年（一八五〇）成譜，孔子博物館、湖南圖書館有藏，《綜録》亦欠收失載。

蘇軾曾云，古之立大事者，不惟有超世之才，亦必有堅忍不拔之志。任何事都需要人去做的，然而敢於嘗試新事物，去開拓一個不被人認識的新課題，那是何等的不易。我特別喜歡蘇軾的《定風波》詞，有云："竹杖芒鞋輕勝馬，誰怕，一簑烟雨任平生。""回首向來蕭瑟處，歸去，也無風雨也無晴。"老話説第一個吃螃蟹的人是勇敢者，而在充滿荆棘的崎嶇小徑裹艱苦探索的行者，也應視爲光前裕後的勇者，因爲這都需要勇氣，需要"明知山有虎，偏向虎山行"的氣概。林先生小我二歲，但我非常欽佩他的爲人及奮勉，在搜集、研究印譜的過程中，視力的減退、手部的痙攣、小腿的不舉、背部的芒刺，給他的健康和寫作帶來了嚴重的不便，敲打鍵盤僅憑感覺的滋味并不好受，但他仍然堅持工作，真正達到了篤行不倦、矻矻終日的境界。

在文獻學界及藝術領域，嘉惠藝林者衆，但德澤後人的大愛者罕。林先生作爲海内外印譜收藏巨擘，一直無償向學界分享其印譜典藏信息，他於二〇一九年與上海復旦大學圖書館合作，共建"印譜文獻虛擬圖書館"，收録印人二百七十四位，印譜九百三十八種，於此松蔭軒藏譜精華一覽無餘。這種亮節高風和博大胸襟，絶非等閑之輩所能及之。

大約每個人在他成長的過程中，從稚子的懵懂到求學的黃花後生，從壯夫至老耆，數十年中都會不斷改變自己的夢想。因爲"夢"本身就有希望、美好、幸福之意。林先生也有自己的憧憬，在杖國之年，他也想圓夢，想成立一間小小的印譜資料室，讓所有篆刻愛好者都能享受他長年纍月辛苦所得的各種印學資源，能給研究者和讀者提供一隅治學之地。

　　《綜録》是林先生業師曾榮光先生生前所囑，如今付梓在即，凱歌初奏，曾先生地下有靈，當擊掌爲之慶。《綜録》的出版不會是這一項目的終結，而應是新的研究領域的開始。林先生以爲然否？

二〇二三年九月定稿於美國北卡之洛磯山城

（作者單位：原美國哈佛大學哈佛燕京圖書館）

"有正書局《中國名畫集外册》叢書"輯存(二)

魯玲玉 整理

內容摘要：狄葆賢（一八七二——九四一），字楚青，號平子，自署平等閣主、平情居士、平權閣主人。江蘇溧陽胥渚村人。狄曼農之子。清光緒二十年（一八九四）以貢生中舉，以時局危急棄舉業而投身革命。他初爲改良維新派，受康、梁委派在上海主持《時報》事業，成一代巨擘，并依《時報》開有正書局，爲上海印刷界珂羅版引進之先聲。有正以珂羅版精印歷代名畫，印品精細傳神而價廉易購，使無數寒門學人得飫眼福，其中《中國名畫集外册》與《中國名畫集》兩相頡頏，尤深爲時人所重，然前者因體量龐大且序次離散，久來湮没塵埃。今特將《集外册》之十三至二十九集輯爲一編，以便觀覽。其中第十三集的各頁題記大多已收入《王翬畫集》，而第十四集畫頁尚缺，第十六至十八集已經《木雁齋書畫鑒賞筆記》著録，因皆暫不收録。

關鍵詞：有正書局；中國名畫集外册；狄葆賢；珂羅版

中國名畫集外册第十五 扇面第二册

封面：中國名畫集外册第十五；扇面第二册；上海有正書局審定精印

封二：扇面第二册目録：王石谷仿巨然烟浮岫遠圖，平等閣藏；大滌子山水；張子羽秋溪萍藻圖；張賜寧岱嶽喬松扇；王宸秋柳鳴蟬，平等閣藏；惲南田秋聲圖，平等閣藏；趙左雲林蕭寺圖；蔣南沙工筆著色花鳥；忘庵五色菊扇；王虛舟行書

第一頁：巨然烟浮遠岫圖，今在毗陵莊太史家，真海內第一墨寶。余嘗借觀，背臨大概，寄呈聞川尊先生。劍門王翬。 巨然此畫不用道路水口、屋宇舟梁，唯以雄渾之勢取勝，每每至深山樵牧不到處，遇此真景。在巨公本色，更爲逸品。癸丑上巳日，石谷重識。鈐印：石谷（白文）、元瑞曾觀（朱文）

第二頁：滿眼秋光人不識，月明卧聽夜機聲。南田壽平。鈐印：壽平（白文）、正叔（朱文）

第三頁：問天春不老，盡臘未歸時。心泰回青發，衣單覓舊詩。梅非今日瘦，雪是去年痴。且看池邊水，東風知不知？癸未冬暖作畫，爲汐庵老年台先生博教。清湘朽弟大滌子，一字鈍根。鈐印：惲壽平印（朱文）、大滌子（朱文）

第四頁：雲林蕭寺圖，爲敬韜丈寫。趙左。鈐印：狄氏曼農（朱文）

第五頁：秋溪萍藻。癸未八月，爲百里詞長兄畫於廣陵醞釀齋。張翀。鈐印：張翀印（白文）、子羽（朱文）

第六頁：南沙蔣廷錫。鈐印：蔣廷錫印（朱文）、青桐居士（朱文）

第七頁：菊種甚夥，婁東好事家廣覓奇品多至百二十種，藝植得法者變態不一，嘗於婁之沙上得觀其盛，迄今廿餘載，已不復記憶矣。戊午中秋畫畢漫志。鈐印：王武（朱文）

第八頁：張賜寧岱嶽喬松扇（按：此處缺頁）

第九頁：秋柳鳴蟬。王宸寫於水竹居。鈐印：王宸印（白文）、狄氏曼農（朱文）

第十頁：如魚軍容，階雖開府，官即監門將軍，朝廷列位，自有次叙。但以功績既高，恩澤莫二，出入王命，衆人不敢爲比，不可令居本位，須別示有尊崇，祇可於宰相師保座南橫安一位，如御史台衆尊、知雜事御史別置一榻，使百寮共得瞻仰，不亦可乎？何必令他失位，如李輔國倚承恩澤，徑居左右僕射及三公之上，令天下疑怪乎？爲東垣世兄臨。王澍。鈐印：若林之印（朱文）、虛舟（朱文）

封底：前清宣統元年三月初版、中華民國六年四月八版；扇面第二册；每册大洋一元；審定者：有正書局；印刷者：上海威海衛路三百〇九號有正印刷所；總發行所：上海望平街、北京廠西門有正書局；分發行所：天津、奉天、南京、鎮江、南昌、漢口、杭州、廣州、蘇州、揚州有正分局

中國名畫集外册第十九 黃子久秋山無盡圖卷

封面：中國名畫集外册第十九；黃子久秋山無盡圖卷；上海有正書局精印

封二：黃子久小傳（按：此處缺頁）

第一頁：此卷《秋山無盡》，爲黃子久公平生最豪縱淋漓爛熳之作。經山僧無生待海上乞董宗伯題品。過虞山巖，錢宮詹遂以二十千收得之，後從余易《洛中耆英圖》。

圖中記文、詩篇、會約皆司馬君實相公一手墨迹，而畫像設色特生動簡要，蓋神品也。癸未夏，山居展玩，因附記卷尾。偈庵嘉燧。鈐印：嘉燧（朱文）、子固之印（朱文）、不亦園鑒賞（朱文）、昆虞過眼（朱文）、思園鑒賞（朱文）、陶齋尚書審釋金石墨（朱文）、玉屏山房書畫之記（朱文）、項墨林父秘笈之印（朱文）

第二、三頁：（按：此二頁無款無題）

第四頁：大痴老人作。時年七十有六。鈐印：子久（朱文）、公望（朱文）

第五頁：余家有趙文度《溪山無盡圖》畫卷，高不盈尺，長二丈許，題云"仿一峯道人筆"，筆意蒼秀，巚壑深遠，對之足以忘倦。今從壇長先生獲觀一峯真迹，乃知文度生平得力在此。康熙甲午中元，獅峯沈宗敬識。鈐印：沈宗敬印（白文）、南季氏（朱文）

一峯老人橫卷行世者最少，所稱《富春山》與《江山勝覽》予得見之，且有摹本。今《勝覽》相仿佛，淋漓得意，非老手不能，可寶也。青溪道人揆題。鈐印：程正揆（白文）

第六頁：先太常、司農畫，皆得力於一峯，家法相承，妙有神契。余畫頹唐，不足仰追先軌，而目擊道存，時或領會萬一。此卷為昆陵張玉川先生所購藏玩，其用筆於生硬處見純熟，細密處見深論，縱橫夭矯，無不如志，為一峯晚年得意之作無疑。自非玉川不能喻其妙，非余亦或不能喻玉川之所喻，然則此卷之歸玉川，余之得觀於玉川也，人耶？天耶？乾隆辛卯正月人日。蓬心王宸識。鈐印：王宸之印（白文）、紫凝（朱文）

余生平服膺者子久，所見真迹甚多，而此為杰作。其用筆則疏密相稱也，其用墨則燥濕相和也，其氣韻則淋漓深厚而天真爛漫之趣流溢紙外也。內府有子久《江山勝覽》長卷。予每見留連，有觀止之嘆，是卷足與頡頏，端伯洵跋為知言，藏之者可弗珍若拱璧哉？乾隆辛卯八月望後二日。茶山外史維城跋。鈐印：茶山（朱文）

封底：黃子久秋山無盡圖卷；定價大洋五角；收藏者：陶齋尚書；審定者：美術研究會；印行者：上海望平街、北京琉璃廠西門、蘇州都亭橋有正書局

中國名畫集外册第二十 明代名畫集錦册

封面：中國名畫集外册第二十；明代名畫集錦册；上海有正書局精印

封二：沈石田小傳（按：原文略）

第一頁：鈐印：子京（朱文葫蘆閑章）、乃煌之印（白文）

第二頁：老樹有古意，溪山多好懷。偷瞥尋小艇，詩料自安排。沈周。鈐印：石

田（朱文）、吳氏藏書畫記（朱文長圓印）、子京（朱文葫蘆閑章）、六藝之圃（白文）、伯浩所藏（朱文）

第三頁：白石翁戲筆。鈐印：啓南（朱文）、白石翁（白文）、伯浩所藏（朱文）、墨林秘玩（朱文）、子京（朱文葫蘆閑章）、項元汴印（白文）

第四頁：信口吟成四韻詩，自家腔調説和誰？且將白髮簪花蕊，難得青天滿酒卮。得一日閑無量福，做千年調笑人痴。是非顛倒人間事，問我如何總不知。蘇臺唐寅畫并題。鈐印：唐六如（朱文）、伯浩所藏（朱文）、唐寅私印（白文）、吳氏藏書畫記（朱文長圓印）、桃華塢裏舊人家（朱文）

第五頁：吮毫染就秋山色，白石溪灣隱小亭。静對不知斜日落，凉颼颯颯滿空庭。丙午秋日漫仿倪高士。徵明。鈐印：文徵明印（白文）、徵明（朱文）

修篁白石帶古木，個中仍置子雲亭。研坳疑有烟雲吐，時見青月落户庭。謹賡原韵奉題。彭年。鈐印：孔嘉（朱文）、伯浩所藏（朱文）

第六頁：壬寅秋日戲畫。白陽山人。鈐印：陳氏道復（白文）、陳淳私印（白文）、段氏所得（白文）、伯浩所藏（朱文）、項墨林父秘笈之印（朱文）、

第七頁：乙卯初秋漫作於堅白齋。陸治。鈐印：包山子（白文）、陸生叔平（朱文）、伯浩所藏（朱文）

第八頁：包山子陸治。鈐印：包山子（白文）、陸生叔平（朱文）、伯浩所藏（朱文）、子京（朱文葫蘆閑章）、子孫永保（白文）

封底：明代名畫集錦册；定價大洋八角；收藏者：蔡伯浩觀察；審定者：金石書畫賽會；印行者：上海望平街、北京琉璃廠西門、蘇州都亭橋有正書局

中國名畫集外册第二十一 國朝名畫集錦册

封面：中國名畫集外册第二十一；國朝名畫集錦册；上海有正書局精印

封二：高澹游小傳（按：原文略）

第一頁：丙午良月畫就。文翁老先生，吳偉業。鈐印：偉業（朱文）、梅邨（朱文）、伯浩所藏（朱文）

第二頁：丙午秋日畫，呈文翁老師相。王時敏。鈐印：王時敏印（白文）、伯浩所藏（朱文）

第三頁：丙午九秋畫，呈文翁老師相。王鑑。鈐印：王鑒（右朱左白）、伯浩所藏

（朱文）

第四頁：仿黃崔山樵筆意，侶文翁老師相教正。王揆。鈐印：王揆（朱文）、伯浩所藏（朱文）

第五頁：臨子昂《崆峒成道圖》，呈文翁老師相教正。高簡。鈐印：高簡之印（白文）、澹游（白文）、伯浩所藏（朱文）

第六頁：丙午重九，郭河陽呈文翁老師相教正。金俊明。鈐印：俊明（朱文）、孝章（朱文）、伯浩所藏（朱文）

第七頁：仿列子御風圖意，呈文翁老師相正。金侃。鈐印：金侃之印（白文）、伯浩所藏（朱文）

第八頁：丙午秋月，摹古爲文翁老師相。莊冏生。鈐印：莊冏生印（左朱右白）、伯浩所藏（朱文）

第九頁：仿柯丹丘，呈文翁老師相。顧予咸。鈐印：顧予咸（左朱右白）、伯浩所藏（朱文）

第十頁：丙午秋日繪呈教正。欽式。鈐印：欽式（朱文）

封三：國朝名畫集錦册；定價大洋一元；收藏者：蔡伯浩觀察；審定者：金石書畫賽會；印行者：上海望平街、北京琉璃廠西門、蘇州都亭橋有正書局

封底：有正書局各種碑帖墨迹價目（按：此處略）

中國名畫集外册第二十二 扇面弟三册

封面：中國名畫集外册第二十二；扇面弟三册；上海有正書局精印

封二：扇面第三册目録：王石谷春林飛瀑，平等閣藏；王石谷澗水空山，李平書明府藏；惲南田樊大癡春山圖，樊樊山方伯藏；吳墨井仿梅道人枯木竹石小影；楊子鶴牧牛圖，陶齋尚書藏；錢玉魚秋柳鳴蟬，袁玨生太史藏；邊壽民墨菊；戴醇士仿郭恕先待渡圖，平等閣藏；張黼侯臨河南聖教序，此即戴扇之陰面，平等閣藏

畫家小傳（按：原文略）

第一頁：春林飛瀑。己巳清和下浣，虞山石谷王翬。鈐印：王翬（白文）。

閑寫江南雨後山，烟林溪路接荒灣。憑誰寄與靈鴻乙，爲我草堂添數間。壽平。鈐印：正叔（朱文）、元瑞曾觀（朱文）

第二頁：澗水空山道，柴門老樹村。補杜詩，師巨然畫。上巳二月廿六日爲□情先

生。王翬。鈐印：上下千年（朱文圓印）、石谷子（朱文）、王翬之印（白文）

第三頁：橅大癡翁《春山圖》。此即海嶽所云"一片江南也"。客中展對，寄遠望當歸之意可爾。爲公訓畫。壽平。鈐印：壽平（白文）

第四頁：十年我夢在滄洲，眼底湘雲足臥游。碧雨聲中橫翠岫，墨痕斷處是江流。題似東琪先生發笑。南田壽平。鈐印：南田壽平（白文）

第五頁：康熙壬申仲秋，仿梅道人筆法。墨井道人吳歷。鈐印：漁山（朱文）、狄氏曼農（朱文）

第六頁：雍正四年丙午春三月，仿元人歸牧圖。西亭老人楊晉，時年八十有三。鈐印：楊晉（白文）、子鶴（朱文）

第七頁：探芳信。昔石田翁題營邱畫云："丹青隱墨，墨隱水，其妙貴澹不貴濃。"此言山水法，而余謂花草尤宜於此參悟。自崇嗣創製沒骨法，脫盡鉤勒畦徑，不啻山水之有南宗。其風雅之致，要已超越北派遠矣。知者獨少，固未易爲時史道也。

云何妙。要骨重神寒，無他奇巧。便粉痕輕借，螺黛澹如掃。亭亭玉立風前影，不掩天然好。却真成、草意合情，花容若笑。誰個是同調。有茂苑仙郎（謂忘菴先生），昆陵逸老（謂南田先生）。前輩風流，斯意共傾倒。紛紛時史難爲論，一例葫蘆稿。儘巴搔、不着麻姑指爪。己未九月二十二日。小荃世講屬畫，因錄此詞以覽。大雅玉魚世弟錢東。鈐印：玉魚之印（朱文）

第八頁：影隨桐帽棕鞋瘦，氣緊書籤藥裹香。博韻山學長雅鑒。邊壽民。鈐印：壽民（白文）、頤公（白文）

第九頁：天空晚色凈，路遙人意閑。夕波明滅外，知未掩柴關。臨郭恕先待渡圖并題以呈夢漁大兄大人雅正。醇士戴熙。鈐印：戴熙（白文）、醇士（朱文）

（按：扇面上方鉛字豎排）文節最愛郭恕先《待渡圖》，所臨非止一次，余所得見者并此而三。恕先原本想即爲文節所藏，此烟雲杳暝，暮色蒼茫，氣韻生動奪目，較他臨本爲勝。陰面爲張黼侯中丞臨《河南聖教序》正楷，蓋皆爲馮夢漁作也。扇骨湘竹鏤花，工緻可喜，余於京師地攤上得之，價頗廉，今則價增十倍矣。平等閣主人志。

第十頁：夙懷聰令，立志夷簡。神清韶齔之年，體拔浮華之世。凝情定室，匿迹幽岩。栖息三禪，巡游十地。超六塵之境，獨步迦維；會一乘之旨，隨機化物。以中華之無質，尋印度之真文。遠涉恒河，終期滿字。頻登雪嶺，更獲半珠。問道往還，十有七載。備通釋典，利物爲心。夢漁大兄大人正。張芾。張黼侯臨河南聖教序，此即戴扇之陰面，平等閣藏。

封二：扇面第三册；定價大洋一元；審定者：有正書局；印行者：上海望平街、北京琉璃廠西門、蘇州都亭橋有正書局

封底：有正書局各種碑帖墨迹價目（按：此處略）

中國名畫集外册第二十三 石谷竹林漁村圖長卷

封面：中國名畫集外册第二十三；石谷竹林漁村圖長卷；上海有正書局精印

封二：王石谷小傳（按：原文略）

第一頁：鈐印：逃禪後裔（白文）、鶴道人時年七十有五（朱文）、增葑民（朱文）

第二頁至第九頁：（按：此八頁無款無題）

第十頁：此吾耕煙師所作而未竟者也，如九仞之山尚虧一簣耳。余弗忍其弗完，略加點染以綴成之。至若結構之佳處，具優眼者自能一望而知，無俟余贅及也。壬寅長夏楊晉謹識。鈐印：西亭（白文）、楊晉（白文）、子鶴（朱文）

第十一頁：石谷子畫竹林漁村圖卷。此卷印出後墨色仍分五彩，精神奕奕，與原本無少差殊者，實因原本紙墨若新之故也。大凡真迹書畫多暗黑，能若此幅者甚鮮。至宋元畫則多用絹本，更難攝影矣。此賞鑒家不可不知者。己酉冬月志。

封底：石谷竹林漁村圖長卷；定價八角；審定者：美術研究會；印行者：上海望平街、北京琉璃廠西門、蘇州都亭橋有正書局

中國名畫集外册第二十四 湯雨生全家夫婦子女畫山水花鳥草蟲合册

封面：湯雨生全家夫婦子女畫山水花鳥草蟲合册；中國名畫集外册第二十四；上海有正書局精印

封二：湯雨生小傳（按：原文略）

第一頁：子固將之官直隸，以册子索畫爲別。余適病目，又值連陰，竹窗如晦，不能工也。辛丑二月十日，雨生識於白門琴隱園。鈐印：雨生詩畫（朱文）

第二頁：雨生寫意。鈐印：雨生畫印（朱文）

第三頁：琴隱道人。鈐印：雲騎尉印（白文）

第四頁：抱琴出篷底，一徑越松梁。茅屋人俱古，空山雲自香。窺潭鶴影瘦，過嶺鐘聲長。幽意偶然得，懷節抱夕陽。千陂大兄大人正之，湯貽汾并書舊作。鈐印：老雨

（朱文連環印）

　　第五頁：綏山仙品。庚寅冬日寫，爲千陂大兄大人壽。弟湯貽汾。鈐印：雨生（朱文橢圓印）

　　第六頁：湖莊清暑。蓉湖女史董琬貞。鈐印：琬貞（白文聯珠印）

　　第七頁：之江春暖。雙湖女史。鈐印：雙湖女史（白朱文）

　　第八頁：寫孤山香雪於畫梅樓，時庚寅中冬下浣。董雙湖呵凍作。鈐印：董琬之印（白文）

　　第九頁：雙湖女史董琬貞寫。鈐印：董琬之印（白文）

　　第十頁：碧春女史湯嘉名。鈐印：嘉名（朱文聯珠印）、碧春弄翰（白文）

　　第十一頁：碧春湯嘉名。鈐印：碧春女史（白朱文）

　　第十二頁：子固先生教正。湯祿名。鈐印：樂民（朱文）

　　第十三頁：擬白陽山人法。樂民。鈐印：祿名（白文）

　　第十四頁：樂民湯祿名。鈐印：湯祿名（白文聯珠印）

　　第十五頁：庚寅冬仲雪窗。湯綬名。鈐印：綬名（白文）

　　封三：湯雨生全家夫婦子女畫山水花鳥草蟲合册；收藏者：樊樊山方伯；審定者：美術研究會；印行者：有正書局

　　封底：有正書局各種碑帖墨迹價目（按：原文略）

中國名畫集外册第二十五 戴醇士山水花卉册

　　封面：中國名畫集外册第二十五；戴醇士山水花卉；上海有正書局精印

　　封二：戴醇士小傳（按：原文略）

　　第一頁：平蕪渺渺路悠悠，風作凄涼雨作愁。同是舊游君憶否？過江帆影白於鷗。鈐印：醇士（朱文）、戴熙（白文）

　　第二頁：山人種山花，自謂山中樂。山人不出門，山花開又落。仿漚波，設色。鈐印：臣熙（朱文）

　　第三頁：松竇籀書圖。擬王山樵陰森氣象。鈐印：鹿牀（白文）

　　第四頁：趙大年有曉雁圖，滿天嘹亮，亦足針砭俗耳鼓吹詩腸也。鈐印：熙（朱文）

　　第五頁：移去移來碧梧影，忽疏忽密修竹聲。夾衣紗帽看雲起，沁得此心如許清。鈐印：與江南徐河陽郭同名（朱文）

第六頁：星河皎潔，林木颼飀。西風夜起，空山已秋。荒蛩唧唧，寒鳥啾啾。高人罷讀，忽憶朋儔。思之不至，哭擁衾裯。展子豪楮，一寫君憂。鈐印：何必見戴（朱文）

第七頁：月蕩空烟，風捎碧浪。銀漢漢雯轉夜凉。獨自玉簫，聲在天半。鈐印：鹿牀（朱文）

第八頁：仿范中立作漁汀暮雪。寒岩不語，孤艇無人，荒凉寂寞之味，不減春江花月也。戊申京邸之作。鈐印：醇士（白文）、臣熙（朱文）、秘門經眼（朱文）

第九頁：野水寒塘外，曾來聽暮鴉。綠楊無恙否？風雨隔天涯。醇士寫於綠楊城郭。鈐印：何必見戴（朱文）

第十頁：春波圖。略師房山。鈐印：醇士（朱文）

第十一頁：湘江暮雨。橅北苑瀟湘圖意。鈐印：松屏（朱文）

第十二頁：逍遙谷，擬黃鶴山樵。鈐印：吉祥止止室（朱文）、劉□之印（白文）

第十三頁：南陽烟雨，偶憶舊游。鈐印：戴熙（白文）

第十四頁：秋山蕭寺，用張僧繇法。鈐印：醇士（白文）

第十五頁：門前柳色常相映，洞口桃華定不如。舊句重題。鈐印：戴熙（白文）

第十六頁：仿管仲姬竹趣，瞻參雲林樹石。榆庵試寫。鈐印：習苦（朱文）

第十七頁：寒潭秋影。鈐印：鹿牀（白文）

第十八頁：梅花泉圖，仿湘碧。鈐印：戴熙（白文）

封底：戴醇士山水花卉册；定價大洋一元；收藏者：辛仿蘇部郎、袁玨生太史；審定者：美術研究會；印行者：上海望平街、北京琉璃廠西門、蘇州都亭橋有正書局

中國名畫集外册第二十六 石谷臨安山色圖長卷

封面：中國名畫集外册第二十六；石谷臨安山色圖長卷；上海有正書局精印

封二：王石谷小傳（按：原文略）

第一至五頁：（按：此五頁無款無題）

第六頁：鈐印：平生所好（朱文）

第七、八頁：（按：此二頁無款無題）

第九頁：臨安山色。丙子秋七月仿巨然筆，海虞石谷子王翬。鈐印：王翬印（白文）、石谷（白文）、綿（朱文）、存精寓賞（白文）、觀其大略（白文）、邵民審定（白文）、廷雍平生珍賞（白文）

封底：石谷臨安山色圖長卷；定價八角；審定者：美術研究會；印行者：上海望平街、北京琉璃廠西門、蘇州都亭橋有正書局；集外册第一至第二十五廣告目錄（按：此處略）

中國名畫集外册第二十七 戴醇士三卷合册

封面：中國名畫集外册第二十七；戴醇士三卷合册；上海有正書局精印

封二：戴醇士小傳（按：原文略）

第一頁：山居圖。簡緣同年屬題，何紹基。鈐印：何紹基印（白文）、貞子（朱文）

第二頁：山居圖。王廬州擬巨公有此墨意，戊午秋孟寫，應簡緣大兄屬。醇士戴熙作於味經閣。鈐印：戴熙（白文）、醇士（朱文）、吉祥止止室（朱文）、鞏伯眼福（白文）

第三頁：香雪山堂記。簡緣先生築室鄧尉山中，曰"香雪草堂"。堂之西尚有隙地，治爲圃，曰："西圃。"蓋先生城中所居，舊有"西圃"，故山居亦襲其名。六十以後，遂自號"西圃老人"。堂之東有小閣，閣中藏宋楊逃禪《四梅花卷》，因顔之曰："四梅閣。"錢塘戴文節爲繪《山居圖》《四梅閣圖》《湖山偕隱圖》各一，其云"偕隱者"，謂先生配汪夫人也，先生詩云："老妻亦解幽居樂，催促移橅共入山。"伉儷之賢，其今之陶翟乎？庚申、辛酉間，東南淪陷，山中亦無樂土，大難既夷，市塵榛莽，而入山訪舊，則草堂巋然獨存。《四梅卷》及文節三圖亦皆無恙，先生因賦《還山詩》云："天留茅屋老餘生。"海内聞之，無不爲先生慶。余與先生爲同館後輩，因得從容茗話於城中之西圃，見其泉石幽深，花木陰翳，牆頭薜荔，幕青帷緑，徘徊其下，輒不能去。不知山中西圃，其勝又當如何？先生乃示以《山居圖》，并其一長卷，凡詩五十五首，皆往來山中所作者。受而讀之，草堂之勝大略可見於是，嘆先生之品之高，而先生之福亦遂不可及矣。香山詩云："試問池臺主，多爲將相官。終身不曾到，惟展畫圖看。"世之達官貴人經營第宅，風亭月榭，重栭累翼，而馳驅鞅掌，曾不得一日偃仰其中者，夫豈少哉？先生家門鼎盛，壯歲登桂堂，循階隨牒，便可坐致霄漢。乃甫至四十，即謝病歸田，高枕湖山，侶鷗鷺而友麋鹿，溯自咸豐甲寅之歲經始草堂，至於今二十有二年矣。春秋佳日，青鞋布襪，無歲不游，無游不暢，信有如東坡所云，隱居之樂，雖南面之君不與易者，非癖烟霞、芥軒冕，出塵拔俗如先生者，其何修而得此福於天哉？先生年逾耆艾，神明不衰。雖汪夫人先逝，偕隱不終，然嗣君辛芝昆仲輩皆鵲然而起，致身通顯。先生頤養天和，優游桑梓，山居之福，正未可量。余幸獲交於先生,因爲之記,即書於《山居圖》後。他日訪先生山中,共坐草堂之上,看靈巖、元墓諸山,淺青濃碧,羅列左右,當更勝城中薜荔墻也。光緒元年夏六月,德清俞樾。鈐印:德清俞樾(白文)、蔭甫翰墨(朱文)

第四頁:四梅主人種梅花構閣,藏逃禪老人《四梅華畫卷》,屬寫一圖,附題絕句云:"搜羅名繪閣藏之,更種梅花作護持。爲點空香本無迹,天閑萬馬是吾師。"乙卯二月,醇士戴熙。鈐印:醇士詩畫(朱文)、井東居士(白文)、經郙審定(朱文)

第五頁:同治壬申,余偕麟生探梅西崦,過其族父順之先生香雪草堂,先生引登四梅閣,出示宋逃禪老人《四梅花卷》,屬爲閣記。滋嘗謂金石、圖籍、書畫之名於世者,恒視所藏之人爲重輕。藏之得其人,則物見爲重焉;藏之失其人,則物見爲輕焉。古權貴如韓平原、賈秋壑輩所藏,極古今之選,乃後之賞鑒家至割裂其印記,不使污及卷軸。而海岳米氏、墨林項氏、清河張氏所品題,爭相寶貴,惟恐其不傳於世,則其故可思矣。是卷舊爲先生外大父陸謹庭孝廉所藏,孝廉精賞鑒,多蓄宋元人真迹,家故有"四梅閣",爲劉文清公所題。歲甲寅,先生草堂成,庭前有老梅四株,因借摹文清書,榜諸閣。而是卷久無踪迹,繼乃輾轉得之程君心柏所,遂取置閣中。事固有巧合,如此者斯亦奇已。先生以名翰林家居,不役役於富貴,惟以樂志林泉、怡情翰墨爲事,其恬淡蓋由天性,則其得法書名畫而寶之,不亦宜哉。是卷之在當日也,孝廉至以名其閣,其爲寶貴可知。乃流轉數姓,幾於若存若亡,而一旦天作之合爲先生藏弄,或亦逃禪靈爽護持其卷於千載之下,而使之得所托歟。然則孝廉雖失諸身後,當亦喜所藏之得人,而爲是卷幸者歟。抑聞之蘇文忠曰:"君子可以寓意於物,而不可以留意於物。寓意於物,則凡物皆爲我樂;留意於物,則凡物皆爲我病。"先生能塵視軒冕,庸肯留意於物者?其於此卷,殆亦如林鳥之感耳,山花之悅目,一笑賞之,而初無容心於其間也。閣之成,距今十有九年,能與銅坑、石壁分峙於山巔水涯之間,超劫火而長存,經喪亂而不改,尤事之可喜者也。滋故不辭而爲之記。鈐印:□□□□(朱文)

第六頁:鈐印:潞河李氏蘊湖所藏(朱文)、茶熟香溫(白文)

第七頁:(按:此頁無款無題)

第八頁:宋人重墨,元人重筆。畫得元人益雅益秀,然而氣象微矣,吾思宋人。乙卯四月辛芝大兄屬醇士戴熙。鈐印:與江南徐河陽郭同名(朱文)

封底:戴醇士三卷合册;定價八角;審定者:美術研究會;印行者:上海望平街、北京琉璃廠西門、蘇州都亭橋有正書局;中國名畫集外册第一至第二十六廣告目錄(按:此處略)

中國名畫集外冊第二十八 扇面第四冊

封面：扇面第四冊；中國名畫集外冊第二十八；上海有正書局精印

封二：畫家小傳（按：原文略）

第一頁：三松爲□野先生作。鈐印：三松（朱文）

第二頁：仇英實父製。鈐印：十洲（朱文葫蘆印）

第三頁：戊寅秋日畫就，吳錡詞兄正之。藍瑛。鈐印：狄氏曼農（朱文）

第四頁：辛未夏日仿巨然筆意，畫於澗上草堂。俟齋徐枋。鈐印：徐枋之印（白文）

第五頁：畫柳在得勢，昔人猶戛戛難之。宋元諸家，尤多變體，不相蹈襲，而畫法屢變益奇，可謂極妍畫態矣。惠崇、大年時出新意，予每宗之。此景即大年法也。白雲溪外史壽平。鈐印：壽平（朱文）

第六頁：橅丹丘法，東園壽平。鈐印：壽平（朱文）

第七頁：雲嵐烟樹。乙卯八月仿子久，子蕃大兄屬，醇士戴熙。鈐印：戴熙（白文）

第八頁：崇禎甲戌冬十二月，聖徵先生過訪，携傳繪真迹，命余仿上。扇頭不能肖於萬一也。吳門張宏。鈐印：張宏之印（白文）、狄氏曼農（朱文）

第九頁：稍稍涼思集，依依炎景流。西風吹木葉，秋色滿蘋洲。伊人何所懷，擬將自夷猶。青山在蓬底，白雲宿船頭。滄波渺然去，仰見天漢浮。飛塵暗歧路，回首正悠悠。寒流齧山足，嵌空似凌跨。蒼藤蔽深竇，征路通隙罅。幽人已神馳，意行自閑雅。徘徊出木末，復在絕壁下。大江渺無津，萬頃自天瀉。中有娥眉青，白雲共容冶。何當凌絕頂，涵景有虛榭。右雜題二首。戊午秋日書。徵明。鈐印：文徵明印（白文）、停雲（朱文圓印）

第十頁：秋花秋月酒浮缸，射策金陵是舊邦。桃葉佳人誰第一？槐黃舉子爾無雙。至尊不御麒麟虎，諸將空留鴨綠江。一劍十年磨未試，臨岐脫贈氣難降。送友人秋試。王穉登。鈐印：王穉登印（白文）、王百穀（朱白文）

封底：扇面第四冊；定價大洋一元；審定者：有正書局；印行者：上海望平街、北京廠西門、蘇州都亭橋有正書局；集外冊第一至第二十七合冊目錄

中國名畫集外冊第二十九 蔣南沙花鳥草蟲冊

封面：中國名畫集外冊第二十九；蔣南沙花鳥草蟲冊；上海有正書局精印

封二：蔣南沙小傳（按：原文略）

第一頁：東君不解惜瓊英，朱粉雖施亦瘦生。疏影冷香何處覓？子規聲裏月參橫。酉君。鈐印：西谷墨戲（朱文）、青桐軒書畫記（朱文）、畫□□印（朱文）

第二頁：片片飛花點碧波，流鶯初醒一聲歌。忽停睍睆去何處，斜日柳邊擲錦梭。酉君。鈐印：酉君（白文）、□獨學右名師荊楚（朱文）、生機（朱文葫蘆章）

第三頁：梅雨丹青數歲華，徐熙新筆趙村花。却因燕子雙栖處，認取風流王謝家。酉君。鈐印：廷錫（白文）、興到筆隨（白文）、紫蘭堂印（白文）

第四頁：閑將花信記東風，九十春光多半空。枝上栖禽頭已白，可堪如血海棠紅。酉君。鈐印：酉君（白文）、生機（朱文葫蘆閑章）、樊山鑒賞（白文）

第五頁：綠葉成陰花事稀，啁啾小鳥送春暉。亦知蛺蝶無情思，祇傍酴醿上下飛。酉君。鈐印：酉君（朱文）、蘭（朱文圓章）、□□入態（白文）、畫□□印（朱文）

第六頁：蓬瀛祇在望西東，青鳥殷勤有信通。倒挂綠毛成底鳳，丹青抬舉上梧桐。酉君。鈐印：酉君（朱文）、體物（朱文）、黔靈山樵（白文）

第七頁：細雨揉香散玉肌，銅盦承露折新枝。搔頭斜插盤龍髻，恰稱晚妝初浴時。酉君。鈐印：蔣廷錫（朱文）、酉君（白文）、學堂氣味（白文）、樊嘉私印（白文）

第八頁：微步凌波水府仙，裙長帶裊影翩翩。墨痕勾染空蒙色，宛似陳王遇洛年。酉君。鈐印：廷錫（白文）、酉君學畫（朱文）、天琴□人同賞（朱文）

第九頁：湘江佩冷水雲空，墨雨離離發故叢。誰是晴窗三昧手，且將真色問坡公。己丑秋寫於熱河。酉君。鈐印：酉君（朱文）、未能忘物（白文）、天琴□□同賞（朱文）

第十頁：花瓣花枝墨暈成，一憑洛譜立何名。須知真艷原無艷，色相多從空裏生。酉君。鈐印：蔣揚孫一字酉君（白文）、一洗膠粉空（朱文）、紫蘭堂印（白文）

第十一頁：生綃試染楊梅果，記得冰盤五月初。寄信金婆問消息，紫瑛手樹近何如。酉君。鈐印：酉君（白文）、妙與道俱（朱文圓章）、秋藕軒（白文）

第十二頁：翠實黃花引蔓斜，轉移龍爪自龍沙。宣和舊有雙頭譜，不數東陵五色瓜。酉君。鈐印：揚孫一字酉君（白文）、秋藕軒（白文）、形似（白文）、壺公（朱文）、陳田鑒藏（朱文）

封底：蔣南沙花鳥草蟲册計十一二頁；定價一元二角；收藏者：樊樊山方伯；審定者：美術研究會；印行者：上海望平街、北京琉璃廠西門、蘇州都亭橋有正書局；中國名畫集外册第一至第四十二集細目（按：此處略）

（整理者單位：華東師範大學古籍研究所）

《庚辛寓賞編》整理（一）

徐向龍　姚凱琳　整理

内容摘要：《庚辛寓賞編》稿本，係晚清北京地區收藏家李玉棻手輯，始自庚子迄辛丑，不分體例，隨録隨寫。對作品的款、跋雖未逐字抄録，但對材質、題識、款署、印章、原藏者等關鍵信息皆有詳細描述。著録歷代名迹二百多件，上至唐人寫經和韓滉《五牛圖》、下迄清代本朝書畫名家。崇彝《道咸以來朝野雜記》有云，晚清北京收藏圈本來就有"三李""四李"之稱，三李，即李恩慶、李佐賢、李東，後又益李芝陔，稱四李。經四李品題之作，如"士之登龍門者"，身價倍增。此稿本受同宗李恩慶、李佐賢的影響較大，稱《愛吾廬書畫記》《書畫鑒影》，實有功於藝林，而自謙稱此稿爲"强作解事也"。李玉棻除此稿本及已刊行的《甌鉢羅室書畫過目考》，另有《昀飽金石書畫隨筆》稿本存世，李恩慶《愛吾廬書畫記》亦有殘稿本存世，若對以上五位李姓收藏家的收藏鑒賞、交游考、宦迹等進行研究，可以對晚清北京地區的收藏與鑒賞風氣進行重構。

關鍵詞：《庚辛寓賞編》；李玉棻；書畫著録

封面

庚辛寓賞編

癸卯秋初，錫蔭題奉均丈令。

---

① 點校說明：一、原稿本中的雙行小字按語，加插號標示。二、誤字、眉批、貼紙批注等用插號標示，并注釋說明。三、不辨字用□表示。四、原稿用蘇州碼子編號，又有諸多刪除與位置調換，順序不清晰。點校僅按作品位置順序進行編號，原稿眉批"去僞"之作也在編號之列。

作者序

　　庚子夏初，陡起妖幻，煽術蔓滋，近畿已遍。枯座危中，杞憂莫補。家無長物，祇以書畫堪虞。適余有炊臼之思，而大兒則屺悲未已，心劣神疲，遂命姬侍，相與檢點，思覓避鄉。遷延未果，而聯軍突至，生業蕩然，窮鳥足累，惟念卅餘年所蓄，鑒裁精審，每拂意於智取豪奪。況自高曾以來，遞傳雙嚮款名迹與夫壽墓銘，酬會詩詞名筆圖照，尤非暴富之兒所能有，一日同歸於爐，儼似心焚。里門難治，生產遁迹。京師自遭此奇變，書畫滿街市，惜無阿堵物，焉得傾囊易歸。待秋仲，饋寄有人饗饕，略給見有名迹，廉值以收，藉求升斗之糈而送日月，無論遠近名家，抉擇謹嚴，而近世風趨异不專取時尚之品，亦撿所矜重，如畫院之俗工、老蘇州之僞托屛除悉盡。卷軸册類分次焉。更有朋好示觀，匆匆過眼，匪比自秘諸笥者，反復校讎，難無亥豕之訛，第恐流傳歲久，或有以一字而生疑義者，甚矣！夫定真僞，全在眼照，古人不必執刊本字句，刻舟而求之也。昔吾宗人《愛吾廬書畫記》《書畫鑒影》，實有功於藝林，而牽就偶見，蓋當時務博負覽之名，頓忘後世訾議。於鑒理者，幸勿嗤我強作解事也。儻能三復斯言，思過半矣。若必以刊本爲左券，不亦鑿乎！自庚子重九迄辛丑臘八，名曰"庚辛寓賞編"，本諸紀年之意敢兼擬諸孫吳兩公，庚子辛丑銷夏記云。光緒二十九年癸卯七夕，李玉棻筠塢識於甌鉢羅室栀支香裏。

凡例

例言

一是編始庚子迄辛丑，名曰"庚辛寓賞編"，其中更易數四，不使疑似者屢厠。不論遠近名家，祇并世人不與錄焉。

一是編日登一件或隔數日登一件，祇審其不爽，非專取名重價昂時尚罕見者，始著錄焉。

一是編僅分紙、絹，至文詞、尺寸、圖章、題跋蓋從減義，惟紙絹皆須完好。剥落、薰污雖真迹概不濫入。

一如名家圖章流落人間甚夥，若以圖章爲佐證，未免失不愈遠，況唐宋畫多無圖章，又從何比較乎？全在鑒者之目。

一是編隨手著錄，無所體例，亦非妄爲軒輊。卷、軸、册類不分，其目錄無從擬之。

一是編楹聯、匾額不入石刻金文；名家鈔本、批本書籍不入，沿諸書之舊例。至扇面另爲一編附後，易覽不多也。

一是編各家名字、諡號、爵里、著作、事迹自有諸書可考，無須詳細列及。

一是名寓賞編，所謂寓目賞心，聊以自遣，或能沿書搜取一二觀之，具頂門眼者自有確論。

一自兵燹以來，書畫日稀，曾爲前人所著録者，既得入目，未肯失之，非與之重複也。

一凡著録多鈐鄙人鑒藏審定諸圖章。其未鈐章者，亦復不少，邇來僞刻圖章層見叠出，鑒者自有所辨，幸勿唾以盲瞽，况淺學後進，又何敢以鑒賞自許也。

内文

庚辛寓賞編　　通州　李玉棻　韵湖

1. 韓晋公設色五牛圖　紙本短卷，無款識印章，後有趙子昂三跋，項子京觀款，金冬心觀款，貢入内府，有高廟御筆詩跋，錢維城、錢汝城、董邦達、稽璜、于敏中、裘曰修等敬步七絶詩韵。前後御璽。惟張青父書畫舫所收，係絹本，與此卷相異，或晋公畫不止一五牛圖，見《鐵網珊瑚》。

2. 王石谷淡着色觀湖圖　紙本立幀，題識於左，字如飛葉，極暮年筆。水色山光令人神往，惜在庚子閏秒，聯軍載道，一瞬之間，文義、歲月均未得記，交臂失之，悵怏累日。

3. 王石谷墨筆仿董香光怡庵圖　紙本短卷，精湛蒼秀，虞山仿華亭畫絶少，此真出藍矣。

4. 方方壺設色山水　紙本長幀，款署：上清羽士方方壺爲全卿戲寫。兩行於幀左。中寫斷雲山樹，參用巨師，不專仿二米筆也，愛吾廬舊藏。

5. 黄曠亭墨山水　紙本立幀，款署幀右：壬辰春二月，師吴仲圭筆。名款共三行，類司農中年之作。

6. 徐天池墨花木　紙本大卷，長四丈，凡十接紙，計花木十二種，首牡丹，末水仙梅花。秀逸天成，真奇構也。款署於尾，天池山人徐渭戲抹行書款一行。翁覃溪行草七古長篇，款署：徐天池水墨寫生歌，乙亥除夕前二日。長兩丈許，爲變體書，蓋欲稱其畫也。後有李季雲次翁題韵，并跋始末。昔爲陳壽卿所收，今爲佛荷汀所失，余又復歸李幼雲觀察，珍還手澤，亦可欽也。

7. 張看雲仿古山水　紙本册十二葉，中有仿九龍山人、雲西將軍、米家父子、徐幼文、黃鶴、一峯，末葉寫門對寒流雪滿山等作，均稱精能。當時與張洽稱二川，洽畫以靜穆勝，臨摹諸家，似有未逮處，昔聘纂《南巡盛典圖》，以其畫斂財就範也。

8. 李復堂設色花木　紙本册十二葉，爲精雅之作。中寫菊花、秋葵、諸葛花、蕉扇、茶壺，又蒜與水仙同幅。舊爲戴芝農所藏，今爲紹葛民所失，而揚州二李同時所獲，亦遭變後，解顏事也。

9. 李晴江墨梅　紙本册十二葉，乃乾隆四年勘修河工旅邸畫十一幅，至濟南宿玉環泉，又畫一幅補成云云，頗自矜秘。每幅各題識，印章均極古奧，與復堂册足稱雙璧。（原稿眉批：應在復堂册前寫）

10. 高南阜墨石芍藥、枯木山水　紙本册四葉，甲寅歲，右手畫爲兒輩作稿本，前後詩字四葉，壬戌歲左手補書，款署研村弟云云。

11. 高南阜右手畫花卉山水小册七葉，紙絹、尺寸、墨筆設色各半。雍正丁未爲研村畫，乾隆丁巳左手書孔麗九壽詩，并贈孔詩八葉。四邊皆左手題，則綺歲畫，暮年書也。頗覺別致。李勤伯題南村三絶，餘題不録。

12. 張船山墨筆菊花酒罎　紙本大幀，上題長短句古風一首，嘉慶丁酉重陽日，醉中戲筆。略似青藤、白陽。坡公云："便覺酒氣拂拂，從十指間出也。"可移題此幀。

13. 費曉樓設色綺窗夜詠　絹本短卷，爲鬘雲女士畫，後多女史題詠，巾幗韵事最易傳也。

14. 羅兩峰設色士女　紙本橫幀，約四尺許，兼工帶寫，一士女坐舟中，着紅衫，兩鬟緋、藍衣、盪槳。極冷雋清婉之致。上寫芙蓉一段，隱沙鳥三四，遠山在望，垂柳兩株，魚罾斜倚柳根。款署癸巳春日，揚州羅聘畫涉江采夫容於篠園，楷書兩行。

15. 張船山、張水屋、羅兩峰、何蘭士、王荃心合作　紙本立幀，款署嘉慶三年戊午十月十四日，寓松筠庵，贈慧珠長老印可，張問陶。另注船山寫枯柳飛鴉，水屋添遠山亭子，兩峰畫二人，石坡，蘭士補栖鴉蘆草，荃心後至，爲設色寫曉月雲痕。時南窗已暝，越日遲，四君不至，船山自記。幀右翁覃溪隸書"郵亭鴉語"四大字，共印九方，無荃心印。幀邊姚伯昂、朱菽堂、吳雲巢、卓海帆、馮吾園、秦誼亭、何子貞、汪醇卿、汪叔明、潘星齋、華簹秋、黃子蒂先後詩跋，雖稱小品，竟以重值得之。

16. 趙仲穆寒山論詩　絹本卷，長約七尺，書畫各半。墨筆樹石、僧衆。款署吳興弟子趙雍寫。後幀五律，末署寒山老禪師詩十五首，仲穆行楷四十六行。李竹朋跋謂爲松雪書，非仲穆所能辨。未足爲證，細審之，畫筆圓勁，書法腴潤，若謂仲穆，尚不誣也，《書畫鑒影》所收。

17. 王蓬心墨筆瀟湘漁隱圖　紙本卷，計兩段，各三尺許。一寄婿一寄五女。濃厚蒼茫，爲蓬老神完之筆。

18. 王石谷青緑春山行旅圖　紙本大幀，長約四尺，上題"雲迷古木千章秀，山抱晴川一掌平。康熙歲次甲午長至後一日，仿荆浩筆意"四行，乃八十三歲之作，清奇偉麗，世殊不能窺其藩籬，所以爲畫聖矣！有汪小梅、王月軒各藏印，又爲李竹朋藏，收入《書畫鑒影》，詩堂、題識不錄。

19. 惲南田淡着色山水　紙本大幀，長約四尺，中寫梅樹林，山色淡逸，夜氣微茫。上題元韵七律，款署乙丑春二月行書八行。真夢入羅浮，悄無人語，天仙化人之筆。

20. 湯貞愍設色三百三十有三士亭圖　紙本卷，長約六尺，精湛蒼秀。行書七古長篇，次孫平叔韵，爲石士先生畫。引首吴仲倫題，後有齊梅麓、張芥舟、汪小米等題，并次孫韵。僅録齋詩一首，云石士乃新城陳用光，一生所歷之境，多繪圖紀事。（原稿眉批：云：石亭成浚石君來，亭圮新從石士開。畢竟群公皆石友，一炉鎔就補天材）

21. 顧鶴庵青緑山水　絹本卷，長約六尺，款署"甲寅春日，石士先生囑畫，鶴庵顧鶴慶"三行。引首"游仙圖，石士吟丈屬，載軒氏周厚轅書"。卷尾各家題詩詞十段，首吴照南題，款署"碩士十四兄省親陳州，出游仙圖索題，吴照"。後九人非知名筆也。

22. 王惕甫、曹墨琴夫婦詩畫　紙本合卷，各長三尺，首段墨琴寫梅一枝，作垂水狀，花萼不多，楷書署款三行；二段惕甫蠅頭行楷七律八首；三段墨琴小楷咏梅七絶十首，較惕甫書略大。後裝夫婦另文兩墨刻，卷尾劉石庵楷書五絶一首，何蘭士、趙味辛、瑛煦齋題六行，兩家唱隨韵事，實所欣羨焉。

23. 羅兩峰設色積水潭燕游圖、草橋修禊圖　紙本兩短卷，一爲法祭酒作，一爲曹侍御作，有翁覃溪等題。議值未協，僅留頃刻之緣，未能詳録，遂歸市賈，惜哉！

24. 董思白設色山水　側理紙短卷，約二尺許，赭墨極爲濃重，款署"崇禎四年秋仲，古白詞丈，玄宰"。乾皴法兼黄、吴，穠麗不遜承旨。款字用秃筆焦墨，生澀攲斜。後有張浦山、畢澗飛、宋芝山三題，經訓堂藏，内存朱卧庵、陸謹庭、孫叔平各題簽。

25. 王忘庵設色花木禽魚　紙本大册十葉，中寫李賀詩《沙暖一雙魚》一葉，又紫薇、秋葵、老年少、月季、墨秋芙蓉等作，末寫山茶、石頭。長題補隙，款署端公大師云云，癸亥夏至日。邊幀張温和公題，稱其神韵生動，頡頏叔平，洵確論也。爲張湛如内阮所失，余得於市肆，適湛如銓赴滇南矣。

26. 王夢樓臨唐宋七家書　紙本册十四葉，款署："戊申新春人日臨，寄秋帆制府同年誨政，王文治呈。"中有臨韭花帖、鮑明遠帖、寒食詩帖、米札等書。直逼天瓶，而丰姿過之，爲夢樓精作也。

27. 成哲親王寸楷千文　界烏絲紙本册，書於道光二年，垂暮之筆，未能心手相應，僅存真迹耳。

28. 錢松壺設色仿唐子華雪竇幽居圖　紙本立幀，用精細之筆含文秀之氣，款署"印川爲錢畫第一完善本也"。

29. 張篁村設色寒江共濟圖　紙本卷，長約七尺，畫於乾隆癸亥，題後另題七絶兩首，幀前周牧山題七絶，後有徐友竹跋并五律七絶，時款嘉慶元年。又盛研樵兩詩跋，沈凡民篆書引首。篁村畫多淋漓滿紙，此卷用筆凝重，布置空闊也。

30. 劉文清行楷　金宣册十八葉，楷書《中隱堂詩》、行書《讀山海經游仙詩》《東武吟》，草書臨逸少、子敬帖。惜紙多割裂，蓋卷子改裝。繼述堂舊藏。

31. 王雅宜草書杜詩　金粟山箋册十六葉，筆勢飄舉，丰姿動人，直接子敬，抗倒衡山，奈近人未能虔心細玩而不爭尚之。

32. 錢叔美墨筆仿徐幼文澗西草堂圖　紙本短幀，畫於道光戊子六月二日雨中，用筆嫩逸，非尋常擬停雲者，曾見於鐵畫樓。

33. 錢叔美設色螺壑仙舟　紙本立幀，雖仿文氏，靈活高華，絶無滯氣，時款丙子二月。

34. 王湘碧設色仿趙大年　紙本短幀，清麗比耕烟，饒有卷軸膏腴。款署："戀翁道兄，丁未春日，王鑒。"

35. 張文敏行草　紙本卷，長兩丈，字徑二寸，録五言唐詩。王述庵跋："此文敏中年所畫，正供奉南齋時也，故玉虹樓多收此種，真昌黎云'快劍斫斷生蛟鼉'者。嘉慶丁巳上元前三日，敬觀於柿葉山房。"張温和公跋："鳳闕天門，氣蓋一世。平生所見公書，此爲大龍甲。道光丙午閏夏，從孫祥河謹識。"爲張氏家藏本，今失之。

36. 潘樵侶設色山水　紙本長幀，款署："仿陸叔平林屋洞天圖，辛丑冬十一月上浣臨於衆香館，禹門四兄先生。"乃八十九歲作，筆不就衰，實壽徵也。

37. 王蓬心墨筆仿巨然雲程圖　紙本大幀，題識一則，款署："辛亥九月，松一先生，七十二叟。"梅蒼潤渾淪，乃暮年杰作。

38. 鄒小山設色菊花　絹本立幀，硃粉青緑，皆凸出縑素。曾讀小山畫譜，見傅色諸法於此吻合。款署："雍正九年九月十四日，擬徐崇嗣法。二知一桂。"幀左彭芝庭楷書題東韵七絶一首，下注時與南華山人看小山作畫，秋光滿目前也。

39. 黃瘦瓢山水花木人物　紙本册十二葉，草書題識。中有設色，石榴、當歸花最爲生秀。紹葛民舊藏，余於黃畫，無甚愛指墨，尤所不取此册，矩矱無遺，亦頗悦目可藏。

40. 姚作昂書白菊花兩盆　金宣大幀，爲英樹琴相國作。幀内相國與姚各題"并池生春"，題邊幀如顧南雅、郭蘭石、林少穆、祁春圃、彭春農、程春海等楷書題咏，皆一時館閣中人，惜畫爲金地所累。

41. 趙象庵所存各家書畫菊隱圖、菊意圖　紙本册，共九十餘葉。如陳淥晴、張水屋、姚伯昂、張船山等繪圖并畫菊。翁覃溪、陳玉方、鐵冶亭、茹古香諸題咏。象庵易州人，素喜菊，點綴秋光，一時稱盛。張船山爲撰聯云："直以菊花爲性命，果然松雪是前身。"

42. 唐子畏設色松溪對坐圖　絹本短卷，魄力雄狀，直抉宋人精髓，明季諸家所不及。款署："松溪對坐，師關仝筆法，正德辛巳秋仲，晉昌唐寅畫於桃花庵中。"幀首另題："緣知對坐松間客，《水注》《山經》細較量。"無款有印，隔綾葉東卿隸書，劉燕庭楷書觀款各一行。

43. 惲南田設色桂花　絹本短幀，款署："桂林一枝，東園客戲作。"筆意生秀，世傳偽托者，奚啻天壤。幀邊計二田題四行，曾笙巢舊藏。

44. 王茂京墨山水　紙本短幀，左題尤韵五絶，款署："康熙五十二年癸巳，秋莫。"乃七十二歲筆，蒼渾駘宕，盡用拙之妙。景劍泉舊藏。詩堂上有其題四行，得於大梁行館。

45. 方邵村設色山水　絹本長幀，款署："康熙十四年重九日雨後，畫請萬里老先生之教。"沈古處近劉完庵。方畫流傳甚少，惜絹本不完，破格記之。

46. 大滌子設色故城河圖　紙本矮幀，行書題歌韵七古，末署故城河口號，無款，乃大册散失者。石濤畫多率意，此則造微入妙，精細絶倫，不然焉得稱江南第一作手。景劍泉舊藏。

47. 查梅壑墨山水　紙本短卷，款署："康熙丙子春日雨窗畫。"乃八十歲作，用濕潤之筆，具生澀之意，除香光即二瞻也。畢仲伯題十行。

48. 董思白墨山水　紙本寬幀，款署："庚午秋仲，擬仲圭法。"濕墨濃重，仍不離董米宗派，純以韵勝也。

49. 王巽公山水　墨筆設色各半，紙本册十葉。款署："撫古十二幅，立山道兄。"

每幀無題有印，秀逸生疏，不若乃翁沈雄古健。無畫時歲月，蓋亦暮年作。曾賓谷題後九行，稱其克肖家法，實就皮相言之。惜失二葉，鑒藏家不獲太常畫者，當存此解嘲耳。

50. 華秋岳墨山水　紙本短卷，約四尺許，題識兩行，中寫沙磧一段，遠署："西林宮保大人誨政，己巳夏五。"淡色净潔，無脂粉痕。改七香後，合讓斯人？姜曉泉、顧西梅未脱畫工也。

51. 法梧門詩龕圖　紙本大卷，凡七段，如畢焦麓、陳淥晴、朱滌齋等作。尾卷梧門書各家小傳各一則。

52. 黃尊古墨筆摹師子林圖　絹本卷，長丈許，幀首篆名四字。次摹董香光，題一方；又摹倪迂，原款一方，畫多竹石，款署："康熙壬寅立秋，虞山黃鼎摹雲林筆。"并書題跋。（昔倪畫爲余家舊藏，得失年歲均不能記，幼時展觀，亦不甚辨，今見尊古摹本，恍惚中略有分相，可見童而習之不能忘也。老大始學鑒賞，殊難到真確地步）

53. 王耕煙設色溪塘散牧圖　紙本立幀，款署丙申九秋，年八十五歲，垂老之筆，似乏生韵，另署"西亭楊晋補牛"六字。細玩畫筆，仍有子鶴動手處，鑒賞之道，其理甚微，惟精通者始領悟之。

54. 何子貞行書　紙本册，首二葉篆書"灤社吟"三字。前二葉臨帖，後十葉書自詩。款署："甲辰使黔，詩寫山水，頗入肖奥，録數首，芝兄賞之，庚申霜降節。"

55. 董思白墨山水　紙本小幀，寫巖壑松枝，淡逸入妙。題云："萬壑響松風，百灘度流水。"爲文敏晚年筆。孫北海收入《銷夏記》。暑月懸之壁上，令人可以挾纊，其神韵若此。

56. 陳曼生設色花木　紙本半幀册八葉，各有題字，末葉款署："嘉慶丁丑夏，仿古八幀。"吳平齋舊藏。余謂花卉，以南田、小山爲正宗；老蓮、冬心具金石氣；七薌、松壺爲逸格；船山、曼生乃文人餘技，皆畫家不可多得者。

57. 黃穀原設色山水　絹本短卷，三尺許。款署："擬東園客《春山曉雲》，爲梅痴二兄賞之。"黃均頗得南田靈秀之妙。

58. 李白樓墨筆明湖秋泛圖　紙本卷，長六尺許。白樓爲黃小松甥孫，出筆有自。中寫蓼汀葦岸，水色山光，空靈入妙。余外舅張温和公，督糧山左，白樓居幕中，此卷即爲公作。有温和題四行，後九年又書挽白樓詩。引首何子貞隸書："明湖秋泛圖，蝯。"

59. 項子京墨筆小景　紙本立幀，款署："孟襄陽有'水亭涼氣多'詩句，思白、長蘅皆寫爲圖，今戲擬於攖寧庵中，庚寅夏日，項元汴。"行書四行。鑒賞家筆墨與作家不同，幽亭秀木，令人傾心於古，余以重值購歸，以待賞音。

60. 王酉室設色花鳥　絹本長幀，寫鴛鴦則雌雄秀麗，寫菡萏則標韵清研，無蘇偽氣習。款署幀左，文不甚記，亦內府所收者。（原稿眉批：不知何誤）

61. 張煉雪墨筆蘭亭圖　紙本小卷，高二寸許，長一尺許。奉敕畫也，另幅純廟縮臨蘭亭全文，尺寸相埒，共裝一卷，實爲藝苑之寶也。

62. 董文恪墨山水　紙本小冊八葉，約三寸許，乃進呈本，細密渾成，駸駸乎入宋元之室，司農後首推之。

63. 盛子昭仿洪谷子廬山圖　紙本短幀，墨筆微着色，款署："至正十二年夏六月既望二日，仿洪谷子廬山圖，武塘盛懋。"行書兩行。全係荊關筆法，展對之，頃覺涼氣從畫裏生也。邊左梁玉立楷書題兩長行，翁覃溪楷書觀款一行，時年八十歲。

64. 陸叔平設色園林景　紙本立幀，款署："花徑不曾緣客掃，蓬門今始爲君開。隆慶丙子四月，用山樵法，包山子陸治。"楷書四行，詩堂上朱卧庵行書題半幀，道州何氏東洲草堂藏。

65. 陳道復墨筆秋花三種　紙本立幀，運筆驅墨如風雨驟至。寫蓼花、纓絡雙出敗葦殘荷之間，令人不可思議。款署："嘉靖壬寅秋暮，道復。"行書一行。華陽卓氏舊藏。

66. 司馬綉谷仿白陽秋花　絹本立幀，款署："咸豐乙卯重九日，鶴溪大弟出所藏白陽畫屬撫於郭西草堂，紫金山樵，鐘。"并識行書四行，畫與白陽無異，但婢學夫人，羞澀滿紙。兩幀對懸，頗形俗賴。按司馬畫尚是生活之作，愈知天資限人也。

67. 瑤華道人設色天香雲嶠圖　絹本立幀，山腰橫寫桂林隱約雲端，布置精密。奉敕作也，上鈐仁廟御璽，又鈐宣廟御璽共五方。

68. 吳山尊設色人物　紙本短屏六幀。款署厚庵，下書舊史官某，乃紀述紀遇，諸圖各幀有題。筆意雋妙，布景清靈，奈人皆具近世衣冠，似亦憾事。厚庵俟考。原作似不僅六幀耳。

69. 康濟川行書五札　紙本卷，似家言，無稱謂，清挺圓潤，頗近祝枝山，類明初人筆。下角有東里字印，略形模糊。又誤爲康里子山，究未決疑，後閱《武功志》，始悉爲康對山之曾祖，名汝楫，號東里，濟川其字也。以儒術起家，有治績勛德，累官侍郎，亦一代偉人，欲學鑒賞，恨不十年讀書。

70. 王叔明墨山水立幀　紙質麄膩，款署："至正八年七月，王蒙，時年七十有七。"篆書一行，無印章，筆意高古如鐵鑄融。詩堂上有朱卧庵行書題九行，後入内府，有御覽五璽，馮展雲舊藏。惜四邊爲火所燒，略有缺痕，幸未傷畫也。

71. 姜湛園行楷五柳先生傳　紙本小卷，字如拇指，無歲月，秖書名三字。純法晉人，無一筆似唐書，遒秀絶倫，班之文祝中，應無怍色。引首張船山書："葦間墨妙，豸冠仙史，問陶。"

72. 毛大可設色山水　紙本册，畫僅半幀，無題有印，款署："學山水六幀，祝十五叔父大人壽。"文人筆不可以畫理繩之，然亦罕見矣。

73. 惲南田墨山水　絹本立幀，著筆略簡，神趣秀逸，款署："癸亥夏日，戲用倪吳兩家法，鹿白先生賞之，壽平。"（後有已删文字：字意似坡公）

74. 周少谷設色花卉　絹本立幀，寫竹枝纏絡牽牛花，石後竹叢、剪秋蘿。款署："己丑秋日，寫於道光堂中。"此等畫最易僞托，非有古法動人，不能決疑，縱真鑒家亦或有失之時也。

75. 梁山舟行書　紙本册十六葉，録黄山谷詩五、七言不等。款署己未初夏，有晉人靜穆氣，乃七十七歲作。

76. 唐人寫經册十八葉　麄紙厚硬，字類褚法，蓋當日經生所書，非士夫筆也。吴荷屋、吴子苾、劉寬夫跋，葉東卿舊藏。

77. 兩朝行楷集册　二十五葉，紙質尺寸不同，夏仲昭行書冬韵七律一葉；李賓之行楷尤韵七律一葉；唐子畏行楷詩，時款正德辛巳春三月有懷作一葉；董思白小楷，款署念道世丈三葉；八大山人臨十三行一葉；茅鹿門草書五絶二首，款署止庵先生一葉；陳章侯行楷尺牘，款署爾翁先生二葉；閻百詩楷書尺牘，款署亟齋先生詞丈一葉；陸子淵行楷尺牘，款署用修道兄二葉；邊幅陸謹庭小楷跋三行，梁蕉林行楷詞一闋，款署牧仲詞兄一葉；查初白臨蘇詩，款署仲韋一葉；何義門小楷節母王宜人詩一葉；汪退谷小楷五古詩一葉；龔芝麓行書家言，無款字，鼎式印章一葉；紀伯紫行書鐘山詩，款署立翁道兄一葉；王阮亭行楷尺牘，款署忍翁年詞兄三葉；邊幅翁覃溪、陸謹庭小楷兩跋，孫耳伯楷書尺牘，款署子晉年老先生一葉；邊幅陳伯恭、陸謹庭、顧南雅小楷三跋。張得天行書尺牘，款署葭谷中翰一葉。所收皆精確可珍，後葉謝安山、包慎伯跋二葉，葉東卿隸書觀款一行。（内有納蘭性德尺牘一葉，字畫俗弱，似非真迹，不如撤去，而成完璧，謬鑒如此，以俟法眼定之）

78. 文衡山墨筆山水　絹本大卷，長八尺許，用斧劈皴，乃待詔精作，款署："嘉靖元年春三月，補庵道兄出所藏夏禹玉《晴江歸棹圖卷》，全以氣韵過人，柯敬仲所謂醖釀墨色，麗如傅染，殆荆關以上人也，徵明。"界綾有："乾隆五十四年己酉春日，北平翁方綱觀。"

79. 質親王墨山水　紙本立幀，款署："秋浦晴嵐。丙申夏日，仿元人筆意。"蒼渾生辣，宜有换骨金丹。當時邸寓多名畫手，每倩作而自書款，此的筆也。

80. 黄勤敏設色山水　絹本大幀。題左上，云庚子冬日，自山西還京，雪窗與内子話經過，關山雄狀，興發寫此。擬寄鄉園，懸之古桑書屋，示諸後輩云云，左田戊。共七行，用焦墨，極似唐子畏濃健筆，不比常作秀逸。勤敏能事於此，可定富陽後所僅見者。

81. 金壽門設色花木　絹本長幀。寫芭蕉三株，補以黄礓石，石後剪秋蘿一叢，楷書題："蕉林清影，元人王若水有此法。庚午之歲秋初日，畫於廣陵，金二十六郎，農。"極古奥趣。景劍泉舊藏。

82. 王元照墨山水　紙本立幀，款署："仿雲林子溪山亭子，畫於染香庵，康熙乙卯秋日，詞兄王鑒。"用筆綿密，乃七十八歲作，曾見於松筠庵壁上，今獲於北新橋早市攤上。（上款惜被挖損，改益廷二字，俗子之謬，良可憫也）

83. 王日初青緑山水　紙本大幀，款署："仿趙榮禄筆，郁翁道長兄，昱。"重色清麗，識力悉足，相敵司農也。

84. 梁山舟楷書　界方紙本册六葉，書蕭山陳遂南徵君諱榮傑家傳，時嘉慶八年，孫淵如撰文，洪穉存篆額。

85. 瑶華道人設色臨惲南田松菊圖　紙本大幀，上録南田原題，并次七絶詩韵。另自題款署"石盦先生八十大壽"云云。寫松菊、雙鈎墨竹，渲染墨石、靈芝，爲壽製中雅構也，道人身居邸寓，懷抱衝和，詩畫皆古茂，與腦滿腸肥者奚啻天壤。

86. 董思白墨筆烟江叠嶂圖　絹本短卷，幀首書王定國所藏烟江叠嶂圖全文，又小行書題六行，末署："舊作此卷，與跋不曾着款，甲寅臘月重題。蓋十年事矣。"題載《畫禪室隨筆》，所謂綿裏藏針，非大筆潑墨者可同日語也。舊簽陳蓮汀題，沈韵初跋尾。

87. 唐耀卿摹崔鶯鶯小像　紙本大幀，無款有印，王夢樓書唐六如摹陳居中，并太原王鐸重摹本，并原題自題《過秦樓》一闋。時乾隆癸丑云云。

88. 董思白山水　絹本立幀，上題寒韵七絶，翠字下落一字，款署辛丑九月望。爲思翁中年，純用柔筆，去盡剛勁，非具目人不能與之道也，李竹朋舊藏。

89. 錢松壺設色山水　紙本立幀。款署："天池石壁，衍庭三兄雅屬，庚寅七月，錢杜。"亦停雲法也，布置精而氣骨薄，究不足成大家，近以錢畫價抵司農，一時風尚，理不可解，所謂人好亦好耳。

90. 奚錢生設色荷花、梨果　絹本直幀，款屬："甲寅夏日，寫於冬花庵。"似南田，極爲秀雅，較方蘭士作，勝一籌矣。

91. 劉文清行書　紙本小卷，長丈許，書坡"老馬上續殘夢"二首，卓椿六研齋舊藏。

92. 栖心樹墨山水　紙本立幀，筆意雄渾，儼似司農。款署："綠杉野屋，辛卯夏日，擬一峯老人筆，栖心樹。"（按：釋覆千，僧，奉詔師王原祁，御書栖心樹額賜之，遂以三字爲名）

93. 王文簡行書尺牘十八通　紙本長卷，多致宋山言書，中存宋牧仲一通。景劍泉舊藏。

94. 宋芝山墨山水　紙本册十二葉，用筆清健不落吳越蹊徑，是其獨到處。款署："約齋老大人法品。"

95. 費曉樓設色輯詩圖　紙本短卷，款署仲雲先生，引首高爽亭書"花宜館輯詩圖"，後有汪劍秋、季仙九、祁春圃、張詩船、何子貞、梅伯言、李鐵梅諸題咏。亦小品可存者。仲雲，乃吳制府名振棫也。

96. 鄧頑伯四體書　界硃絲紙本册。篆書蘇髯公語三葉；隸書《經鋤堂雜志》一則三葉；行書崔唐企事三葉；楷書《鶴林玉露》一則，《避暑錄》一則，款署："嘉慶二年新秋日，書於江深草閣。"三葉。昔山人書與劉文清公齊名，詒晋齋最所傾服，後爲曾文正公廣搜遺迹，聲價頓增。此册四體俱備，楷書尤得晋魏風姿，耐人尋繹。未易多覯也。

97. 倪文貞墨山水　綾本丈屏四幀，各題草書五律，畫法雲林，專以人重也。

98. 成哲親王楷書秋興八首　紙本册六葉，行書款署："饒雲書屋屬寫小册，筆畫生疏，負佳紙矣！"用率更法參晋人意，真一字一明珠，足爲藝術林之寶。

99. 張雪鴻墨花卉　紙本册十葉，中有王摩也題句，款署："乾隆乙未初春，寫於鄂城寓齋。"

100. 蔣文肅設色花卉　絹本立幀。寫意牡丹、春桂、萬壽菊，款署："康熙丙申元旦寫。"文肅畫工没骨，官貴後每倩人代作，此寫生乃的筆也，昔潘星齋少宰藏有梧桐竹石大幀，與此吻合。

101. 梁山舟楷書佛說四十二經　紙本册，款署"家大來上舍屬書經，爲穆庵都轉壽"云云。中缺數段，爲周容齋補書。

102. 陳玉方行楷　紙本册十二葉，字徑寸許，款署："辛酉長夏無事，適案頭有《敦拙老人集》，因錄之遣此永晝。"

103. 程序白設色山水　紙本立幀，款署："辛卯初夏，仿九龍山人筆意於苔漚館。"爲嘉定名手，幾幷李長蘅矣。

104. 董思白書畫　絹本卷一幅，中書墨山水二尺許。書五律詩二首，三尺許。款署丙辰二月，引首翁覃溪題"畫禪"二字，後跋"文敏此卷書畫皆真，而予專取其畫耳。"又題七律一首，款署："庚戌冬仲，爲頤園所藏董文敏卷賦此詩，丙辰季秋，乃書於後。"又小字另跋："九月廿六日，寶蘇室南窗雨中書。"

105. 唐伯虎墨山水　絹本長幀，純法宋人，不蹈元生諸家一點一拂。行楷七律字徑寸許，款署："自述不惑之齒於桃花庵畫并書。"

106. 駱佩香女史設色水仙梅花　紙本立幀，題先庚韵七律兩首，無款字，有印章四方。的閨秀雅製，貽祝閨秀譜，香閣三十初度。

107. 米友石行書陶詩　綾本卷，長八尺，絶似王孟津，蓋一時風氣，書多類似也。

108. 瑛夢禪設色梅竹　絹本卷，款署"嘉慶丙寅端陽，擬管仲姬畫意於聞妙龕中，介文賢妹夫人家政之。余性嗜筆墨，喜爲蛺蝶寫照，神形逼肖，深得古人風韵"云云。引首法梧門題"磐石梅竹圖"，後幀張船山與其夫人韵徵聯句，姚伯昂步聯句韵，戴蓮士、塗淪笙、百菊溪等題。

109. 王麓臺墨山水　紙本立幀，題云："此圖於數年前仿子久筆，以頗有滯滑處，外置廢簏，頃偶檢出，燈下重爲點染，氣韵亦不俗，因題以志之。康熙甲申寒夜，薄醉漫筆，麓臺祁。"筆法淹潤，似嫌琑屑，爲中年之作，番禺潘氏望瓊山館藏。首鈐怡親王寶。

110. 戴文節淡着色山水　紙本大幀，自題晚窗獨坐，戲寫風起水湧之勢，殊未脫少年狡獪之習耳。款署"荔生"云云。

111. 戴文節墨山水　紙本大幀，行書題真韵七絶，仿董文敏偶題。焦墨淋漓，爲先資政問樵公畫。已擬毀於祝融，未料隔年見人裝潢，知真迹尚在人間，不必以自存爲幸耳。

112. 王石谷墨山水　紙本立幀，款署："梅溪高隱，丁卯臘月既望，爲丹霞道長兄戲作。"雖中年之筆，未臻神化，却有清淑之氣迎人，非摹擬家所能夢見。（原稿本中"聞歸許紫蕚方伯矣"數字，已刪除）

113. 王惕甫自書詩文　紙本冊二十四葉。録芳草堂雜詩，又雜文。款署："嘉慶丙辰南還舟中，自寫雜稿，奉呈鉛山方伯。"末署部下校官，前後鈐印十三方。

114. 華秋岳　設色紙本大幀，行書《陶辭》一則，款署："乙亥冬日，摘陶淵明句爲圖，時年七十有四。"用清刻之筆，極爲生秀，人物、山水、樹木、柴門、花卉、翎毛、悉備一幀，老年精絶作也。

117. 戴文節墨山水　紙本小幀，題云："陸天游氣象聳拔，意境之高，一時無兩。"惜上款挖捐，無甚痕迹也。

118. 邵瓜疇墨梅　紙本冊十二葉，末署："庚辰季冬，作於長水盦。"文彥可對題在一幅紙中，界藍花邊。

119. 羅兩峰　淡設色紙本短幀，下角款署："癸巳上元日飲篠園。"寫樹木屋宇，數人對飲堂中，極瀟灑之致，不爲粉本束縛也。

120. 李檀園墨山水　綾本卷，長丈許，焦墨蒼勁，款署："天啓乙丑九月晦，李昌谷。"所謂骨重神寒天廟器，庶幾近之。恐蕭淡之筆，未堪對壘。款署："小庵此幀能盡文節之長，可與南田、漁山并駕。"楊子鶴專師石谷，黃曠亭私淑麓臺，各有未逮處耳。

121. 錢松壺墨筆小景　紙本短卷，題云："徐幼文紫琅山館圖。"識語一則，"道光元年十二月病後"云云。款署："松石大兄。"用筆鬆秀，較設色法文氏本，多清淑氣。

122. 藍田叔設色仿梅道人　紙本大幀，爲田叔不經意作。着筆不多，似有真趣，尚不涉戴文進氣習。款署："甲子春日游白嶽，梅雨經旬，舟中寫此，聊破寂寂，乞季和詞兄正，錢塘弟子藍瑛。"余於明季畫家，惟吳小仙、謝樗仙、藍田叔所不取，近日忽東洋人所尚，豈似鷄林賈人購白居易詩耶？

123. 惲香山墨山水　紙本冊十葉，無款識，有印章。對幅自題末葉，另跋作於丁亥、戊子兩年，後七年補款"甲申五月二十三日，塘栖舟中雨後"云云。純擬倪黃一派，原題十二葉，已失二葉，後跋不録。

124. 祁文端行楷隨筆　日記册四十五本，葉數不同，中多考據，并臨帖詩聯。間有瑣事，塗乙不苟，老輩執筆，足爲後學景仰。內有楷書《千文》《臨元秘塔》兩册，但本頭過多，未能一一記之，望具後人一律收回，亦手澤之大觀也。

125. 汪退谷行楷　紙本大幀，款署："己丑良月，書樊南集，盈川老侄。"汪書多瘦硬，此則豐腴圓秀，昔毛文達、閻文介皆以重價購汪書，今所無之，蓋書畫亦有行運耳。

126. 張皋文摹金文　紙本大幀，款署："臨召鼎銘，張惠言。"共款六行，筆法沈古，深得金文三昧。

127. 孫夏峰行書　紙本卷，凡兩段，字皆徑寸，首書"尚論篇"三字，下注摘淵明集，無款有印，後書爲孫曾命名，較前段短半。後注此甲午年字也，今孫增三曾孫，增二尚未命名矣。後續入癸卯小暑前三日，亦無款印，蓋存示後人之筆，理學家書自應重之。

128. 允甲和尚行書羅漢贊　紙本卷，長四尺許，意近蘇、米，無狂怪怒張勢。款署："宣城羼提漢法名大劍，原名允甲，和南敬書。"後有六舟和尚隸書長跋"己亥五月十九日，過雙樹庵"云云。許印林、張叔未書後三段，李眉生舊藏。（此處貼紙批注：此允甲和尚在廿一篇後葉尾，意近□近字□□）

129. 黄穀原墨山水　紙本卷，長六尺許，上題："此卷乃大癡晚年作也，蒼秀古茂，紙本完好，真神妙之品。今爲齊梅麓太守所藏，紫珊先生見而愛之，屬余臨仿，然不能得其萬一，殊可愧耳。辛丑三月既望，黄均。"穀原甫臨仿，則蒼秀有致，於古茂尚隔一塵，若論黄畫，亦竭盡心力矣，紫珊上海徐渭仁，昔之鑒藏家也。

130. 何子貞隸書　界原方紙本册十二葉，右靈臺碑陰并行書注語，治黄屋者廿八人，作碑者十五人，凡諸仲卅一人，异姓者四人，無款有印二。右雖懸擬録文，純得漢人古奥，道咸以後無此作手，當與桂未谷、伊默庵并重，實异曲而同工也。胡石查舊藏。

131. 金壽門隸書　界方紙本册十六葉。款署："庚戌九月小重陽日，書於曲阜秋廬。"爲四十四歲書，純法漢碑，意味深長，耐人尋繹，非暮年駭世筆，使俗子可僞托也，世傳金書此爲第一。

132. 王麓臺墨山水　紙本立幀，款署仿北苑筆，壬辰暮春寫於海澱蕭寺，後入内府，鈐有御覽五璽。

133. 沈獅峰墨山水　紙本大幀，款署："仿董尚書筆，祝有老年先生尊閫，湯夫人華誕。"用筆蒼勁，勝於疏秀作也。

134. 陳沱江設色花卉　紙本大幀。花瓶中插石榴、蒲艾、梔支、淑氣花之屬，乃天中景意。款署："嘉靖癸丑，作於白陽山居。"僅守家法，無奇縱氣也。

135. 汪巢林隸書　界方紙本册十葉，書蔡中郎東巡頌，款署篆書："雍正八年庚戌春二月廿六日，汪士慎書。"以長體圓筆作隸，另出手眼，擺脱常法。

136. 文彦可臨雲麾碑全文　紙本册，行書跋六行，末注新得宋拓本，臨第十通，翁覃溪楷書跋四行，謂此碑即松下清齋所藏本，陳潄水行書題七行并外籤。

137. 程穆倩墨山水　紙本卷，長四尺許，款署"仿巨師筆"，渴筆焦墨，以秃拙勝妍雅也，六舟和尚跋隸書五行。

138. 王次峰設色山水　紙本立幀。款署："擬趙大年法，寫柳屯田詞句，次峰王玖。"深得清麗之妙，略變石谷法度，畫無歲月，蓋中年之筆。詩堂孫古雲題半幀，款署："奉宫保蕉園制府命，孫均。"

139. 張船山設色花木　紙本立幀，梅花一株，土坡上卧一背面猫，落葉一堆，極有逸趣，款署："海帆屬，乙丑十月。"

140. 目存和尚設色萱花、藤花、荼蘼　絹本長幀，行書五絶一首，仿王酉室筆，蒲室子寫。融和秀雅，無蔬笋氣習。

141. 徐髯仙行書　紙本册十二葉，字徑寸許，首書"無題"二字，末署"髯仙"二字。爲手卷改裝，後半幀另接紙，宋牧仲行書題四行，款署："康熙戊辰歲暮，得於南州。"題載《西陂類稿》，商邱宋氏家藏。

142. 王元照墨筆雲山　紙本卷，長約七尺，首隸書："湘碧精品，婁東王琰日過虞山，伯英道長兄見訪榻上，因與同舟入城，是日風氣蕭炎，船窗相對，頗適，因出吴綾屬畫，爲仿荆關筆意，作秋山圖一卷。"引首孫淵如篆書："泡庵秋山圖，陽湖孫星衍題於山左廉署。"（原稿眉批：此接前李檀園）

143. 王麓臺淺絳山水　紙本卷，四尺許，用剛健筆，極暮年作。款署："浮巒暖翠，康熙五十二年春暮，畫於穀詒堂。廉泉年道翁博粲。"後有六舟隸書跋，阮伯元、羅六湖、汪叔明行書等跋。

144. 董思伯設色仿米山水　紙本小幀，題五絶一首，款署："寫爲道樞文，甲寅秋。"雖仿南宫，仍抉北苑精髓，不離本源也。金箋詩堂，陳眉公爲道樞先生題短句并跋。（原稿本中"境廬藏"三字已删，并有眉批：去）

145. 萬廉山設色詩盦圖　紙本立幀，筆意略近石濤，題識多不甚記憶，法梧門此圖亦甚夥矣。

146. 鄭板橋墨蘭石　紙本大寬幅，行隸長題，款署甲申冬日。余於板橋書畫無甚好，祇喜其書楹帖耳。此幀蒼勁生秀，亦足備一格。

147. 卞潤甫墨山水　紙本小幀，着筆不多，意象空闊，款署："乙酉夏日，畫於寒山蝴蝶寢。"卞畫僅以嫩逸可人，若與思白、煙客、元照爲畫中九友，駿公似呵所好矣。

148. 羅遜夫設色桂花　紙本立幀，賀法時帆生子，以公子取名桂馨也。邊幀如張船山、翁覃溪、何蘭士等題。

149. 祝希哲臨鍾王小楷　絹本卷。款署："正德丁丑暮春，雨窗閑坐，展閲鍾王二帖，不覺技癢，撫臨一過，真珠玉在前，自覺形穢耳。"界綾翁覃溪楷書跋，後又楷書題；馮魚山行書題。卓海颿舊藏。

150. 戴文節設色山水　紙本立幀。題云："洪谷子之精神、范仲立之氣象。"款署："哩庵道兄雅好筆墨鑒賞，古人法書名畫，毫髮無遁，時癸丑嘉平。"行書九行。後笪在辛跋五行，高澹人謹記五行，查聲山題五行。用筆綿密渾化，若能喚起房山，亦當讓出頭地。（原稿眉批：此接前王員照）

（整理者單位：徐向龍，北京保利國際拍賣有限公司；姚凱琳，上海交通大學媒體與傳播學院）

《〈畊香館畫剩〉題識》整理

丁莊柔　整理

內容摘要：《畊香館畫剩》爲明治時期日本南畫家瀧和亭的代表畫集之一，主要集中收録了一批瀧和亭年輕之時臨仿的宋元畫作。同時，在《畫剩》刊刻之際，瀧和亭又遍徵當時中日文藝界同道的題識，其中以清朝文人、書畫家以及日本漢學界人士的題識爲多。從這些題識中可以看出，在明治時期中日繪畫藝術有着超乎想象的雙嚮交流和互動底藴。

關鍵詞：瀧和亭；畊香館畫剩；題識

瀧和亭（一八三〇——九〇一），名謙，字子直，别號蘭田，是日本明治時期的著名南畫家。十六歲從學大岡雲峰之門。嘉永三年（一八五〇）在長崎游學，入常熟畫僧祖門鐵翁之門，精研南畫。據瀧和亭《畊香館畫剩》[①]中自序所言，他在從學鐵翁的同時，又與時寄居長崎的清人畫家陳逸舟、華昆田等交游，日問六法之要，[②]因此畫技精進，聲名日隆。《畫剩》四卷本作爲瀧和亭生前出版的個人畫集，分爲：紅之部、香之部、雪之部、處之部，其中包含山水、花鳥、人物等各類繪畫兩百多幅，絶大多數爲臨仿中國宋元畫家精品之作。《畫剩》一書刊刻之時，瀧和亭遍徵繪畫同道的題識，其中以清朝文人、書畫家、收藏家的題識爲多。以第一卷爲例，卷首有清朝大學者俞樾所題寫的書名，另有清朝書畫家錢少虎、華蘭徵、挹珊、林夢龍、熙梅、楊友樵、陳逸舟撰序，卷末有傅瀚跋語。從這些題識中不惟可見清朝書畫家對瀧和亭繪畫水準的交口稱贊，更可見瀧和亭與這些書畫家密切的書畫交往。以此觀之，《畊香館畫剩》不僅是瀧和亭個人的繪作合集，更可看出明治初期以瀧和亭爲代表的日本南畫家與長崎地區中日文化界人士的密切交流。

[①] 《畊香館畫剩》，明治十七年（一八八四）耕香館藏版刻本，目前僅有此一種刻本，下稱《畫剩》。
[②] 《瀧和亭自序》，《畊香館畫剩》卷四·處之部。

一、紅之部

　　雅士芳名，穌亭先生。壯年俊秀，才貌簪纓。書似羲獻，更善丹青。天然妙筆，超奪清明。得心應手，花鳥多情。脂粉點綴，畫彩仙靈。柔枝鐵骨，有色有聲。繪圖惠我，光耀寒庭。幸聆丰標，儼睹蓬瀛。出言珠璣，才勝鵬程。思君晨夕，如醉如醒。雲游瓊島，旋各將征。終日愁腸，恨不隨行。聊贈俚白，願再逢萍。

　　右以兩韵集俚白十四韵奉贈，時維咸豐元年三月，寓於崎館，偶撰書，聊申和亭仁兄先生一粲，并乞斧正。大清吳門錢少虎拜手（印：錢其炳印）

　　日本東都瀧氏和亭學長兄，游學長崎，脫驂於游龍氏家。曉園仁兄嘗携訪余于旅館，萍踪遇合，促膝談心，深恨相見之晚。其爲人和平溫厚，寡言語。胸藏畫法，善於設色，凡花卉、鳥獸、昆蟲，無不畢肖其形，似深得中華丹青之法脉。余固不善着色之畫，微古今名士筆迹，向所探索研求。茲讀和亭兄畫理，頗得姑蘇雲岩周君筆氣，即以行笥中所藏，雲巖傳有粉本，贈諸和君。嘻！和君具聞一知十之才，在崎聚首，幾及十旬，而其才學竿頭日進。適清和月抄判袂時，以四時花卉長卷出示，捧讀之下，竟與周子之畫真贗難分。噫！何東國人才之盛耶！略志數字，附名卷末，以期展卷把玩，藉以慰千里知音想思渴念云爾。咸豐元年辛亥孟夏浙江平湖華蘭徵拜（印：乍浦華蘭徵印、昆田一字印心香）

　　昔雪巖周君，風流儒雅，曾入京都畫院，深得南田翁妙旨，真名士也。茲和亭先生衿懷曠達，意氣瀟灑。駕游崎陽，携出寫生一幀，摹閱之次，而筆法頗似周君，天趣盎然，唐士并寶。噫！豈其後身耶！今春春雨連綿，寂莫無聊，撰數語與其末，以志一時興趣云爾。咸豐元年桃月吳中挹珊書（印：挹珊）

　　今閱蘭田先生妙筆花卉，枝葉蒼翠，顔色天然，臨風北吐，艷光浥露，如生馥郁，巧奪天工。應修畫譜，可窺全豹矣。時咸豐辛亥元年姑洗月中浣，書於瓊浦之客舍。錦墩林夢龍（印：林夢龍印、錦墩）

　　余屢游崎地，素仰和亭先生畫法精良，每以不得一睹爲憾。今春見視手卷一幀，所繪四季名花，設色之妍，運筆之巧，自有一種古趣流於楮墨之間。披圖展玩，果見名不虛傳，并得慰夙昔企慕之忱。爰志數語以贈。時咸豐元年三月下，浣書於崎陽旅館。熙梅（印：熙梅）

　　一枝妙筆洵天然，寫出名花色色妍。孤館挑燈頻展玩，畫工不讓惲南田。咸豐元年

辛亥桃月捧閱和亭先生法畫，口占俚句奉贈。乍川楊友樵草（印：友樵）

和亭先生風流俊雅，但聞其名，恨未一見。今觀其畫卷，果不謬也。蓋其出筆天然，枝攀玲瓏。即如我邦善於丹青者，亦不過於斯也。聊贈數字以羨之。時維咸豐元年暮春月，志於崎陽客舍。吳中居友蓮（印：龍號）

寫生一瀆而没骨猶難。徐崇嗣之後，未有追步前塵，繼起者惟推南田翁能稍窺全豹。今觀蘭田先生揮毫研色，深得古意。抑運以閑心曠目爲之，則筆墨神理、自然兼備矣。咸豐元年辛亥夏午上浣於崎陽行館，爲和亭先生雅政。陳逸舟志（印：逸舟）

（印：泉石）擅烟霞志，寄心繪事。漫游四方，茲建赤幟。探徐家奧，極惲氏秘。衣鉢誰傳，維此令嗣。芝山道人石英題（印：英、君華）甲申仲春鎮鼎山叟曾榮篆（印：乾、堂）

家父和亭五十二歲小像，男瀧精一謹畫（印：精一之印、小亭）

林泉高致。辛未酣春石齋（印：高珪之印、石齋）

茶熟香温。己卯夏日書於溟上在古竹園，爲和亭君高囑。岳（印：五岳）

東都瀧和亭先生，有超逸之才，恬淡之性。優游於竹石花鳥之間，坐卧於圖書彝鼎之側。暇則寓興於繪事，蓋其胸次可知也。茲曉園大兄携視卷册，乃先生所作四季名花，觀其風枝露葉，高致生動，吐萼含芳、低昂俯仰之態，無不畢具，蓋以知先生之技之神。非其胸抱超逸、蘊積深厚者不能爲也。用書數語以贈之。大清咸豐元年蒲月廿有二日，雙溪雲濤傅瀚拜觀。（印：傅瀚）

二、香之部

（印：餐英）壺中乾坤。甲申花朝聽雨居士題（印：聽雨居士）

雲山渾厚，花草精神。鴛湖八十二老人張熊題（印：張熊、子祥）

序（印：鳳孤飛而無鄰）

畫之有局法，猶文有篇法也。夫一樹一石一花一葉無不有法，亦猶文之句法、字法。有字句之法，而無篇法，未可以爲文，畫亦然。布局之法，雖無一定之式，自有一定之理。理之所存，法於是定。萬變無窮而一勢不移，古人所謂行所當行，止所當止，如此而已。學者欲究布置之法，非多玩古人妙迹，索其所以然之理，則不可得也。《芥子園》《十竹齋》等畫譜，今人奉以取則，然山水止於方册，花卉不過折枝，則未可移以施之巨障大幅。故今之畫者，不無筆氣墨韵，或可觀，而至布局偏正、開合、疏密、虛實之法，措而弗講。往往排小爲大，伸短爲長，東湊西泊，漫然填補，或千篇一律，絕不見結構轉換。此因不能多觀古迹，以識經營之妙，又局於聞見之域，而不得變化之機，是以今之畫無局法也。和亭畫史，老於畫者也。專心花卉一派，望徐黃之古脈，挹陸惲之新潤，蔚爲時名手。頃就平生所見古人畫，縮寫全圖，得數百幀，至款題亦一仿其位置，輯爲《耕香館畫剩》。收訪既博，傳模移寫亦極精至，不唯一花一葉，可資以爲法，於見經營布置之大勢，蓋有餘師。和亭既浸淫於古，厭飫其精華，發之自運，今又刻是書，其殘膏剩馥，沾丐後人，使世之不能多觀古迹者，由是以求局法，如學文之先知結構，則其有功於藝林當不減於《芥子園》《十竹齋》也。明治甲申余月初五，三洲長芟手題（印：長芟之印、太史氏）

余於後素之事無所解矣，獨每批覽和亭瀧君畫，反覆嘆賞不能措，不自知其所以然也。今觀其所著《畫剩》，古來名人筆迹，山水、人物、花卉、翎毛數十百圖，臨摹縮寫，巧致精妙，筆筆逼真，而風格儼然，別成一家。蓋其勤苦勉勵，用力之深，可以見矣。則使余嘆賞不能措者，果非偶然也。呼！吾儕疏懶頹放，年至老殘，無一所得，豈可不深愧乎！乃題之卷端，警觀之者，又以自警云。明治十七年三月，湖山七十一翁長愿題（印：長愿之印、湖山樓主）

蘇文忠嘗言：「論畫以形似，見與兒童鄰。」此語擯斥專意於形似之陋，非敢廢棄形似也。凡花鳥品物，必用彩繪者，特要形似耳。雲岩周子之訣曰：「寫畫之法，心窺其神，意解其趣，目熟其狀，而後筆墨盡其形似云。」余頃接和亭先生，深欣其閑雅。劉曉園君又見示先生所作花鳥數幅，其格法太似周子。君曰：「先生近日聞周法於華昆田翁。」余頗信其傳之不妄矣。嗚呼！先生介得昆田，既入周門，了所謂周子之訣者，先生所經識得來也。咸豐元年辛亥桃月下浣，奉閱和亭先生法畫，聊題蕪句奉贈。九峯周少亭（印：少亭）

三、雪之部

絳雲在霄。和亭先生雅屬，大埔何如璋書。（印：何如璋印）

（餐英）爭妍競秀，逸趣橫生。吳淦（印：錢唐吳淦、鞠潭翰墨）

和亭先生曾爲家兄公度畫帳幔，余見其設色密緻，筆具化工，真登徐氏之堂而得惲氏之秘者。近者閔鴻齋先生所作《畊香館記》，推先生爲當今畫家魁師，益信余賞識非謬。《記》中又盛稱先生品誼之雅、園亭之佳，更令亟欲見其人、游其地，以慰景仰之思。今爲之賦二詩，懇鴻齋先生爲之先容，詩曰："零縑尺素亦精神，元氣淋漓見老人。迹寄一丘名四海，低頭合拜畫中身。""七香十友想繁華，富貴神仙樂未涯。可有碧桃紅杏種，春風吹艷到吾家。"時在庚辰中秋月，光緒之六年也。嶺南黃錫銓（印：錫、銓）

序（印：文質彬彬）

日本畫有兩種，一曰國畫，乃其古法；一曰唐畫，則取法于我者。近時工爲國畫者甚鮮，而唐畫尤工者，首推瀧君和亭。和亭所居處曰"紅梅町"，築樓數楹，下臨茗溪，前對孔林，有山水花月之趣，所謂"耕香館"者也。予嘗至樓中觀女弟子作畫，爲題四季花圖卷。其郎君纔八齡，能對客揮毫。予贈以一詩。蓋君之風致不在晋唐人以下，故能精詣入神，爲東海畫家之冠。近出示《畫剩》四卷，乃少年時縮摹宋元名人舊迹，自山水、人物以及花卉、翎毛、蟲魚之屬，凡數百圖，殫精極工，無不逼肖。君鑒藏之富、臨摹之精，即此可想見一斑矣。昔人云："專摹一家，不可與論畫。"米元章就人借名畫，輒摹本以還。明代雲間諸公皆力摹古人，故能融會，自成一家。自來精於此藝者，未有不以師古爲尚，予嘗稱和亭臨畫爲海外一絕，賞鑒家當不河漢予言也。光緒甲申二月上浣，上海姚文棟書於瀛東使館（印：姚文棟印、志梁）

《畊香館畫剩》刻成，山水、人物、花卉、翎毛，運筆布置，精妙入神，洵足爲後學津梁矣。鄧椿云："畫之爲用，大矣。"盈天地間者萬物，悉皆含毫運思，盡其態而所以曲盡者，止一法耳。一者何也？曰：傳神而已。讀此卷者，須作如是觀。歲次甲申花朝前二日。一六居士修題（印：修字誠卿）

花如解語還多事，石不能言最可人。和亭先生清賞，江星畬（印：平生一片心）

自昔善於繪事者，各有品端。今閱蘭田先生工筆花卉，非特藻采綺麗，抑且喧染襯托，俱得其情，真丹青水墨中之極妙手也。辛亥午月，王蘭亭拜撰（印：蘭亭）

頃閱蘭田先生花卉，其枝葉蒼翠，顏色鮮明，儼有迎風浥露之狀，上古所爲名士風流，非其人而誰歸乎？咸豐元年季夏月，戴春元（印：李貞、向榮）

四、處之部

群芳獻瑞。辛亥清和月上浣，爲和亭仁兄先生題，錢少虎（印：錢其炳印）

叙（印：與天爲徒）

《爾雅》曰："畫，形也。"寫形貴似，故韓稚圭曰："觀畫之術，唯逼真而已。

得真之全者，絕也。得多者，上也。"漢土之畫見於《書》、見於《禮》、見於史傳，其所由來古矣。本邦之畫，始見於雄略天皇時，《書紀》曰："七年，百濟貢畫工白加。"《姓氏錄》曰："百濟人辰貴歸化，善畫。武烈天皇美其能，賜姓首。"後朝廷置畫工司，又畫所以掌丹青事，後世又分爲倭畫、漢畫二法，又分爲土佐、狩野及雪舟三家，土佐主倭，雪舟主漢，狩野兼倭、漢。爾後更分爲四條、鳥羽、北宗、南宗等數派。近世又傳西洋油畫寫生法，其流派之多，不可更僕。然要不外於寫形逼真也。和亭瀧翁夙善漢畫，鳴於海之內外，山水、人物皆極其精巧殊妙，花鳥天機所到，神彩飛動，具備六法三品，雖與三家異，其範而可與共鑣馳驅矣。是以皇家之壁、貴紳之幅，多其所畫，而四方來請者，絹素常堆案，問法者亦恒盈座。翁兀坐一室，揮灑不止，每夜雞鳴始就寢。花朝月夕，未嘗一出門。余與翁交有年，悉其爲人寬和安祥，謙退不誇。溫乎其色，醇乎其言。多積於內而少發於外，似有道者，蓋亦所獲於畫也。頃著《耕香館畫剩》四卷，凡二百六十四圖，十閱月而成，皆偷閑於燈下所畫，其勤苦研精，可謂至矣。嗚乎！觀此畫者，以爲寫形逼真邪？爲得真之全者邪？《宣和畫譜》曰："畫亦藝也，進於妙，則不知藝之爲道，道之爲藝？"翁之藝已進於道矣，何唯形似之妙？明治十七年三月，南摩綱紀識（印：綱紀私印、士張）

題《畊香館畫剩》（印：種菜）

雲行雨施，品物流形，是大化自然妙用，乃奪而施之寸管下。如瀧子和亭，畫庶幾焉？其《畊香館畫剩》，自山水、人物、花卉、翎毛，群體各法兼舉而出之，後學可資以法矣。和亭往時游崎陽，就沙門鐵翁及清客陳逸舟、華昆田問六法，爾來數十年。畫殊精進，名喧於時，而其人不求榮利，不趨貴門，足不出戶，動經月畫一景，寫一花，所謂注精以一之，與神俱而行。昏惰之氣，輕漫之心，曾不間之意。明窗淨几，焚香盥手，滌硯而坐，如見大賓，神閑意定而後爲之者。然則和亭之畫進於道矣，豈翅曰技哉！明治十七年清明節，小舟漁仙田岳并書（印：□□山氏、小舟）

余平素好觀古書畫，書姑置是，至于畫，則宋元名家真迹欲坐而閱之，誤矣誤矣。自非歷游窺諸家之秘藏，誰能得之哉？和亭瀧畫伯，少壯歷游四方，經數年而寫人物、花卉、蟲魚，數千餘矣。今歲甲申，應門人之請，縮之以爲二百餘圖。門人求余之片語，余好畫而不學畫，故難述畫道，但說畫伯之勉勵，以充眼目，冠之卷首。嗚呼！世人以畫爲游戲者，豈知畫之一端哉！豈知畫之一端哉！畫伯以爲何如也。花朝節枕山大沼叟，識於下谷熙熙堂中（印：厚、枕山）

閱和亭先生所畫尺幅，妙得天然之趣，頗熟雲巖先生之法，可謂全璧。辛亥暮春書

于長崎之客舍，顧子英捧閱（印：子英）

　　偶觀和亭先生畫，大得壽平翁筆法，顏色翠美，可爲巧奪天工也。辛亥春三月中浣，陳吉人（印：兆、恒）

　　"詩中有畫，畫中有詩。"惟王維摩有此妙趣。今觀和亭先生花卉手卷，仿佛似之。披閱一過，不禁爲之神往。辛亥清和月，戴萊山僭題（印：萊山印）

　　畊香館記（印：墨顛）

　　珠臺之地，崛越城北，延袤數里，最爲爽塏。前則廛舍櫛比，輪蹄絡繹，往來如織；後接茗溪，隔溪爲聖林。老樹翁鬱，蔭森覆天。雖近繁華雜遝之衢，而有清閑幽穆之趣。其北涯曰"紅梅巷"，和亭瀧畫伯居焉。雖無宏園層臺之觀，憑欄眺望，而富嶽墨水依然，若囿中物。蓋亦天之所以與斯人乎。瀧子初游于崎陽，交清客少虎錢氏，錢氏顏其寓舍曰"畊香館"。後歸東京，聲震輦轂下。今歲己卯，相地興宅，乞清客梅史沈刺史題其門曰"紅梅塢"。館與地名相稱，可謂奇矣。而宅畔未見一梅，余竊怪焉。夫梅，百花之魁，先春破蕾，桃櫻杏李，逐序芬芳。瀧子善花卉，登徐氏堂奧，極惲氏精妙，設色緻密，擅奪天工，方今推爲畫家魁師。顧歲之首，在是館作瓊姿玉蕊，繼此十友七香，隨手而成，百卉爛燦，丹青馳譽，將滿天下，遂及海外。然則顏曰"畊香"，不亦宜乎？昔李文叔書《洛陽名園記》後，以園囿之興廢，爲洛陽之盛衰。嗚呼！千金栽花竹，未能期以百年。瀧子一朝之筆，傳之百世，四時不萎，衆人同樂，亦何關世之盛衰哉！由是思之，畫之勝於真也遠矣，豈垠區區疆場，灌溉培養，才樂瞬息之榮枯爲哉？然則與徒治園囿，孰若學六法於藝苑之爲得乎？因記以詔其門下士焉。

　　余製斯《記》，祝畫伯卜居，畫伯裝以揭其室，今《畊香館畫剩》成，題序則有搢紳貴族及清國諸名家，余又何言，因載之以代跋。鴻齋石川英撰（印：鴻齋、君華）

　　蓮齋大沼讓書（印：大沼讓印、老蓮）

　　清之品有五：睹標致，叢厭俗之心，見精潔，動出塵之想，名曰清興；知蓄書史，能親筆硯，布景物有趣，種花木有方，名曰清致；紙裹中窺錢，瓦瓶中藏粟，困頓於荒野，擯弃乎血屬，名曰清苦；指幽僻之耽，誇以爲高，好言動之异，標以爲放，名曰清狂；博極今古，適情泉石，詞舉烟霞，行事絶塵俗，名曰清雜。石齋（印：珪印、石齋）

　　（印：畊香）

　　余自幼嗜繪事，初入大岡雲峰之門，及雲峰歿，負笈游於崎陽，就沙門鐵翁而學其他，與清客陳逸舟、華崑田等相交，日問六法之要。居凡二年去，至於京師。又歷游南海，其間閱諸家所藏古畫名迹，或摹或寫，幾充數筐。安政元年，歸省江左，事幕府歲餘，有故辭焉，三年再游于北越，探丘壑之秀，討山河之勝，西馳東走，十易裘葛。而歸時喪亂漸平，遇維新隆盛之秋，於是多年所學，僅得見知焉。明治六年，澳國舉博覽會，奉命製着色巨幅，賜重賞。爾來每內國勸業博覽會，必呈拙技，屢辱賞牌，蓋亦异數也。頃游於余門者相謀，欲以多年所畫稿本上梓，公諸世，余以爲鄙藝不足以傳人，豈招譏於後世爲哉！固辭不許。因選所藏摹本二百餘圖，以私意縮寫之。或製新圖數幅，乃擇良工刻之。嗚呼，古畫之存世者，日月湮滅，千百歲後終不能見也。若鏤木傳之，雖不能親睹其真，亦足以想像焉。此余所以不辭而刻之也。明治十七年甲申春三月，和亭瀧謙謹志（印：謙、和亭）

（整理者單位：日本二松學舍大學）